受験勉強をはじめる前にひととおり仕上げておきたい！

中学生のための語彙力アップ 厳選1000語

【監修】内藤俊昭〔国語専科内藤ゼミ代表〕

すばる舎

本書の使い方

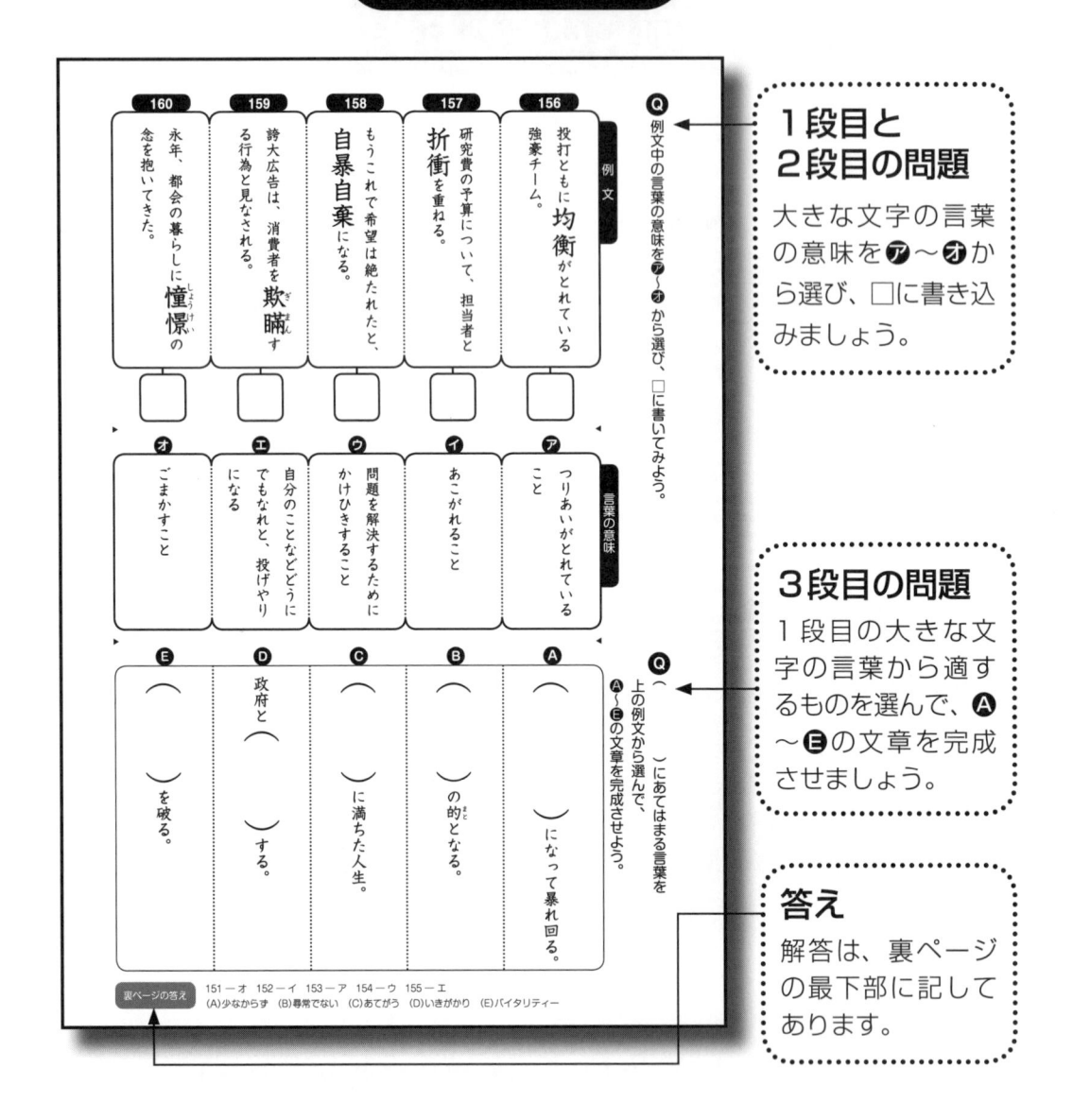

1段目と2段目の問題
大きな文字の言葉の意味を**ア**～**オ**から選び、□に書き込みましょう。

Q 例文中の言葉の意味を**ア**～**オ**から選び、□に書いてみよう。

例文

156 投打ともに**均衡**がとれている強豪チーム

157 研究費の予算について、担当者と**折衝**を重ねる。

158 もうこれで希望は絶たれたと、**自暴自棄**になる。

159 誇大広告は、消費者を**欺瞞**する行為と見なされる。

160 永年、都会の暮らしに**憧憬**の念を抱いてきた。

言葉の意味

ア つりあいがとれていること

イ あこがれること

ウ 問題を解決するためにかけひきすること

エ 自分のことなどどうでもなれと、投げやりになる

オ ごまかすこと

3段目の問題
1段目の大きな文字の言葉から適するものを選んで、**Ⓐ**～**Ⓔ**の文章を完成させましょう。

Q ( )にあてはまる言葉を上の例文から選んで、**Ⓐ**～**Ⓔ**の文章を完成させよう。

Ⓐ ( )になって暴れ回る。

Ⓑ ( )の的となる。

Ⓒ ( )に満ちた人生。

Ⓓ 政府と( )する。

Ⓔ ( )を破る。

答え
解答は、裏ページの最下部に記してあります。

裏ページの答え
151―オ 152―イ 153―ア 154―ウ 155―エ
(A)少なからず (B)尋常でない (C)あてがう (D)いきがかり (E)バイタリティー

本書で学ぶみなさんへ

　私たちは、ものごとを考えるとき、言葉を使って考えています。ですから、言葉が豊かになれば、より広く、深い思考ができるようになります。

　また、社会や人間関係が変容していくなかで、「自分の意志を的確に伝える力」がより求められています。そのためにも、言葉の豊かさ、つまり「語彙力」が欠かせません。

　本書で取りあげている1000個の言葉は、その多くが高校受験でも頻出する語なので、受験に向けて力を蓄える意味でも取り組んでいただきたいと思います。

　そして、かけがえのない中学時代を生きるみなさんが、言葉を知ることを通して、みなさん自身の世界を広げていくことを心から応援しています。

　　　　　　　　　　　　　　　　　　　　　　監修者：内藤俊昭

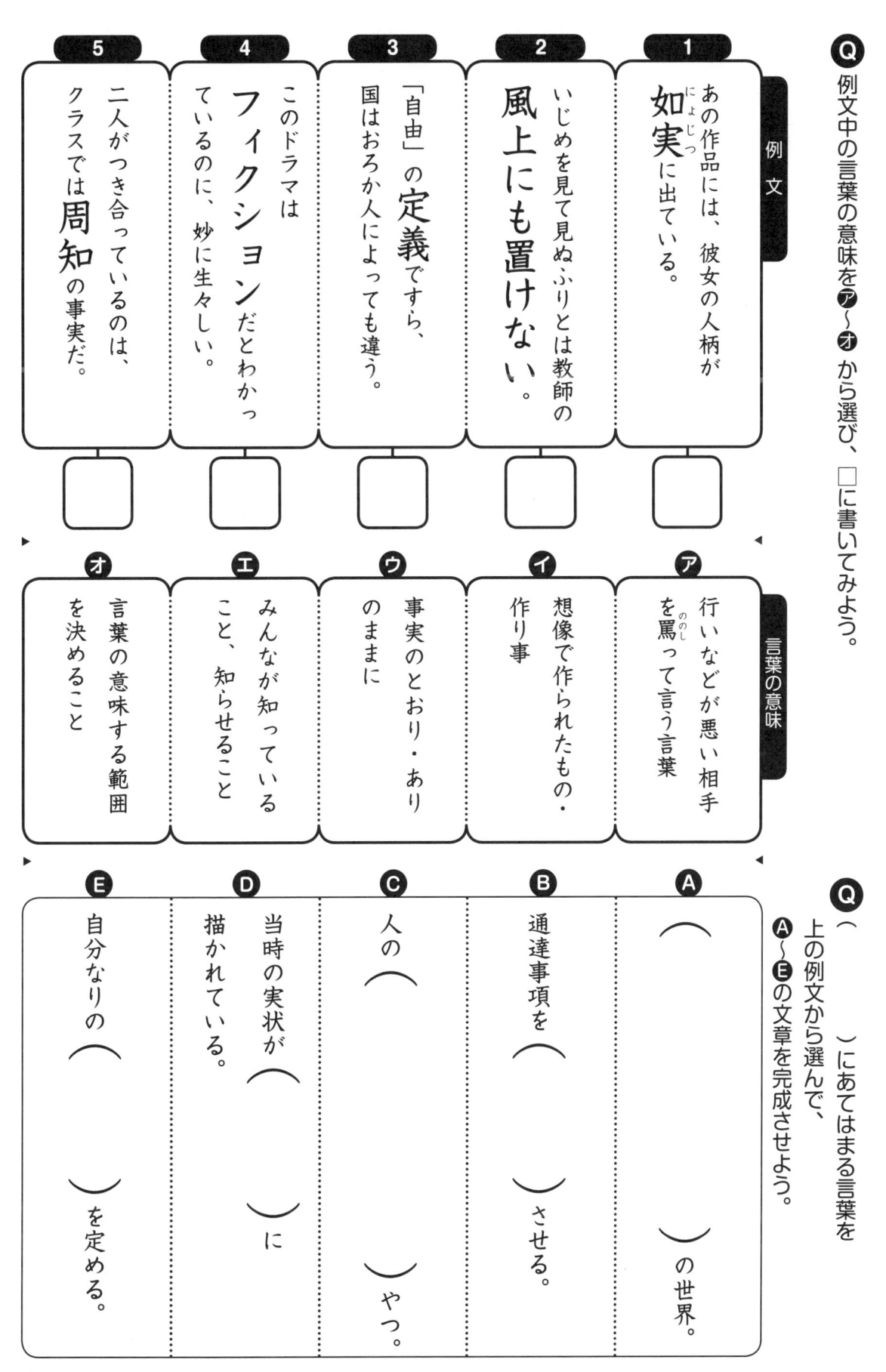

Q 例文中の言葉の意味をア～オから選び、□に書いてみよう。

例文

1. あの作品には、彼女の人柄が**如実**(にょじつ)に出ている。
2. いじめを見て見ぬふりとは教師の**風上にも置けない**。
3. 「自由」の**定義**ですら、国はおろか人によっても違う。
4. このドラマは**フィクション**だとわかっているのに、妙に生々しい。
5. 二人がつき合っているのは、クラスでは**周知**の事実だ。

言葉の意味

ア　行いなどが悪い相手を罵(ののし)って言う言葉
イ　想像で作られたもの・作り事
ウ　事実のとおり・ありのままに
エ　みんなが知っていること、知らせること
オ　言葉の意味する範囲を決めること

Q （　）にあてはまる言葉をⒶ～Ⓔの文章から選んで、上の例文からⒶ～Ⓔの文章を完成させよう。

Ⓐ　（　　　）の世界。
Ⓑ　通達事項を（　　　）させる。
Ⓒ　人の（　　　）やつ。
Ⓓ　当時の実状が（　　　）に描かれている。
Ⓔ　自分なりの（　　　）を定める。

裏ページの答え　6-オ　7-ウ　8-エ　9-イ　10-ア
(A)恒久　(B)一足跳び　(C)脆弱　(D)差し出がましい　(E)好敵手

Q 例文中の言葉の意味をア～オから選び、□に書いてみよう。

例文

6. 差し出がましいまねをするな、引っ込んでいろ。
7. 好敵手の存在は、互いに技術を磨くチャンスともなる。
8. 恒久の平和は、いつの世も万人の願いだ。
9. 彼は功績が認められて、一足跳びに昇進した。
10. 脆弱（ぜいじゃく）な精神を鍛え直す。

言葉の意味

ア　もろくて弱い様子
イ　一定の順序を踏まずに、飛び越えて進むこと
ウ　よいライバル
エ　いつまでもその状態が変わらない様子
オ　出すぎた感じのする様子

Q （　）にあてはまる言葉をAtoEの文章から選んで、A～Eの文章を完成させよう。

A（　　　）的に続く偏見と差別。
B（　　　）に結論を出すのは早計だ。
C（　　　）な地盤に建つ家。
D（　　　）口をきく。
E（　　　）同士の一戦。

裏ページの答え　1－ウ　2－ア　3－オ　4－イ　5－エ
(A)フィクション　(B)周知　(C)風上にも置けない　(D)如実　(E)定義

4

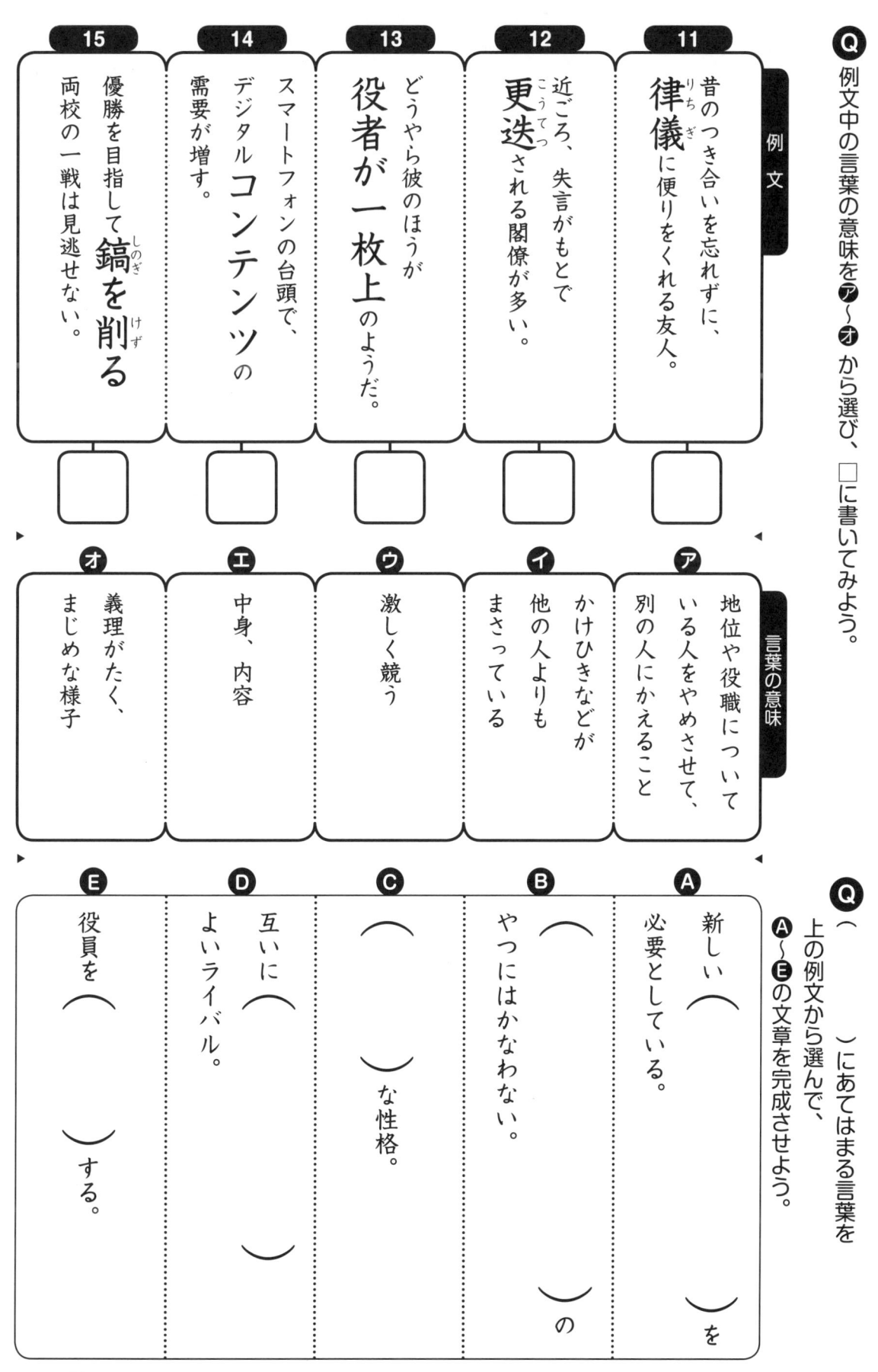

Q 例文中の言葉の意味を㋐～㋔から選び、□に書いてみよう。

例文

11. 昔のつき合いを忘れずに、**律儀**(りちぎ)に便りをくれる友人。
12. 近ごろ、失言がもとで**更迭**(こうてつ)される閣僚が多い。
13. どうやら彼のほうが**役者が一枚上**のようだ。
14. スマートフォンの台頭で、デジタル**コンテンツ**の需要が増す。
15. 優勝を目指して**鎬**(しのぎ)**を削る**両校の一戦は見逃せない。

言葉の意味

㋐ 地位や役職についている人をやめさせて、別の人にかえること
㋑ かけひきなどが他の人よりもまさっている
㋒ 激しく競う
㋓ 中身、内容
㋔ 義理がたく、まじめな様子

Q ㋐～㋔の文章を完成させよう。

Ⓐ 新しい（　　）を必要としている。
Ⓑ （　　）やつにはかなわない。
Ⓒ （　　）な性格。
Ⓓ 互いに（　　）よいライバル。
Ⓔ 役員を（　　）する。

---

5 裏ページの答え　16－エ　17－オ　18－イ　19－ウ　20－ア
(A)横柄　(B)推察　(C)俗っぽい　(D)尾を引く　(E)昇華

Q 例文中の言葉の意味を㋐～㋔から選び、□に書いてみよう。

例文

16 画家の苦悩が昇華されて生まれた名画。

17 あんな俗っぽいやつだとは思わなかった。

18 諍（いさか）いが尾を引くことで二人の関係はぎくしゃくしたままだ。

19 何が起きたのかは、この状況を見れば推察がつく。

20 後輩のくせに、その横柄な態度はなんだ。

言葉の意味

㋐ 人を見下して、偉そうな態度をとる様子

㋑ 終わったはずの物事の影響がいつまでも残る

㋒ 事情や人の気持ちなどをおしはかること

㋓ ある状態からより高度な状態になること

㋔ 通俗的で（ありふれていて）品がない様子

Q （　）にあてはまる言葉を上の例文から選んで、Ⓐ～Ⓔの文章を完成させよう。

Ⓐ （　）に構える。

Ⓑ 相手の気持ちを（　）する。

Ⓒ （　）物言いが鼻につく。

Ⓓ 紛争が長く（　）。

Ⓔ 情念を（　）させて表現する。

裏ページの答え　11－オ　12－ア　13－イ　14－エ　15－ウ
(A)コンテンツ　(B)役者が一枚上　(C)律儀　(D)鎬を削る　(E)更迭

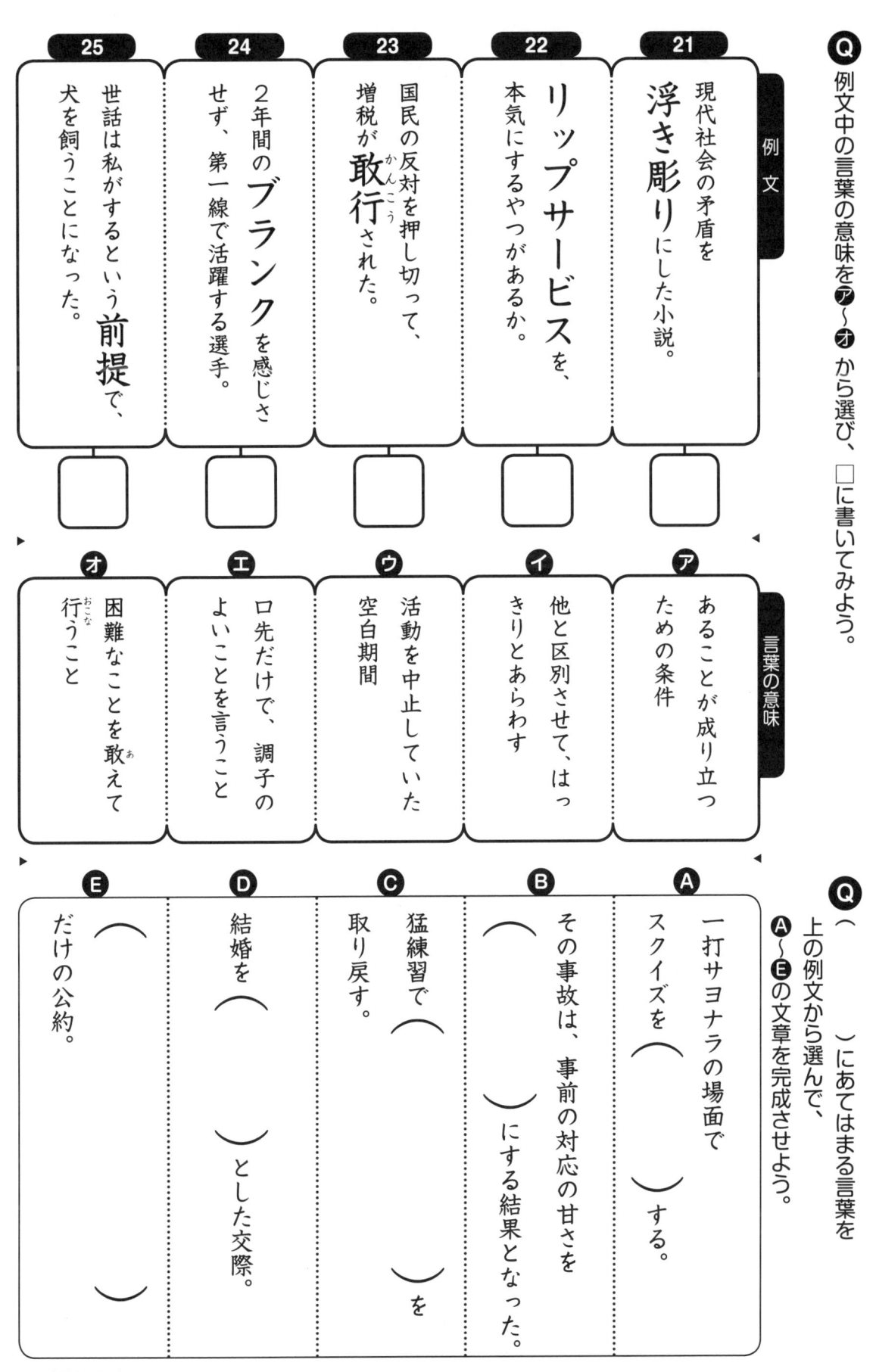

Q 例文中の言葉の意味をア〜オから選び、□に書いてみよう。

例文

21. 現代社会の矛盾を**浮き彫り**にした小説。
22. **リップサービス**を、本気にするやつがあるか。
23. 国民の反対を押し切って、増税が**敢行(かんこう)**された。
24. 2年間の**ブランク**を感じさせず、第一線で活躍する選手。
25. 世話は私がするという**前提**で、犬を飼うことになった。

言葉の意味

ア　あることが成り立つための条件
イ　他と区別させて、はっきりとあらわす
ウ　活動を中止していた空白期間
エ　口先だけで、調子のよいことを言うこと
オ　困難なことを敢(あ)えて行うこと

Q （　）にあてはまる言葉を上の例文から選んで、A〜Eの文章を完成させよう。

A　一打サヨナラの場面でスクイズを（　　）する。
B　その事故は、事前の対応の甘さを（　　）にする結果となった。
C　猛練習で（　　）を取り戻す。
D　結婚を（　　）とした交際。
E　（　　）だけの公約。

裏ページの答え
26—ウ　27—エ　28—オ　29—イ　30—ア
(A)弓を引く　(B)安堵　(C)標榜　(D)随所　(E)功を奏する

Q 例文中の言葉の意味を㋐～㋔から選び、□に書いてみよう。

例文
- 26　敵の意表を突いた作戦が**功を奏する**。
- 27　工夫のあとが**随所**に見られる作品。
- 28　第一関門を無事通過し、ほっと**安堵**に胸をなでおろす。
- 29　どんなに落ちぶれようと、恩人に**弓を引く**ようなまねはできない。
- 30　福祉社会を**標榜**するが、道はまだまだ遠い。

言葉の意味
- ㋐　主義や主張を公然と示すこと
- ㋑　背いて反抗する
- ㋒　効果が現れる
- ㋓　いたるところ
- ㋔　物事がうまくいって、安心すること

Q （　）にあてはまる言葉を上の例文から選んで、Ⓐ～Ⓔの文章を完成させよう。

- Ⓐ　上司に（　　　）。
- Ⓑ　まだ（　　　）するには早い。
- Ⓒ　平和と自由を（　　　）する。
- Ⓓ　（　　　）に残る台風の爪あと。
- Ⓔ　忠告が（　　　）。

裏ページの答え　21－イ　22－エ　23－オ　24－ウ　25－ア
(A)敢行　(B)浮き彫り　(C)ブランク　(D)前提　(E)リップサービス

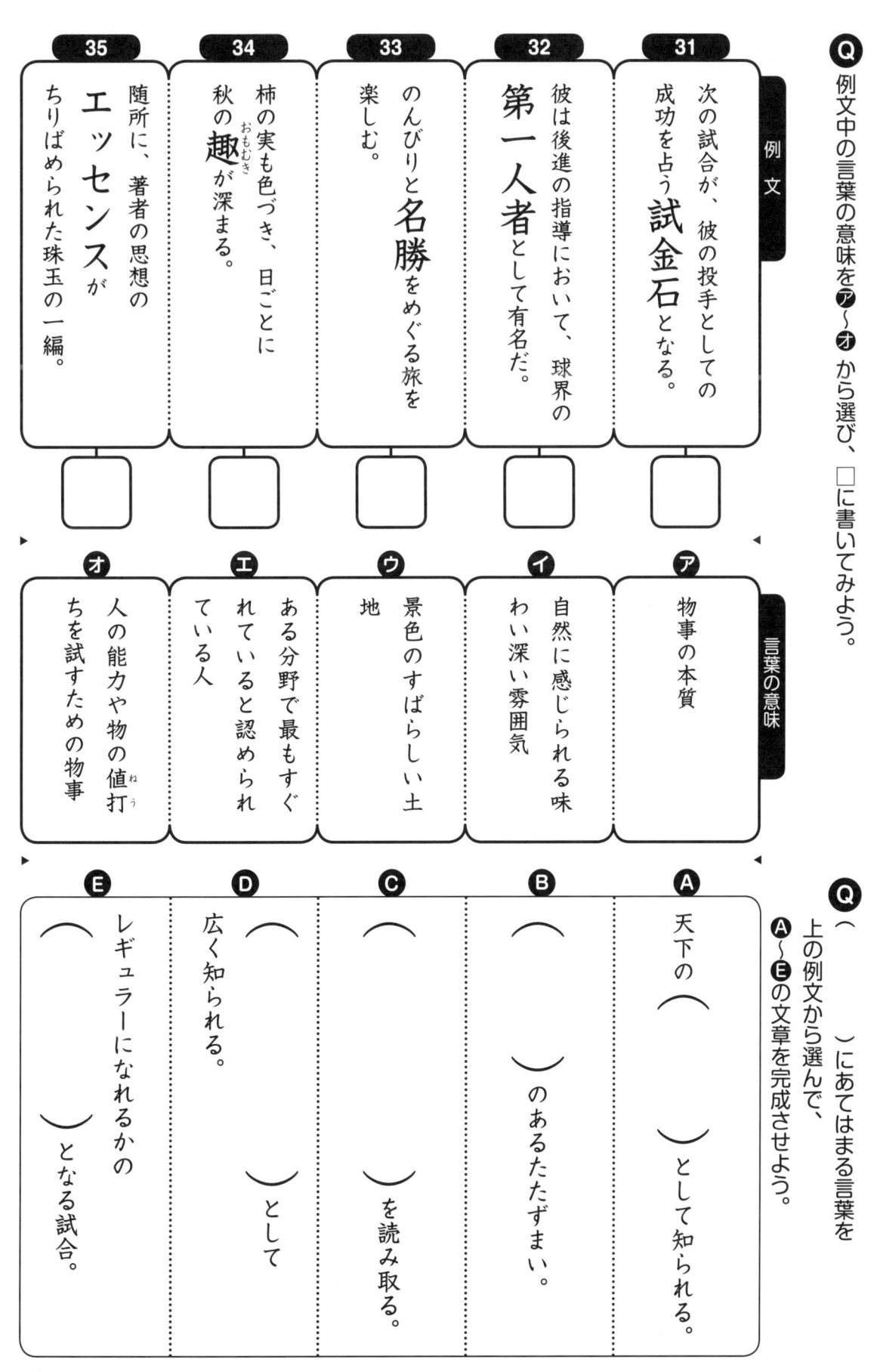

Q 例文中の言葉の意味をア～オから選び、□に書いてみよう。

例文

31 次の試合が、彼の投手としての成功を占う**試金石**となる。

32 彼は後進の指導において、球界の**第一人者**として有名だ。

33 のんびりと**名勝**をめぐる旅を楽しむ。

34 柿の実も色づき、日ごとに秋の**趣**（おもむき）が深まる。

35 随所に、著者の思想の**エッセンス**がちりばめられた珠玉の一編。

言葉の意味

ア 物事の本質

イ 自然に感じられる味わい深い雰囲気

ウ 景色のすばらしい土地

エ ある分野で最もすぐれていると認められている人

オ 人の能力や物の値打（ねう）ちを試すための物事

Q （　）にあてはまる言葉を上の例文から選んで、🅐～🅔の文章を完成させよう。

🅐 天下の（　　）として知られる。

🅑 （　　）のあるたたずまい。

🅒 （　　）を読み取る。

🅓 （　　）として広く知られる。

🅔 レギュラーになれるかの（　　）となる試合。

裏ページの答え　36—イ　37—エ　38—オ　39—ア　40—ウ
(A)馬の骨　(B)親和性　(C)余儀なく　(D)奥の手　(E)捕捉

Q 例文中の言葉の意味を㋐～㋔から選び、□に書いてみよう。

例文

36 彼の真意がどこにあるのか **捕捉** しがたい。

37 この計画は中止を **余儀なく** された。

38 コミュニケーションを密にして、チームの **親和性** を深める。

39 どこの **馬の骨** ともわからぬ者の忠告など、誰も信じない。

40 あわてることはない。まだ **奥の手** があるじゃないか。

言葉の意味

㋐ 素性（すじょう）のはっきりしない人

㋑ つかまえること

㋒ 最後の手段。とっておきの方法

㋓ それ以外にとるべき方法がなく。やむを得ず

㋔ 仲良く、親しみ合っていること

Q （　）にあてはまる言葉を上の例文から選んで、Ⓐ～Ⓔの文章を完成させよう。

Ⓐ （　　　）呼ばわりは心外だ。

Ⓑ （　　　）が感じられない。

Ⓒ 肉離れで戦線離脱を（　　　）される。

Ⓓ そろそろ（　　　）を使おうか。

Ⓔ レーダーで（　　　）する。

裏ページの答え　31－オ　32－エ　33－ウ　34－イ　35－ア
(A)名勝　(B)趣　(C)エッセンス　(D)第一人者　(E)試金石

10

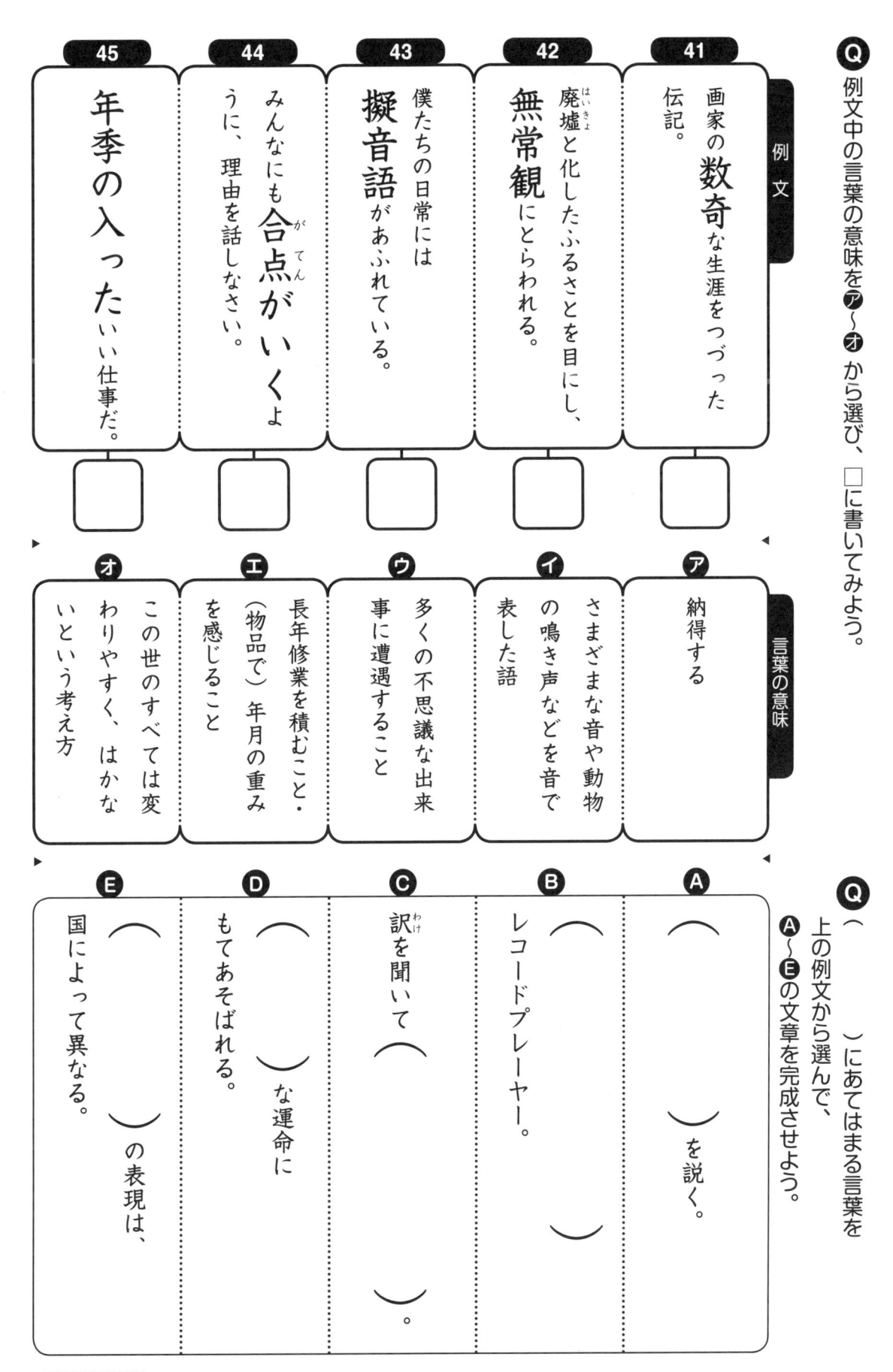

Q 例文中の言葉の意味をア〜オから選び、□に書いてみよう。

例文

41 画家の**数奇**な生涯をつづった伝記。

42 **無常観**にとらわれる。廃墟と化したふるさとを目にし、

43 僕たちの日常には**擬音語**があふれている。

44 みんなにも**合点（がてん）**がいくように、理由を話しなさい。

45 **年季**の入ったいい仕事だ。

言葉の意味

ア 納得する

イ さまざまな音や動物の鳴き声などを音で表した語

ウ 多くの不思議な出来事に遭遇すること

エ 長年修業を積むこと・（物品で）年月の重みを感じること

オ この世のすべては変わりやすく、はかないという考え方

Q （　）にあてはまる言葉を上の例文から選んで、Ⓐ〜Ⓔの文章を完成させよう。

Ⓐ （　　　）を説く。

Ⓑ （　　　）レコードプレーヤー。

Ⓒ 訳（わけ）を聞いて（　　　）。

Ⓓ （　　　）な運命にもてあそばれる。

Ⓔ （　　　）国によって異なる。の表現は、

裏ページの答え　46ーイ　47ーエ　48ーオ　49ーウ　50ーア
(A)柄にもなく　(B)きらいがある　(C)示唆　(D)オアシス　(E)難渋

Q 例文中の言葉の意味をア～オから選び、□に書いてみよう。

例文

46 一日の疲れをいやしてくれるわが家は、心の**オアシス**だ。

47 コーチの話は、誰にでもチャンスがあることを**示唆**していた。

48 **柄にもなく**堅苦しい場に居たせいか、落ち着かなかった。

49 彼には人の意見を聞かず、独断で走る**きらいがある**。

50 会議が**難渋**して、予算の見通しが立たない。

言葉の意味

ア 物事が思いどおりに運ばず、苦労すること

イ 安らぎを与えてくれるところ

ウ 好ましくない状態になる傾向がある

エ それとなく教え示すこと

オ 能力・性格などにふさわしくない

Q （　）にあてはまる言葉を上の例文から選んで、Ⓐ～Ⓔの文章を完成させよう。

Ⓐ 今日のあいつは（　　　）雄弁だ。

Ⓑ 情に流されやすい（　　　）。

Ⓒ （　　　）に富む話。

Ⓓ 水辺のある公園は都会の（　　　）だ。

Ⓔ 説得に（　　　）を極める。

裏ページの答え　41－ウ　42－オ　43－イ　44－ア　45－エ
(A)無常観　(B)年季の入った　(C)合点がいく　(D)数奇　(E)擬音語

12

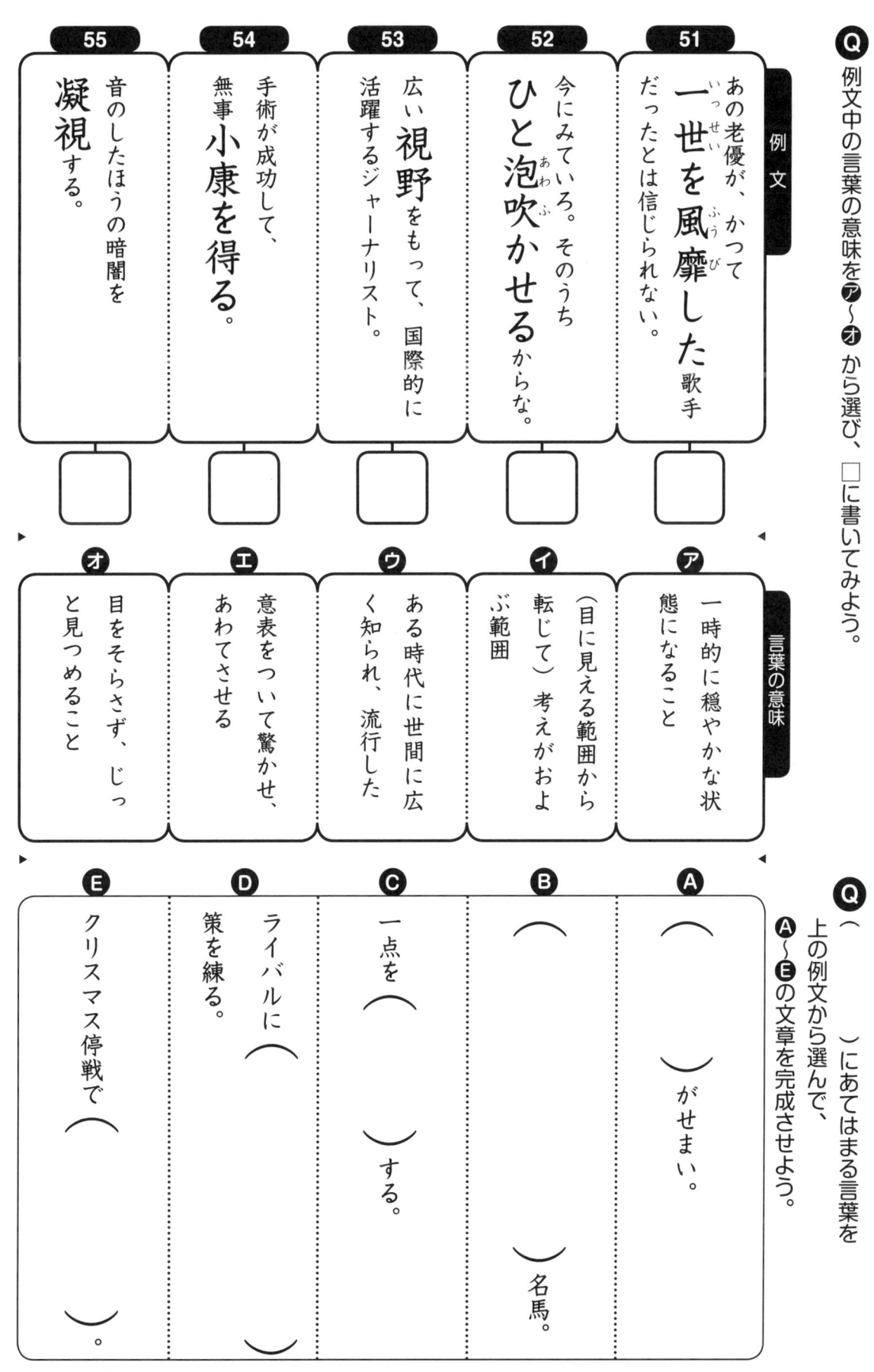

Q 例文中の言葉の意味を㋐～㋔から選び、□に書いてみよう。

例文

51 あの老優が、かつて一世を風靡（ふうび）した歌手だったとは信じられない。

52 今にみていろ。そのうちひと泡吹（ふ）かせるからな。

53 広い視野をもって、国際的に活躍するジャーナリスト。

54 手術が成功して、無事小康を得る。

55 音のしたほうの暗闇を凝視する。

言葉の意味

㋐ 一時的に穏やかな状態になること

㋑ （目に見える範囲から転じて）考えがおよぶ範囲

㋒ ある時代に世間に広く知られ、流行した

㋓ 意表をついて驚かせ、あわてさせる

㋔ 目をそらさず、じっと見つめること

Q （　）にあてはまる言葉を上の例文から選んで、Ⓐ～Ⓔの文章を完成させよう。

Ⓐ（　　　）がせまい。

Ⓑ（　　　）名馬。

Ⓒ 一点を（　　　）する。

Ⓓ ライバルに（　　　）策を練る。

Ⓔ クリスマス停戦で（　　　）。

裏ページの答え　56―エ　57―イ　58―ア　59―オ　60―ウ
(A)陳腐　(B)否が応でも　(C)反旗を翻す　(D)類する　(E)台頭

Q 例文中の言葉の意味をア～オから選び、□に書いてみよう。

例文

56 陳腐(ちんぷ)な言い訳に、やじが飛ぶ。

57 サッカー界では新人の台頭(たいとう)がめざましい。

58 これに類(るい)する事件を、以前耳にしたことがある。

59 この件は否が応(いやがおう)でも承知してもらう。

60 旧態依然とした政策では、若手議員たちが反旗を翻(ひるがえ)すのも無理はない。

言葉の意味

ア 同じ種類に属する。似通っている

イ 勢いを増して進出してくること

ウ 謀反(むほん)を起こす

エ ありふれていたり、古くさかったりしていてつまらない様子

オ 承知するしないに関(かか)わらず、何が何でも

Q （　）にあてはまる言葉を上の例文から選んで、Ⓐ～Ⓔの文章を完成させよう。

Ⓐ （　　　）な筋書きで退屈だった。

Ⓑ （　　　）従わせる。

Ⓒ （　　　）者が後を絶たない。

Ⓓ 児戯(じぎ)に（　　　）行為。

Ⓔ 発展途上国が（　　　）してくる。

裏ページの答え　51－ウ　52－エ　53－イ　54－ア　55－オ
(A)視野　(B)一世を風靡した　(C)凝視　(D)ひと泡吹かせる　(E)小康を得る

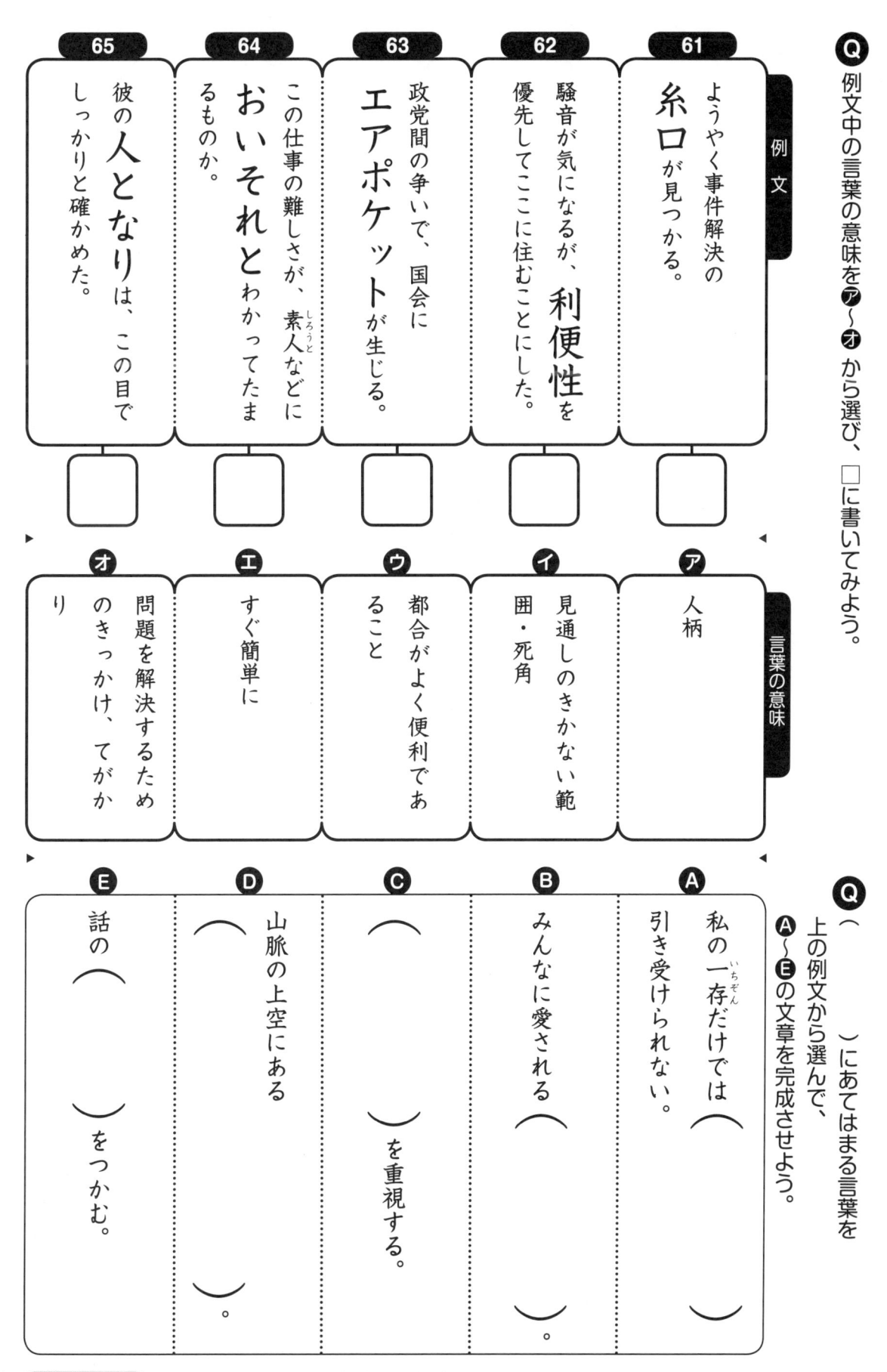

Q 例文中の言葉の意味をア〜オから選び、□に書いてみよう。

例文

61 ようやく事件解決の**糸口**が見つかる。

62 騒音が気になるが、優先してここに住むことにした。**利便性**を

63 政党間の争いで、国会に**エアポケット**が生じる。

64 この仕事の難しさが、**おいそれ**とわかってたまるものか。素人(しろうと)などに

65 彼の**人となり**は、この目でしっかりと確かめた。

言葉の意味

ア 人柄

イ 見通しのきかない範囲・死角

ウ 都合がよく便利であること

エ すぐ簡単に

オ 問題を解決するためのきっかけ、てがかり

Q （　）にあてはまる言葉を上の例文から選んで、Ⓐ〜Ⓔの文章を完成させよう。

Ⓐ 私の一存(いちぞん)だけでは（　　　）引き受けられない。

Ⓑ みんなに愛される（　　　）。

Ⓒ （　　　）を重視する。

Ⓓ 山脈の上空にある（　　　）。

Ⓔ 話の（　　　）をつかむ。

15　裏ページの答え　66ーオ　67ーア　68ーウ　69ーイ　70ーエ
(A)根源的　(B)足がかり　(C)増殖　(D)若気の至り　(E)殻を破る

Q 例文中の言葉の意味をア～オから選び、□に書いてみよう。

例文

66 若気(わかげ)の至(いた)りとはいえ、非常に申し訳ないことをした。

67 国内での成果を足がかりに、海外で活躍するサッカー選手たち。

68 仲間の結束をどう固めるかは、チーム結成以来の根源的な課題だ。

69 仲間との出会いは、自分の殻(から)を破るよいきっかけとなった。

70 モラルに反した行為が増殖していくさまは、見るにしのびない。

言葉の意味

ア 何かを進めるためのよりどころ

イ 自分だけのこり固まった考えを打ち破る

ウ 物事の根本にかかわる様子

エ ふえて多くなること

オ 若さに任せて、無分別(むふんべつ)なことをしてしまうこと

Q 上の例文から( )にあてはまる言葉を❶～❺の文章を完成させよう。

Ⓐ ( )な問いかけ。

Ⓑ 出世の( )にする。

Ⓒ がん細胞が( )する。

Ⓓ すまされない暴挙。では( )

Ⓔ ( )には勇気がいる。

裏ページの答え　61―オ　62―ウ　63―イ　64―エ　65―ア
(A)おいそれと　(B)人となり　(C)利便性　(D)エアポケット　(E)糸口

Q 例文中の言葉の意味をア～オから選び、□に書いてみよう。

例文

71 交渉が難航し、**切迫**した情勢になる。

72 そっぽを向いたまま**取り付く島もない**。

73 オーケーが出るまでは、**執拗**に食い下がるつもりだ。

74 問題点を**オブラートで包む**ようにして話す。

75 人に迷惑をかけて一言の詫びもないとは、何と**厚顔無恥**なやつなんだ。

言葉の意味

ア 相手がそっけなくて、話しかけるきっかけもない

イ 厚かましくて恥を知らないこと

ウ 粘り強く、しつこい様子

エ 相手を刺激しないようにぼかしたり遠まわしな言い方をする

オ 追いつめられた状態になること

Q （　）にあてはまる言葉を上の例文から選んで、Ⓐ～Ⓔの文章を完成させよう。

Ⓐ （　　　）よそよそしい態度。

Ⓑ （　　　）がまかりとおるいやな世の中だ。

Ⓒ 発表の時間が（　　　）する。

Ⓓ やんわりと（　　　）。

Ⓔ 警官の（　　　）な取り調べ。

裏ページの答え　76－エ　77－オ　78－ア　79－イ　80－ウ
(A)鼻持ちならない　(B)蛙の子は蛙　(C)庇護　(D)殺ぐ　(E)意図

Q 例文中の言葉の意味をア～オから選び、□に書いてみよう。

例文

76　しょせん蛙の子は蛙で、運動神経のなさは親譲りだ。

77　両親の庇護の下、健やかに育つ。

78　地域の活性化を意図したイベントを企画する。

79　彼の、人を見下した高慢な態度は鼻持ちならない。

80　見る前に興味を殺ぐような話をされては、楽しみが半減する。

言葉の意味

ア　しようと考えていること

イ　言動がいやみで我慢できない

ウ　なくするようにする

エ　子は親に似るというたとえ

オ　弱いものをかばって守ること

Q （　）にあてはまる言葉を上の例文から選んで、Ⓐ～Ⓔの文章を完成させよう。

Ⓐ　利口ぶったやつ。（　　）

Ⓑ　背伸びしたところで（　　）だ。

Ⓒ　弱者を（　　）する。

Ⓓ　気勢を（　　）。

Ⓔ　相手の（　　）をくむ。

裏ページの答え　71－オ　72－ア　73－ウ　74－エ　75－イ
(A)取り付く島もない　(B)厚顔無恥　(C)切迫　(D)オブラートで包む　(E)執拗

18

Q 例文中の言葉の意味を㋐〜㋔から選び、□に書いてみよう。

例文

81 政権争いばかりしている政界に、一石を投じる手だてはないものか。

82 取っ組み合いのけんかを見ても、誰も止めようとはしない。腕をこまねくだけで

83 そんな遊びにうつつを抜かすなんて、君らしくもない。

84 旧来の慣行どおり、美しく飾られた山車（だし）。

85 悲惨な光景に、思わず息をのむ。筆舌に尽くしがたい

言葉の意味

㋐ 古くからの習慣として行われること。ならわし・しきたり

㋑ 文章や言葉では表現しきれない

㋒ 問題を投げかける

㋓ あることに心を奪われて夢中になる

㋔ 何もしないでただ見ている

Q ㋐〜㋕の文章を完成させよう。上の例文から選んで、（　）にあてはまる言葉を

Ⓐ このまま（　　）つもりはない。

Ⓑ やり方は（　　）に従う。

Ⓒ 学界に（　　）論文。

Ⓓ ゲームに（　　）毎日。

Ⓔ この感動は（　　）。

裏ページの答え　86―ア　87―オ　88―エ　89―イ　90―ウ
(A)顕示　(B)しがらみ　(C)躍起になる　(D)下衆の勘ぐり　(E)傲慢

Q 例文中の言葉の意味をア～オから選び、□に書いてみよう。

例文

86. 彼の成功が仕組まれたものだなんて、**下衆（げす）の勘ぐり**もいいところだ。

87. 有罪を証明しようと**躍起（やっき）になる**が、決め手となる証拠がつかめない。

88. 己（おのれ）の実力のほどを**顕示（けんじ）**して自慢げな人物。

89. 人を人とも思わぬ**傲慢（ごうまん）**な態度。

90. ご近所の**しがらみ**で、ノーとは言えないこともある。

言葉の意味

ア　心の賤しい者は、とかく意地悪く考えたり疑ったりする

イ　おごりたかぶる様子

ウ　まとわりついて離れないもの

エ　だれにもわかるように、はっきり示すこと

オ　あせって必死になる・むきになる

Q ( )にあてはまる言葉を上の例文から選んで、A～Eの文章を完成させよう。

A　抑止力を（　　）するために行われた合同軍事演習。

B　義理と人情の（　　）。

C　弁明に（　　）。

D　とかく（　　）は見苦しい。

E　（　　）無礼。

裏ページの答え　81－ウ　82－オ　83－エ　84－ア　85－イ
(A)腕をこまねく　(B)慣行　(C)一石を投じる　(D)うつつを抜かす　(E)筆舌に尽くしがたい

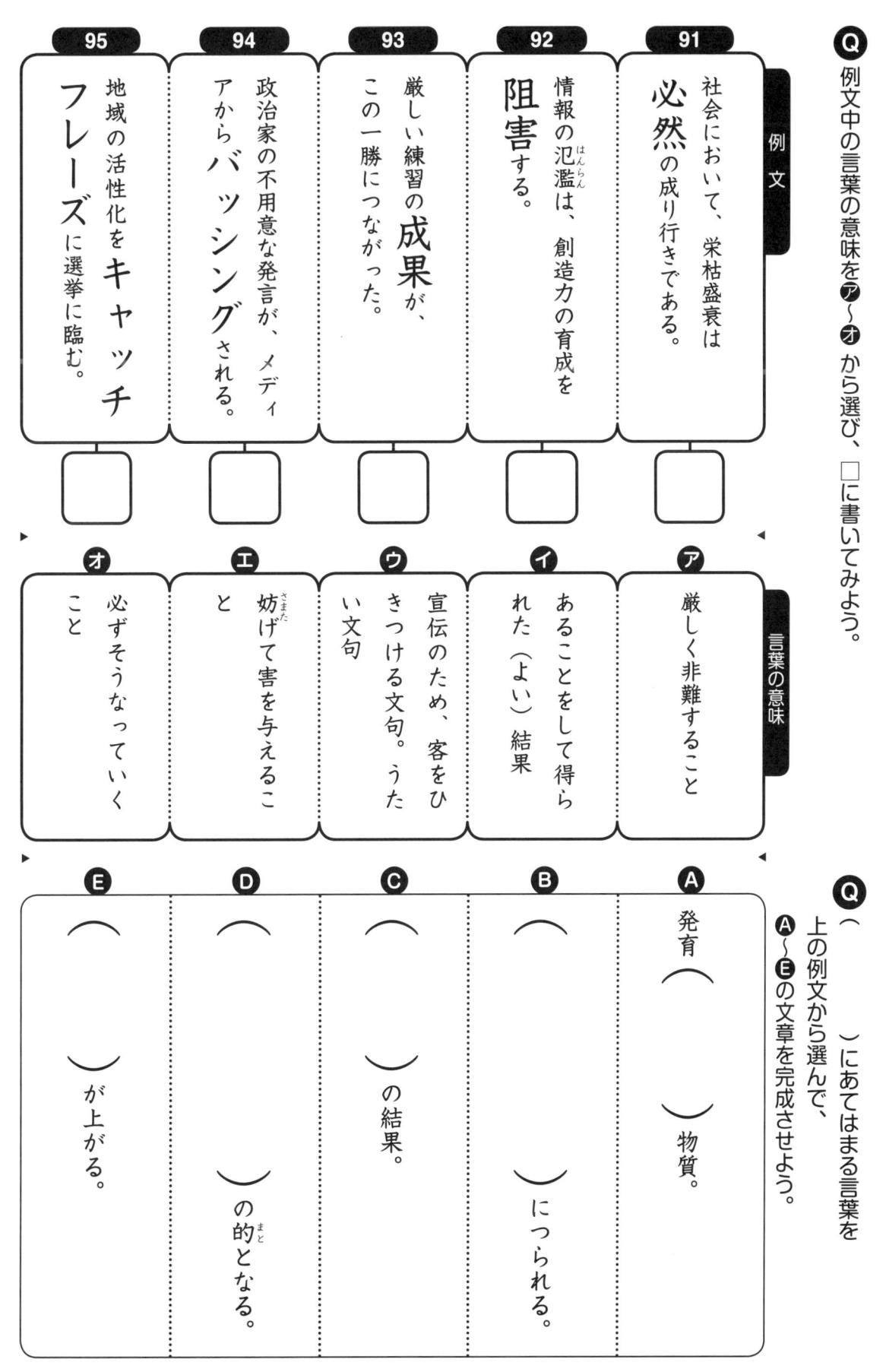

Q 例文中の言葉の意味を㋐〜㋒から選び、□に書いてみよう。

例文

91 社会において、栄枯盛衰は**必然**の成り行きである。

92 情報の氾濫(はんらん)は、創造力の育成を**阻害**する。

93 厳しい練習の**成果**が、この一勝につながった。

94 政治家の不用意な発言が、メディアから**バッシング**される。

95 地域の活性化を**キャッチフレーズ**に選挙に臨む。

言葉の意味

㋐ 厳しく非難すること

㋑ あることをして得られた（よい）結果

㋒ 宣伝のため、客をひきつける文句。うたい文句

㋓ 妨(さまた)げて害を与えること

㋔ 必ずそうなっていくこと

Q （　）にあてはまる言葉を上の例文から選んで、Ⓐ〜Ⓔの文章を完成させよう。

Ⓐ 発育（　　）物質。

Ⓑ （　　）につられる。

Ⓒ （　　）の結果。

Ⓓ （　　）の的(まと)となる。

Ⓔ （　　）が上がる。

裏ページの答え　96—ウ　97—オ　98—イ　99—エ　100—ア
(A)挫折　(B)佇む　(C)辺鄙　(D)媒体　(E)無垢

Q 例文中の言葉の意味をア〜オから選び、□に書いてみよう。

例文

96 テレビや雑誌は情報を流すだけでなく、広告**媒体**としての役割も担っている。

97 プロの野球選手を目指したが、練習がきつくて**挫折**した。

98 子どもの**無垢**な心を傷つけるようなことはつつしみたい。

99 ここは**辺鄙**な土地だが、食べ物と空気はうまい。

100 川のほとりにひっそりと**佇む**女性。

言葉の意味

ア その場にじっと立っている

イ 純粋で汚れていないこと

ウ 情報や作用などを伝える仲立ちとなるもの

エ 都会から遠く離れていて不便な様子

オ 途中でくじけてだめになること

Q （　）にあてはまる言葉を上の例文から選んで、Ⓐ〜Ⓔの文章を完成させよう。

Ⓐ （　）から立ち直る。

Ⓑ （　）姿が寂しげだ。

Ⓒ 山奥の（　）な村。

Ⓓ 伝染病の（　）となる微生物。

Ⓔ 白（　）の花嫁姿。

裏ページの答え　91ーオ　92ーエ　93ーイ　94ーア　95ーウ
(A)阻害　(B)キャッチフレーズ　(C)必然　(D)バッシング　(E)成果

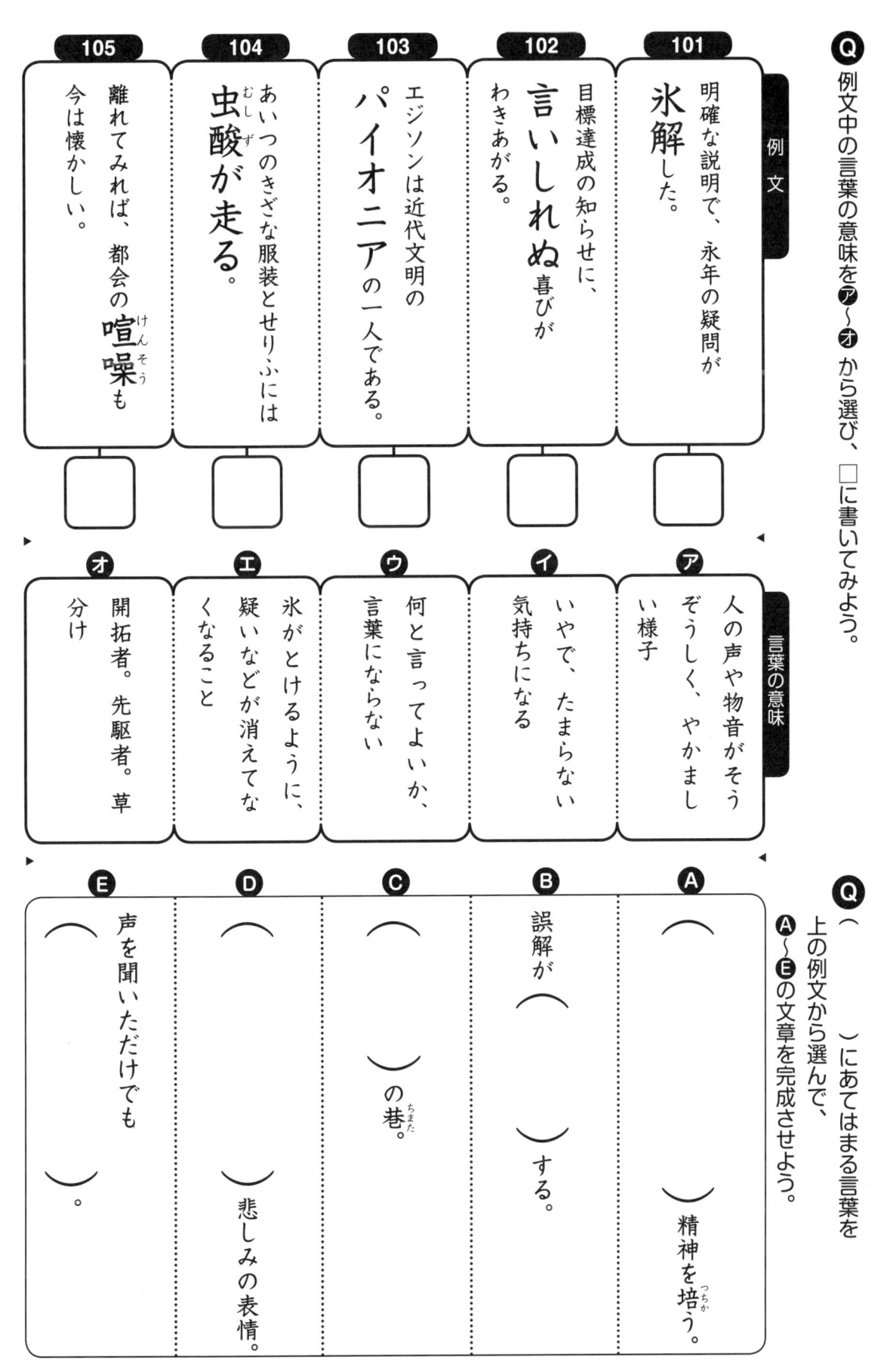

Q 例文中の言葉の意味をア～オから選び、□に書いてみよう。

例文

- **101** 明確な説明で、永年の疑問が氷解した。
- **102** 目標達成の知らせに、言いしれぬ喜びがわきあがる。
- **103** エジソンは近代文明のパイオニアの一人である。
- **104** あいつのきざな服装とせりふには虫酸（むしず）が走る。
- **105** 離れてみれば、都会の喧噪（けんそう）も今は懐かしい。

言葉の意味

- **ア** 人の声や物音がそうぞうしく、やかましい様子
- **イ** いやで、たまらない気持ちになる
- **ウ** 何と言ってよいか、言葉にならない
- **エ** 氷がとけるように、疑いなどが消えてなくなること
- **オ** 開拓者。先駆者。草分け

Q （　）にあてはまる言葉をⒶ～Ⓔの例文から選んで、Ⓐ～Ⓔの文章を完成させよう。

- **Ⓐ** （　　　）精神を培（つちか）う。
- **Ⓑ** 誤解が（　　　）する。
- **Ⓒ** （　　　）の巷（ちまた）。
- **Ⓓ** （　　　）悲しみの表情。
- **Ⓔ** 声を聞いただけでも（　　　）。

裏ページの答え　106－ウ　107－オ　108－ア　109－イ　110－エ
(A)亜流　(B)コメンテーター　(C)アブノーマル　(D)我を張る　(E)事なかれ主義

Q 例文中の言葉の意味を㋐〜㋔から選び、□に書いてみよう。

例文

106 彼の奇抜な画風は、ダリやマグリットの**亜流**にすぎない。□

107 彼は**事なかれ主義**で、トラブルには首を突っ込まない。□

108 **我を張る**のもいい加減にして周りの状況を考えてみろ。□

109 彼は**アブノーマル**な趣味を隠している。□

110 氏は辛口の**コメンテーター**として、視聴者の支持を得ている。□

言葉の意味

㋐ 自分の考えをかたくなに押し通そうとする

㋑ 常識で考えられない異常な様子

㋒ 一流のものに追随し、それをまねるだけで独創性がないこと

㋓ ニュースやワイドショーなどの解説者

㋔ 何も起こらず、平穏であればいいという消極的な考え方や態度

Q ( )にあてはまる言葉を上の例文から選んで、Ⓐ〜Ⓔの文章を完成させよう。

Ⓐ しょせんは( )だ。

Ⓑ 好感度の高い( )。

Ⓒ ( )な関係。

Ⓓ どこまでも( )強情な人。

Ⓔ ( )に傾く。

裏ページの答え 101―エ 102―ウ 103―オ 104―イ 105―ア
(A)パイオニア (B)氷解 (C)喧噪 (D)言いしれぬ (E)虫酸が走る

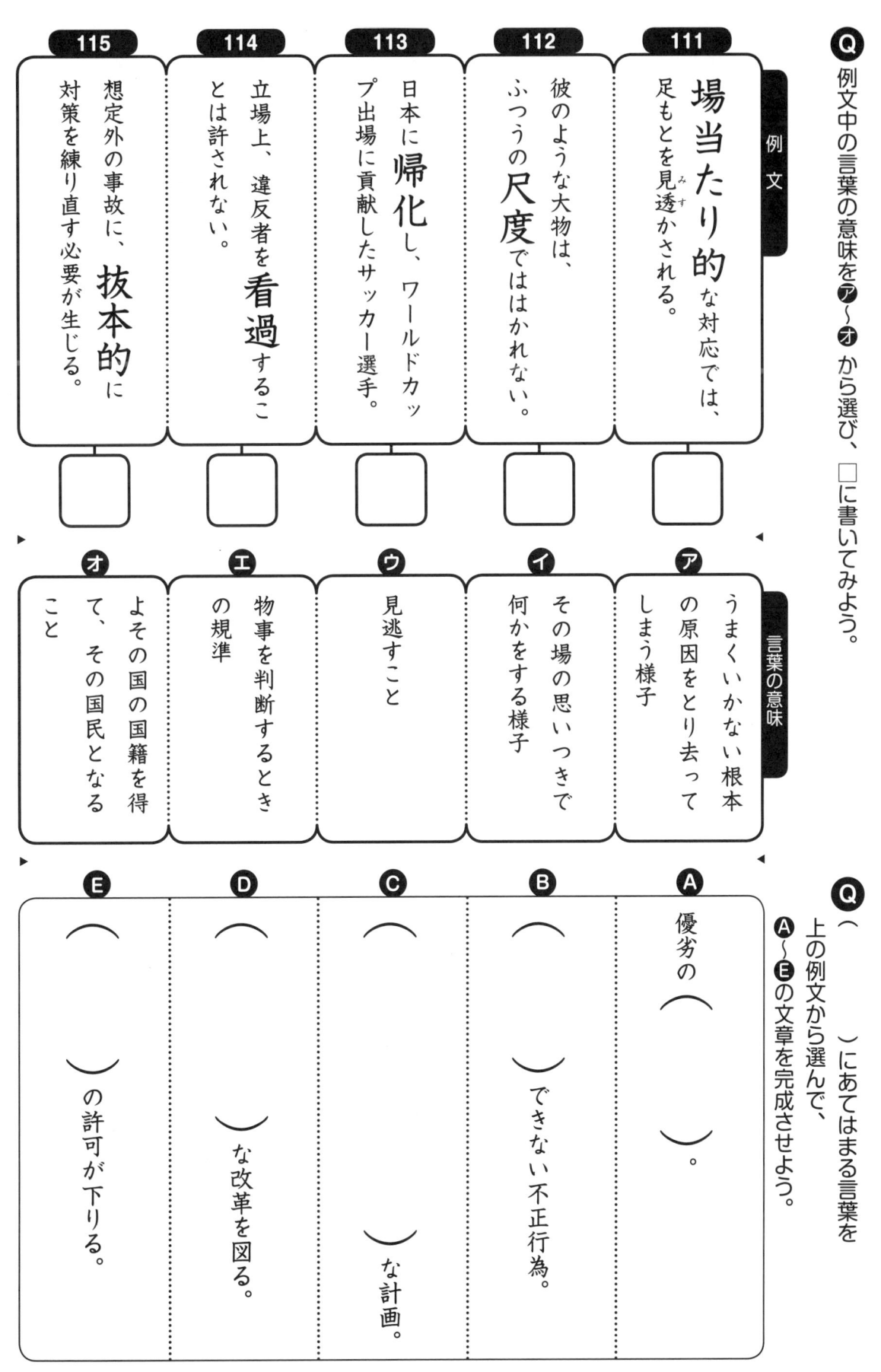

Q 例文中の言葉の意味を ア〜オ から選び、□ に書いてみよう。

例文

111 足もとを見透かされる。場当たり的な対応では、

112 ふつうの尺度でははかれない。彼のような大物は、

113 日本に帰化し、ワールドカップ出場に貢献したサッカー選手。

114 立場上、違反者を看過することは許されない。

115 想定外の事故に、抜本的に対策を練り直す必要が生じる。

言葉の意味

ア うまくいかない根本の原因をとり去ってしまう様子

イ その場の思いつきで何かをする様子

ウ 見逃すこと

エ 物事を判断するときの規準

オ よその国の国籍を得て、その国民となること

Q （　）にあてはまる言葉を ❹〜❺ の例文から選んで、❹〜❺ の文章を完成させよう。

Ⓐ 優劣の（　　）。

Ⓑ （　　）できない不正行為。

Ⓒ （　　）な計画。

Ⓓ （　　）な改革を図る。

Ⓔ （　　）の許可が下りる。

裏ページの答え　116－ウ　117－イ　118－オ　119－ア　120－エ
(A)スキーム　(B)逸する　(C)ノスタルジー　(D)面目ない　(E)かねがね

Q 例文中の言葉の意味をア～オから選び、□に書いてみよう。

例文

116 かねがねお願いしてきた甲斐あって面会の機会をもらった。

117 ソーシャルゲームの課金スキームを整える。

118 9回裏の制球ミスで、完全試合のチャンスを逸する。

119 僕のミスでこんな結果になるは、まったく面目ない。

120 「七つの子」を久し振りに耳にし、ノスタルジーを覚える。

言葉の意味

ア　はずかしくて、人に合わせる顔がない

イ　枠組みをもった計画

ウ　以前からずっと。前々から

エ　郷愁。故郷や過ぎ去った昔を懐かしむ気持ち

オ　手に入りかけたものをとり逃がす

Q （　）にあてはまる言葉をⒶ～Ⓔから選んで、Ⓐ～Ⓔの文章を完成させよう。

Ⓐ（　　　　）を練り直す。

Ⓑ　好機を（　　　　）。

Ⓒ　幼年時代への（　　　　）を感じる。

Ⓓ（　　　　）ことをしてしまった。

Ⓔ　ご高名は（　　　　）うかがっておりました。

裏ページの答え
111—イ　112—エ　113—オ　114—ウ　115—ア
(A)尺度　(B)看過　(C)場当たり的　(D)抜本的　(E)帰化

26

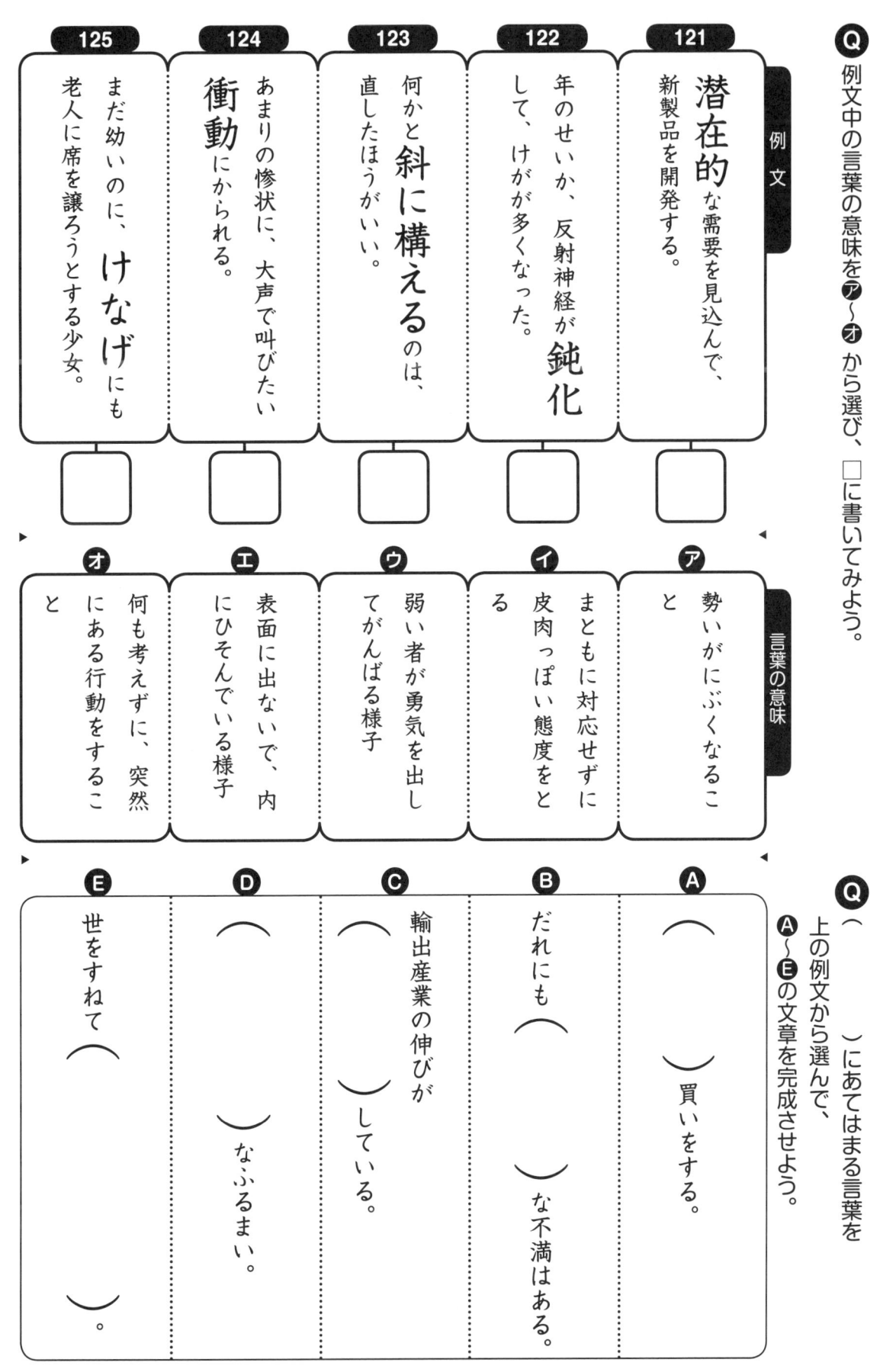

Q 例文中の言葉の意味をア〜オから選び、□に書いてみよう。

例文

121 潜在的な需要を見込んで、新製品を開発する。

122 年のせいか、反射神経が鈍化して、けがが多くなった。

123 何かと斜に構えるのは、直したほうがいい。

124 あまりの惨状に、大声で叫びたい衝動にかられる。

125 まだ幼いのに、けなげにも老人に席を譲ろうとする少女。

言葉の意味

ア 勢いがにぶくなること

イ まともに対応せずに皮肉っぽい態度をとる

ウ 弱い者が勇気を出してがんばる様子

エ 表面に出ないで、内にひそんでいる様子

オ 何も考えずに、突然にある行動をすること

Q ( )にあてはまる言葉を上の例文から選んで、Ⓐ〜Ⓔの文章を完成させよう。

Ⓐ ( )買いをする。

Ⓑ だれにも( )な不満はある。

Ⓒ 輸出産業の伸びが( )している。

Ⓓ ( )なふるまい。

Ⓔ 世をすねて( )。

裏ページの答え　126—ウ　127—エ　128—オ　129—イ　130—ア
(A)観念　(B)熟知　(C)直観　(D)魚心あれば水心　(E)反面教師

Q 例文中の言葉の意味をア～オから選び、□に書いてみよう。

例文

126 子どもの**直観**を軽視するなかれ。

127 どんな失敗も**反面教師**として捉えれば学べることがある。

128 **魚心あれば水心**、出方次第では手加減してやろう。

129 集合時間はとうに過ぎている。君には時間の**観念**がないのか。

130 これまでの事情を**熟知**している君に、あとは任せよう。

言葉の意味

ア　よく知っていること

イ　ある物事に対する考えや考え方

ウ　推理などによらず、物事の本質を直接とらえること

エ　悪い手本・見本

オ　相手のやり方によって、こちらもそれに応じたやり方がある

Q （　）にあてはまる言葉を上の例文から選んで、Ⓐ～Ⓔの文章を完成させよう。

Ⓐ　固定（　　　）にとらわれる。

Ⓑ　（　　　）の間柄。

Ⓒ　（　　　）的に判断する。

Ⓓ　君が協力するならこちらも手を貸そう。（　　　）で、

Ⓔ　（　　　）として役立てる。

裏ページの答え　121－エ　122－ア　123－イ　124－オ　125－ウ
(A)衝動　(B)潜在的　(C)鈍化　(D)けなげ　(E)斜に構える

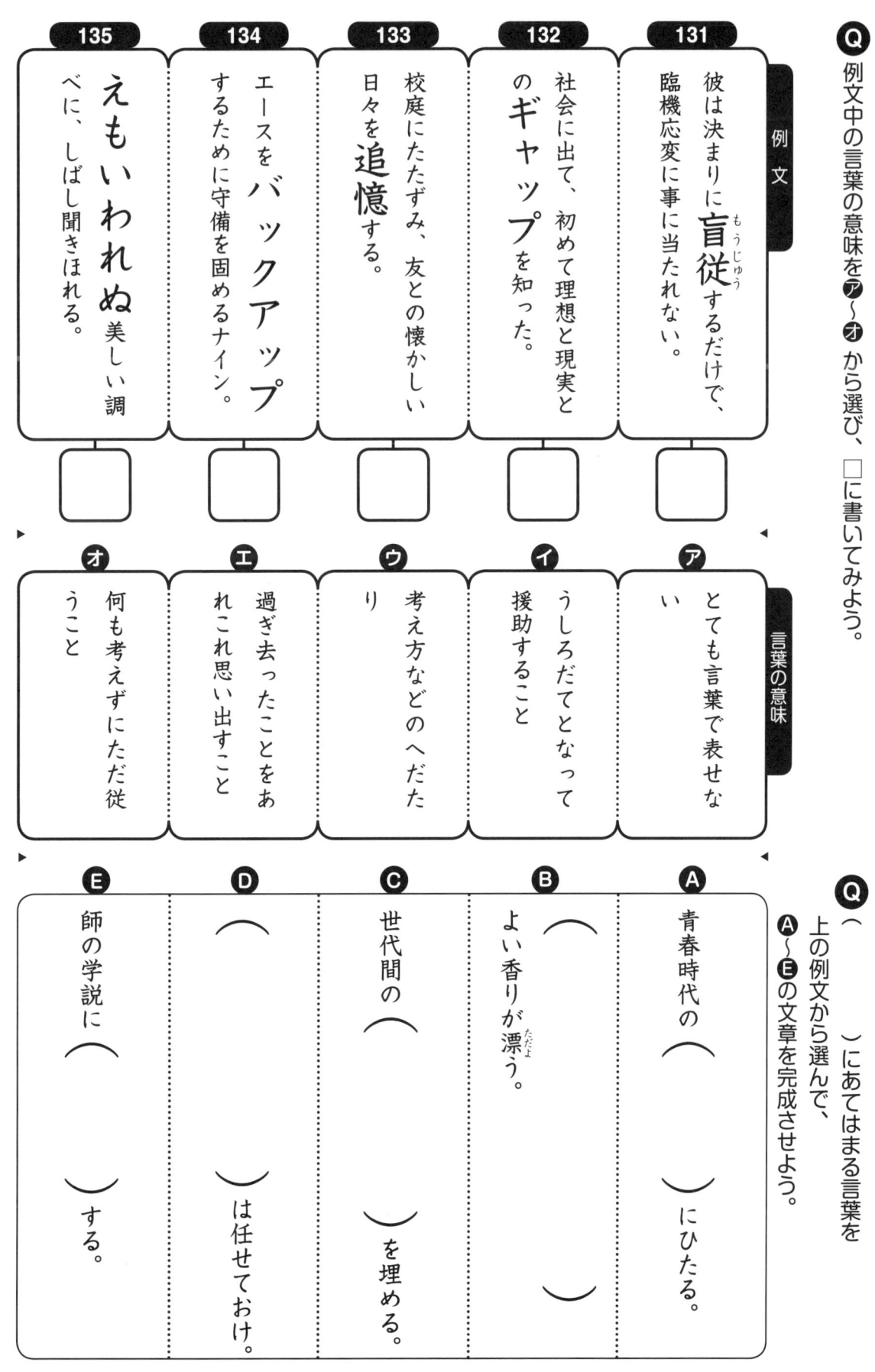

Q 例文中の言葉の意味を㋐〜㋔から選び、□に書いてみよう。

例文

131　彼は決まりに**盲従**するだけで、臨機応変に事に当たれない。

132　社会に出て、初めて理想と現実との**ギャップ**を知った。

133　校庭にたたずみ、友との懐かしい日々を**追憶**する。

134　エースを**バックアップ**するために守備を固めるナイン。

135　**えもいわれぬ**美しい調べに、しばし聞きほれる。

言葉の意味

㋐ とても言葉で表せない

㋑ うしろだてとなって援助すること

㋒ 考え方などのへだたり

㋓ 過ぎ去ったことをあれこれ思い出すこと

㋔ 何も考えずにただ従うこと

Q （　）にあてはまる言葉を上の例文から選んで、Ⓐ〜Ⓔの文章を完成させよう。

Ⓐ 青春時代の（　　）にひたる。

Ⓑ よい香りが漂う（　　）。

Ⓒ 世代間の（　　）を埋める。

Ⓓ （　　）は任せておけ。

Ⓔ 師の学説に（　　）する。

29　裏ページの答え　136—ウ　137—オ　138—イ　139—ア　140—エ
(A)コネ　(B)逸話　(C)ごまんとある　(D)伏線　(E)裸一貫

Q 例文中の言葉の意味を㋐〜㋔から選び、□に書いてみよう。

例文

136 後のための**伏線**を張っておく。

137 彼は親の**コネ**で就職したというが、本当だろうか。

138 数々の**逸話**から、故人の在りし日をしのぶ。

139 いよいよ明日、**裸一貫**からの再スタートだ。

140 真偽は定かでないが彼には悪いうわさが**ごまんとある**。

言葉の意味

㋐ 自分の体以外には、資本となるものが何もないこと

㋑ 世間にはあまり知られていない興味深い話

㋒ 後のことを考えて、前もってほのめかしておく事柄

㋓ 非常にたくさんある

㋔ 物事を有利に運ぶ、人のつながり。「コネクション」の略

Q （　）にあてはまる言葉を上の例文から選んで、Ⓐ〜Ⓔの文章を完成させよう。

Ⓐ 町の有力者に（　　）をつける。

Ⓑ ほのぼのとした（　　）を語る。

Ⓒ 読みたい本が（　　）。

Ⓓ （　　）を敷く。

Ⓔ （　　）で始めた店。

裏ページの答え　131—オ　132—ウ　133—エ　134—イ　135—ア
(A)追憶　(B)えもいわれぬ　(C)ギャップ　(D)バックアップ　(E)盲従

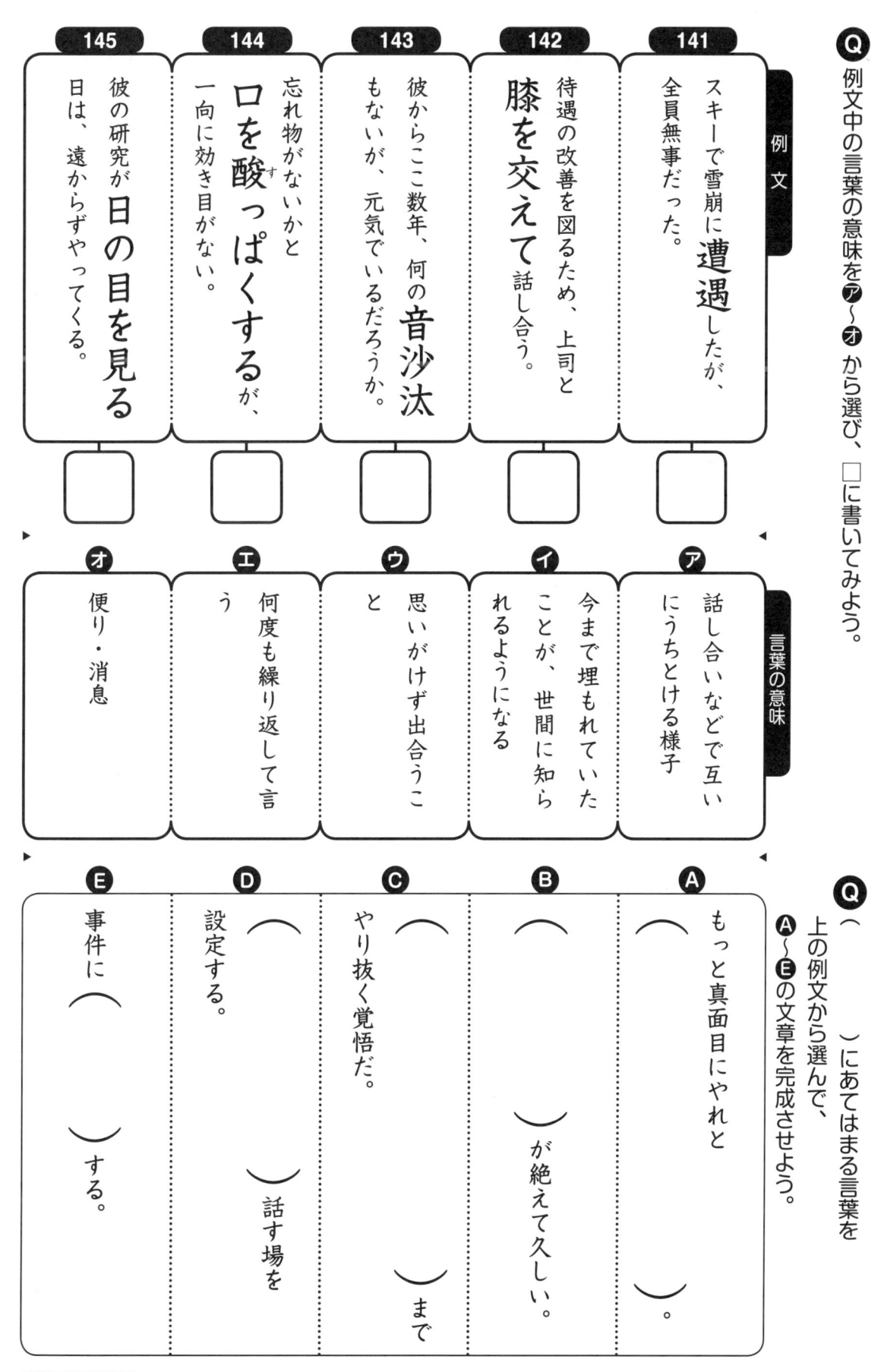

Q 例文中の言葉の意味をア〜オから選び、□に書いてみよう。

例文

141 スキーで雪崩に**遭遇**したが、全員無事だった。

142 待遇の改善を図るため、上司と**膝を交えて**話し合う。

143 彼からここ数年、何の**音沙汰**もないが、元気でいるだろうか。

144 忘れ物がないかと**口を酸っぱくする**が、一向に効き目がない。

145 彼の研究が**日の目を見る**日は、遠からずやってくる。

言葉の意味

ア 話し合いなどで互いにうちとける様子

イ 今まで埋もれていたことが、世間に知られるようになる

ウ 思いがけず出合うこと

エ 何度も繰り返して言う

オ 便り・消息

Q （　）にあてはまる言葉を上の例文から選んで、❹〜❺の文章を完成させよう。

❹ もっと真面目にやれと（　　）。

❺ （　　）が絶えて久しい。

❻ （　　）までやり抜く覚悟だ。

❼ （　　）話す場を設定する。

❽ 事件に（　　）する。

裏ページの答え　146—イ　147—オ　148—ウ　149—ア　150—エ
(A)粗暴　(B)妥当　(C)至上主義　(D)冒瀆　(E)生命倫理

Q 例文中の言葉の意味をア～オから選び、□に書いてみよう。

例文

146 「芸術のための芸術」を原理とする芸術**至上主義**。 → イ

147 被害者の人権を**冒瀆（ぼうとく）**する、興味本位な週刊誌の記事。 → オ

148 戦争は、**生命倫理**に反する最たるものだ。 → ウ

149 さんざんもめたが、とりあえず**妥当**な線で収まった。 → ア

150 彼はいったん怒り出すと、手がつけられないほど**粗暴**になる。 → エ

言葉の意味

ア 無理がなく、適切であること・様子

イ これ以上のものはないという考え方

ウ 命にかかわる、人の守るべき道

エ 荒々しく乱暴な様子

オ 神聖なもの、清らかなものを汚すこと

Q （　）にあてはまる言葉を上の例文から選んで、Ⓐ～Ⓔの文章を完成させよう。

Ⓐ （粗暴）なふるまいが目に余る。

Ⓑ （妥当）性に欠けた意見。

Ⓒ 金権を（至上）とする者。

Ⓓ 神への（冒瀆）。

Ⓔ （生命倫理）を尊ぶ。

裏ページの答え　141―ウ　142―ア　143―オ　144―エ　145―イ
(A)口を酸っぱくする　(B)音沙汰　(C)日の目を見る　(D)膝を交えて　(E)遭遇

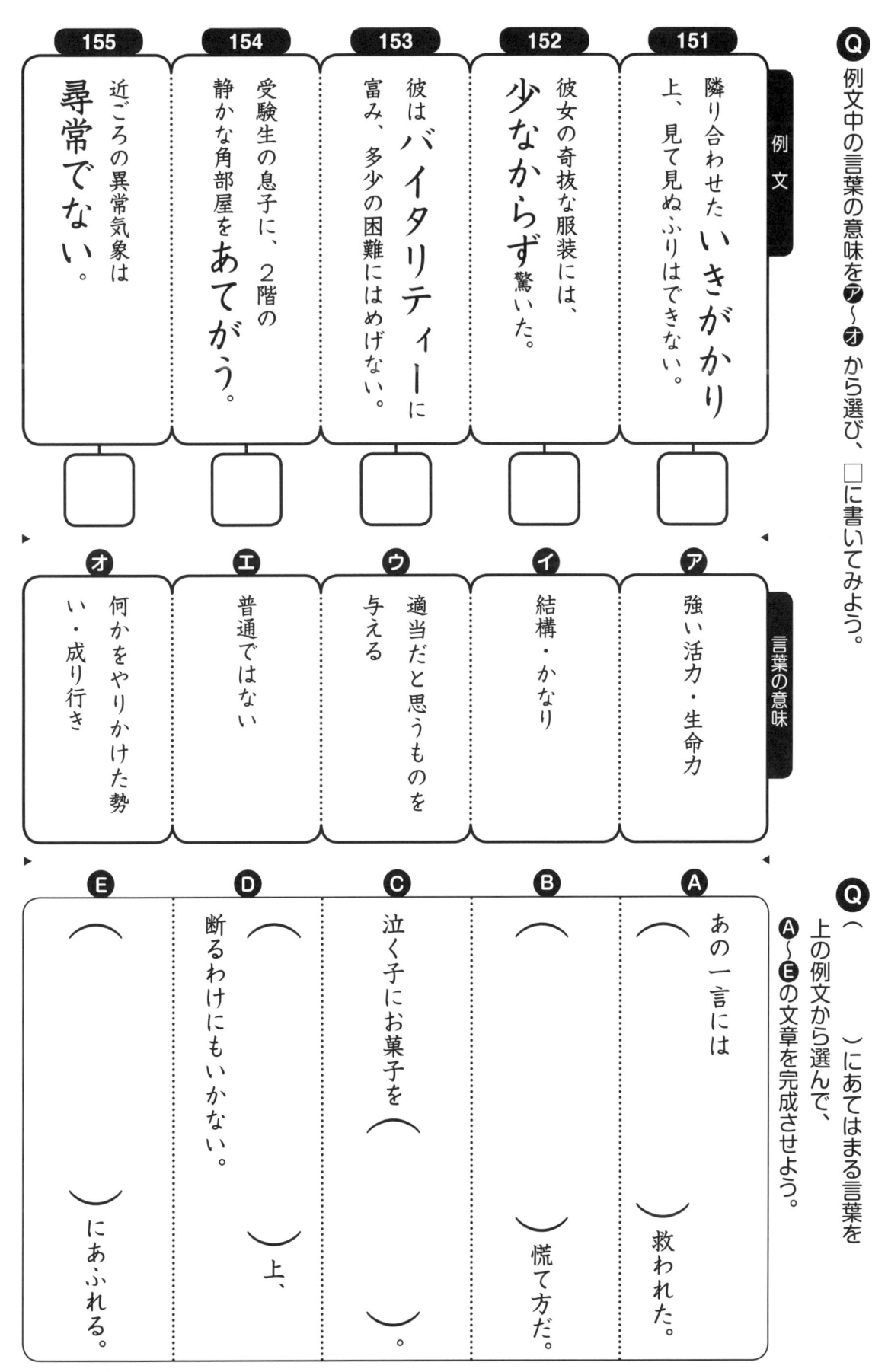

Q 例文中の言葉の意味をア～オから選び、□に書いてみよう。

例文

151. 隣り合わせた上、見て見ぬふりはできない**いきがかり**。

152. 彼女の奇抜な服装には、**少なからず**驚いた。

153. 彼は**バイタリティー**に富み、多少の困難にはめげない。

154. 受験生の息子に、2階の静かな角部屋を**あてがう**。

155. 近ごろの異常気象は**尋常でない**。

言葉の意味

ア　強い活力・生命力

イ　結構・かなり

ウ　適当だと思うものを与える

エ　普通ではない

オ　何かをやりかけた勢い・成り行き

Q ( )にあてはまる言葉をＡ～Ｅの文章から選んで、上の例文から選んで、Ａ～Ｅの文章を完成させよう。

Ⓐ あの一言には（　　）救われた。

Ⓑ （　　）慌て方だ。

Ⓒ 泣く子にお菓子を（　　）。

Ⓓ 断るわけにもいかない（　　）上、

Ⓔ （　　）にあふれる。

裏ページの答え　156－ア　157－ウ　158－エ　159－オ　160－イ
(A)自暴自棄　(B)憧憬　(C)欺瞞　(D)折衝　(E)均衡

Q 例文中の言葉の意味を㋐〜㋵から選び、□に書いてみよう。

例文

156 投打ともに**均衡**がとれている強豪チーム。

157 研究費の予算について、担当者と**折衝**を重ねる。

158 もうこれで希望は絶たれたと、**自暴自棄**になる。

159 誇大広告は、消費者を**欺瞞**する行為と見なされる。

160 永年、都会の暮らしに**憧憬**の念を抱いてきた。

言葉の意味

㋐ つりあいがとれていること

㋑ あこがれること

㋒ 問題を解決するためにかけひきすること

㋓ 自分のことなどどうでもなれと、投げやりになる

㋔ ごまかすこと

Q ( )にあてはまる言葉を上の例文から選んで、㋐〜㋔の文章を完成させよう。

Ⓐ ( )になって暴れ回る。

Ⓑ ( )の的となる。

Ⓒ ( )に満ちた人生。

Ⓓ 政府と( )する。

Ⓔ ( )を破る。

裏ページの答え　151―オ　152―イ　153―ア　154―ウ　155―エ
(A)少なからず　(B)尋常でない　(C)あてがう　(D)いきがかり　(E)バイタリティー

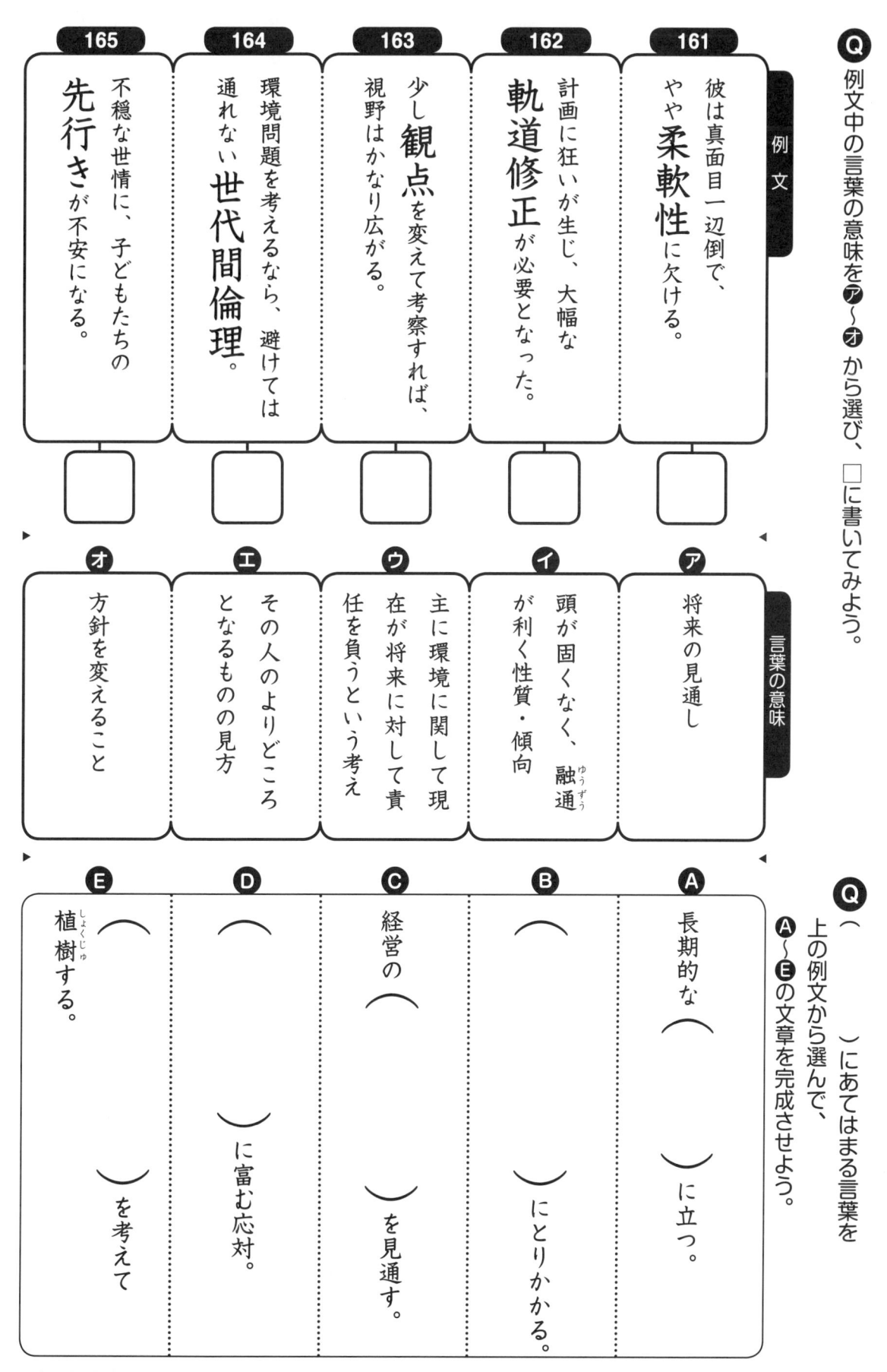

Q 例文中の言葉の意味をア～オから選び、□に書いてみよう。

例文

161 彼は真面目一辺倒で、やや**柔軟性**に欠ける。

162 計画に狂いが生じ、大幅な**軌道修正**が必要となった。

163 少し**観点**を変えて考察すれば、視野はかなり広がる。

164 環境問題を考えるなら、避けては通れない**世代間倫理**。

165 不穏な世情に、子どもたちの**先行き**が不安になる。

言葉の意味

ア 将来の見通し

イ 頭が固くなく、融通（ゆうずう）が利く性質・傾向

ウ 主に環境に関して現在が将来に対して責任を負うという考え

エ その人のよりどころとなるものの見方

オ 方針を変えること

Q （　）にあてはまる言葉をA～Eの文章から選んで、A～Eの文章を完成させよう。

A 長期的な（　　　）に立つ。

B （　　　）にとりかかる。

C 経営の（　　　）を見通す。

D （　　　）に富む応対。

E （　　　）を考えて植樹（しょくじゅ）する。

35　裏ページの答え　166－オ　167－エ　168－ウ　169－イ　170－ア
(A)フィードバック　(B)足固め　(C)所在なげ　(D)喚起　(E)肉薄

Q 例文中の言葉の意味をア〜オから選び、□に書いてみよう。

例文

166 けがで戦線を離脱した彼は**所在なげ**で、少し寂しそうだった。

167 いつもあと一歩というところで**肉薄**しながら負けるのは、詰めが甘いからだ。

168 市場調査を綿密に行い、年末商戦の**足固め**をする。

169 みんなの意見を上層部に**フィードバック**して、作戦を練り直す。

170 事故が多発している交差点に、注意を**喚起**する看板が設置された。

言葉の意味

ア 気づかないでいることを呼び起こすこと

イ 行動の結果を、いったんもとに戻し、次の行動に役立てること

ウ 計画や目的のために、基礎をしっかりと固めること

エ 相手のすぐ近くまで迫ること

オ することがなくて退屈そうな様子

Q （　）にあてはまる言葉を上の例文から選んで、🅐〜🅔の文章を完成させよう。

🅐 意見が（　　　）されるシステムを整える。

🅑 成功への（　　　）をする。

🅒 （　　　）にうち捨てられている椅子。

🅓 世論の（　　　）を促す。

🅔 息詰まるような（　　　）した戦い。

裏ページの答え　161－イ　162－オ　163－エ　164－ウ　165－ア
(A)観点　(B)軌道修正　(C)先行き　(D)柔軟性　(E)世代間倫理

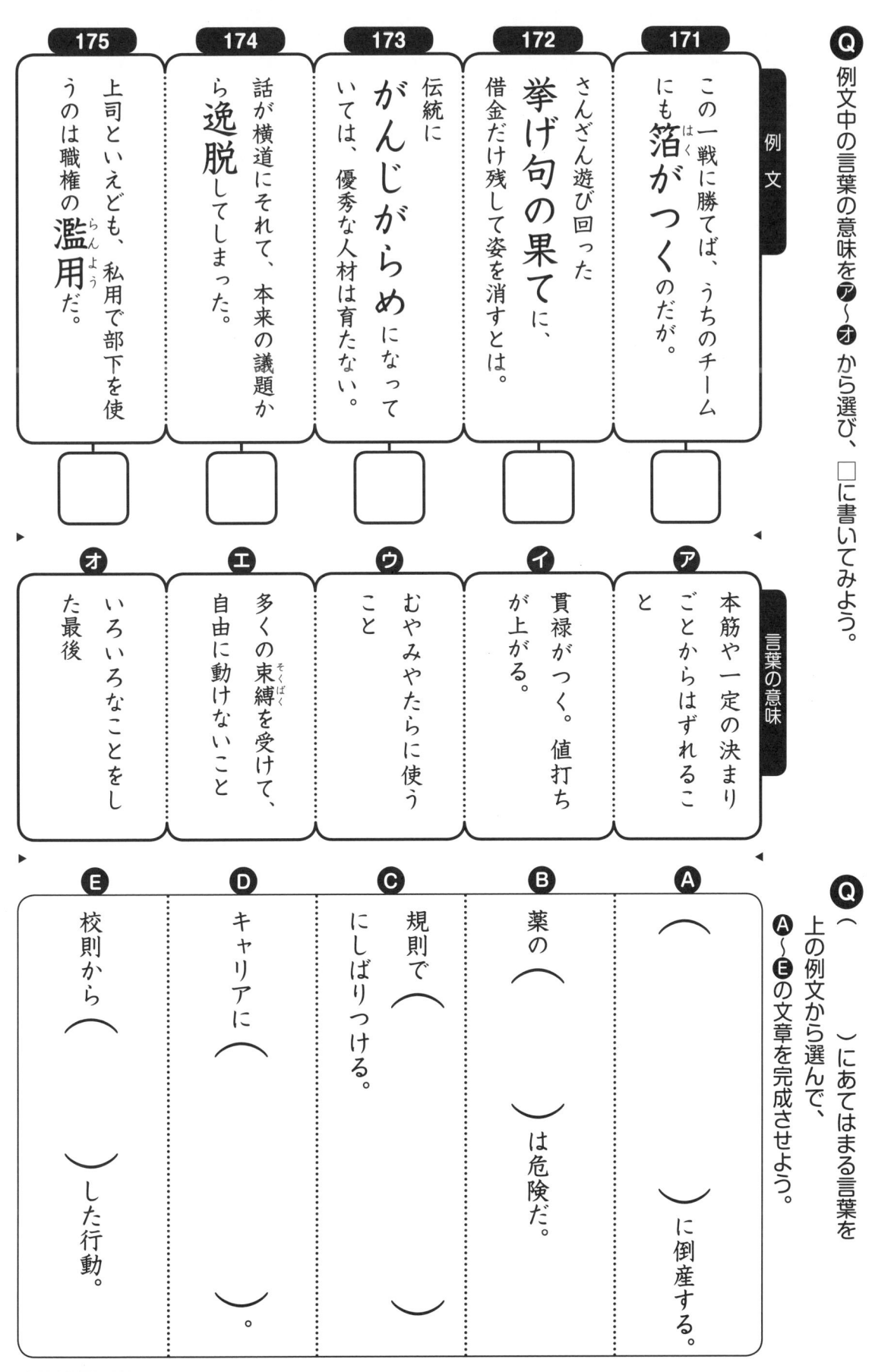

Q 例文中の言葉の意味をア〜オから選び、□に書いてみよう。

例文

171 この一戦に勝てば、うちのチームにも箔がつくのだが。

172 さんざん遊び回った挙げ句の果てに、借金だけ残して姿を消すとは。

173 伝統にがんじがらめになっていては、優秀な人材は育たない。

174 話が横道にそれて、本来の議題から逸脱してしまった。

175 上司といえども、私用で部下を使うのは職権の濫用だ。

言葉の意味

ア 本筋や一定の決まりごとからはずれること

イ 貫禄がつく。値打ちが上がる。

ウ むやみやたらに使うこと

エ 多くの束縛を受けて、自由に動けないこと

オ いろいろなことをした最後

Q ( )にあてはまる言葉をＡ〜Ｅの例文から選んで、Ａ〜Ｅの文章を完成させよう。

Ａ ( )に倒産する。

Ｂ 薬の( )は危険だ。

Ｃ 規則で( )にしばりつける。

Ｄ キャリアに( )。

Ｅ 校則から( )した行動。

裏ページの答え　176ーオ　177ーア　178ーイ　179ーエ　180ーウ
(A)癪に障る　(B)平衡　(C)気を揉む　(D)仔細　(E)契機

Q 例文中の言葉の意味を㋐～㋳から選び、□に書いてみよう。

例文

176 あいつの言うことなすこと、みんな癪に障る。

177 事の仔細は、後日申し上げる。

178 ひじの故障を契機に、投手から内野手に転向する。

179 こんなに陰で気を揉むくらいなら、一緒に行けばよかった。

180 平行棒で体の平衡を保って移動するのは大変だ。

言葉の意味

㋐ 物事の詳しい事情

㋑ 何かが起こったり、何かをしたりするきっかけ

㋒ つりあいがとれていること

㋓ 心配してやきもきする

㋔ 気に入らなくて腹が立つ

Q （　）にあてはまる言葉を上の例文から選んで、Ⓐ～Ⓔの文章を完成させよう。

Ⓐ なんて（　　　）やつだ。

Ⓑ （　　　）感覚。

Ⓒ 進路が決まらない息子に（　　　）。

Ⓓ （　　　）ありげな表情。

Ⓔ 就職を（　　　）として、ひとり暮らしをはじめた。

裏ページの答え　171—イ　172—オ　173—エ　174—ア　175—ウ
(A)挙げ句の果て　(B)濫用　(C)がんじがらめ　(D)箔がつく　(E)逸脱

38

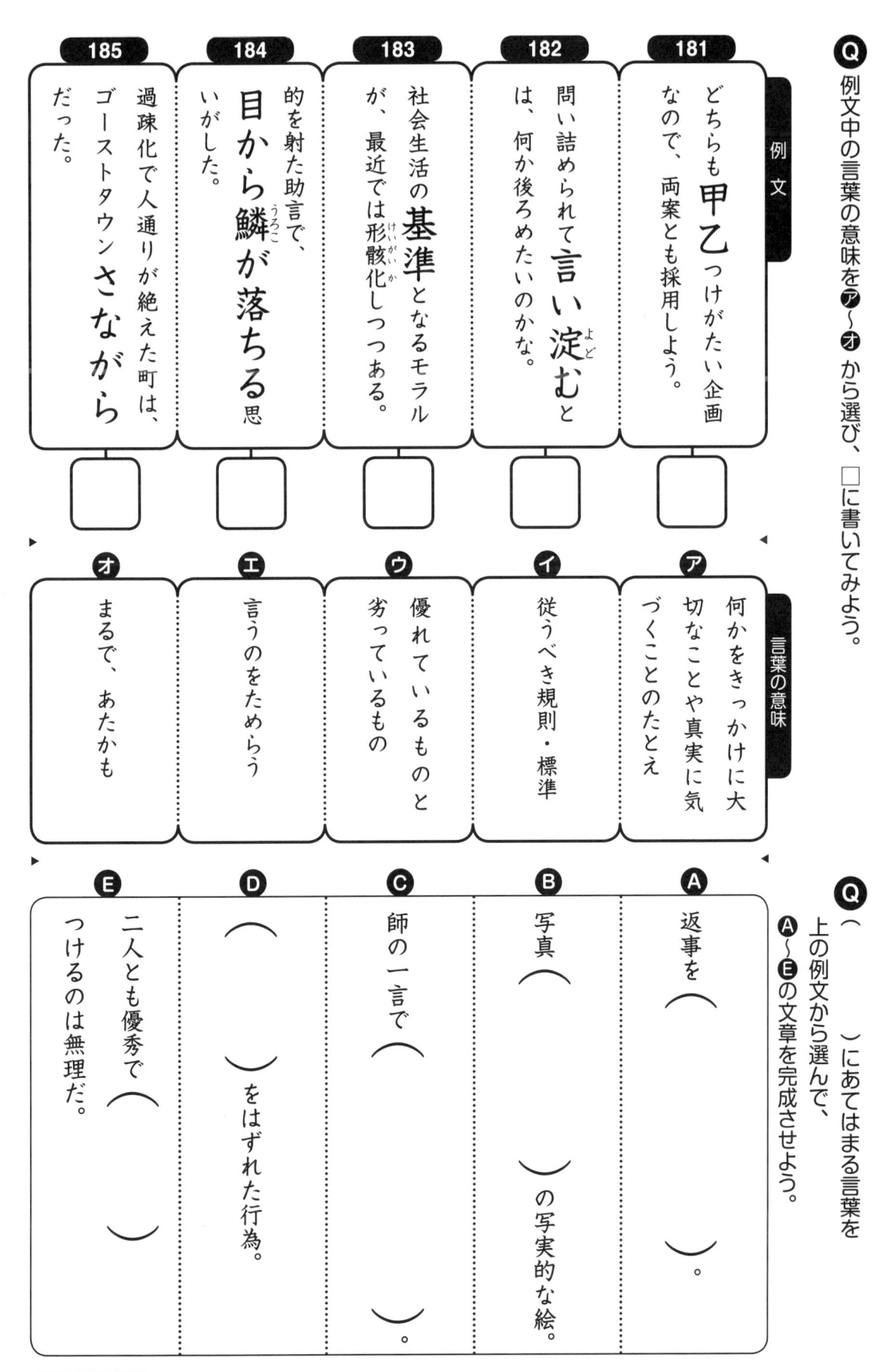

Q 例文中の言葉の意味を㋐〜㋔から選び、□に書いてみよう。

例文

181 どちらも甲乙つけがたい企画なので、両案とも採用しよう。

182 問い詰められて言い淀むとは、何か後ろめたいのかな。

183 社会生活の基準となるモラルが、最近では形骸化しつつある。

184 的を射た助言で、目から鱗が落ちる思いがした。

185 過疎化で人通りが絶えた町は、ゴーストタウンさながらだった。

言葉の意味

㋐ 何かをきっかけに大切なことや真実に気づくことのたとえ

㋑ 従うべき規則・標準

㋒ 優れているものと劣っているもの

㋓ 言うのをためらう

㋔ まるで、あたかも

Q （　）にあてはまる言葉を上の例文から選んで、Ⓐ〜Ⓔの文章を完成させよう。

Ⓐ 返事を（　　）。

Ⓑ 写真（　　）の写実的な絵。

Ⓒ 師の一言で（　　）。

Ⓓ （　　）をはずれた行為。

Ⓔ 二人とも優秀で（　　）つけるのは無理だ。

39　裏ページの答え　186－エ　187－オ　188－ア　189－イ　190－ウ
(A)凛とした　(B)有無　(C)一時しのぎ　(D)相関　(E)側面

Q 例文中の言葉の意味をア〜オから選び、□に書いてみよう。

例文

186 一時しのぎの仮の住まいで、ふるさとへの思いをはせる。

187 凛(りん)とした態度は何者にもおかしがたい。

188 人口の増加に相関して、地価も上昇する。

189 彼には情にもろい、意外な側面もあるようだ。

190 得意分野の有無は、将来の進路に大きく影響する。

言葉の意味

ア 互いに影響しあう関係にあること

イ あるひとつの面

ウ あることとないこと

エ その時、その場だけを乗り越えること（切り抜けること）

オ きりりとひきしまっている様子。りりしい様子

Q （　）にあてはまる言葉を上の例文から選んで、A〜Eの文章を完成させよう。

A （　　　）声が返ってくる。

B 欠席者の（　　　）を調べる。

C （　　　）の策を弄する。

D （　　　）関係を明らかにする。

E この事件には違う（　　　）もある。

裏ページの答え
181—ウ　182—エ　183—イ　184—ア　185—オ
(A)言い淀む　(B)さながら　(C)目から鱗が落ちる　(D)基準　(E)甲乙

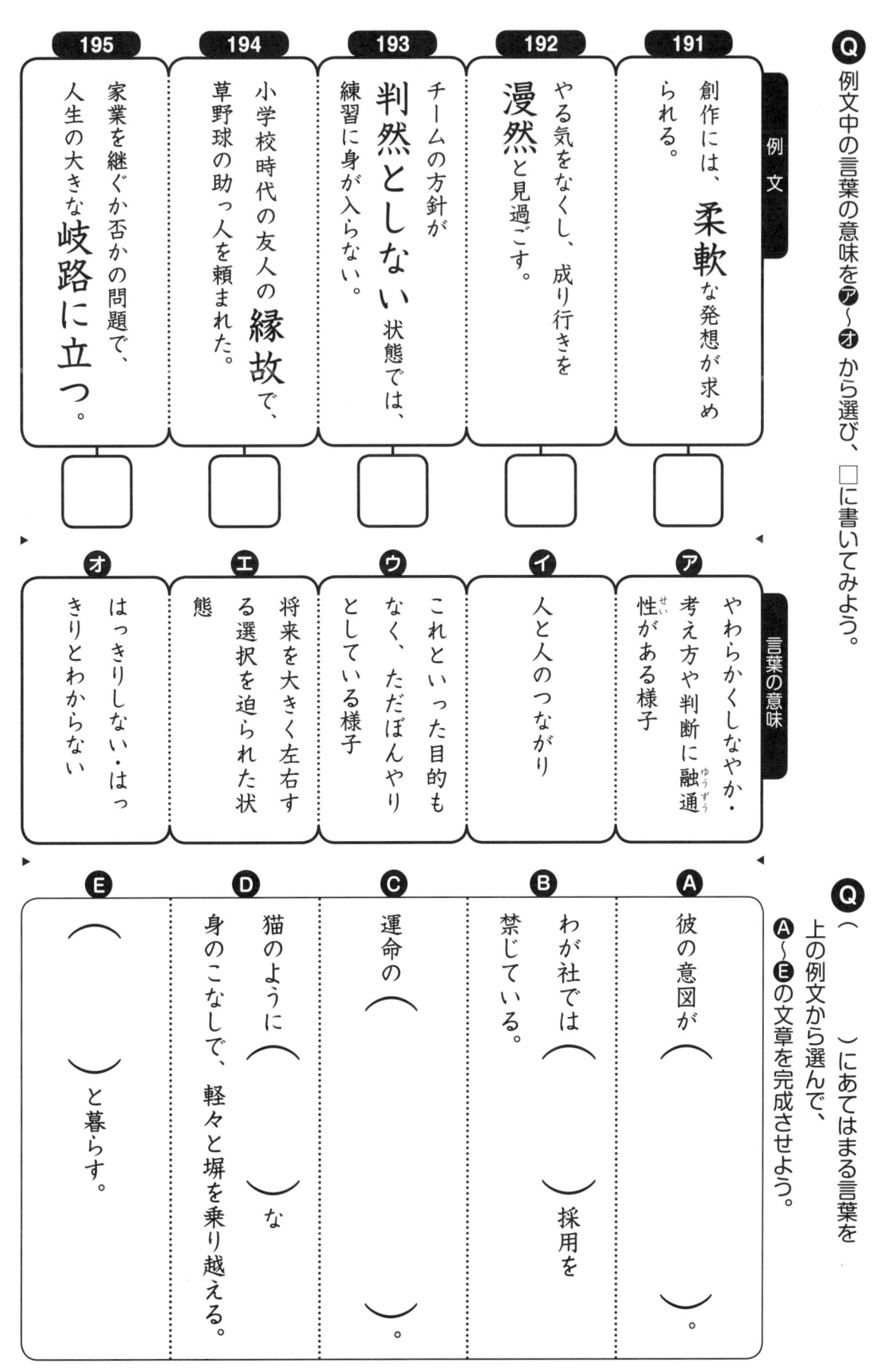

Q 例文中の言葉の意味を ア〜オ から選び、□に書いてみよう。

例文

191 創作には、**柔軟**な発想が求められる。

192 やる気をなくし、**漫然**と成り行きを見過ごす。

193 チームの方針が**判然**としない状態では、練習に身が入らない。

194 小学校時代の友人の**縁故**で、草野球の助っ人を頼まれた。

195 家業を継ぐか否かの問題で、人生の大きな**岐路に立つ**。

言葉の意味

ア やわらかくしなやか・考え方や判断に融通（ゆうずう）性がある様子

イ 人と人のつながり

ウ これといった目的もなく、ただぼんやりとしている様子

エ 将来を大きく左右する選択を迫られた状態

オ はっきりしない・はっきりとわからない

Q （ ）にあてはまる言葉を上の例文から選んで、Ⓐ〜Ⓔの文章を完成させよう。

Ⓐ 彼の意図が（　　）。

Ⓑ わが社では（　　）採用を禁じている。

Ⓒ 運命の（　　）。

Ⓓ 猫のように（　　）な身のこなしで、軽々と塀を乗り越える。

Ⓔ （　　）と暮らす。

裏ページの答え　196—ウ　197—ア　198—オ　199—イ　200—エ
(A)立役者　(B)采配を振る　(C)意に介さない　(D)竣工　(E)因習

Q 例文中の言葉の意味をア～オから選び、□に書いてみよう。

例文
- 196 来年早々に新校舎が**竣工**する予定だ。
- 197 **因習**にとらわれていては、前に進めない。
- 198 野球部ではOBであるAさんが、来期から**采配を振る**ことになった。
- 199 彼には前進あるのみで、**意に介さない**。
- 200 今日の勝利の**立役者**は、逆転のヒットを打った彼だ。

言葉の意味
- ア 昔から続いてきた習慣・習わし
- イ 気にしない
- ウ 工事が終わって、建造物ができあがること
- エ 最も目立ったはたらきをした人
- オ 指図して人を動かす

Q 上の例文から（　）にあてはまる言葉を選んで、A～Eの文章を完成させよう。
- A 文化祭大成功の（　　）。
- B 責任者として（　　）。
- C 何が起ころうとも（　　）。
- D （　　）式を行う。
- E （　　）を断ち切る。

裏ページの答え　191－ア　192－ウ　193－オ　194－イ　195－エ
(A)判然としない　(B)縁故　(C)岐路に立つ　(D)柔軟　(E)漫然

42

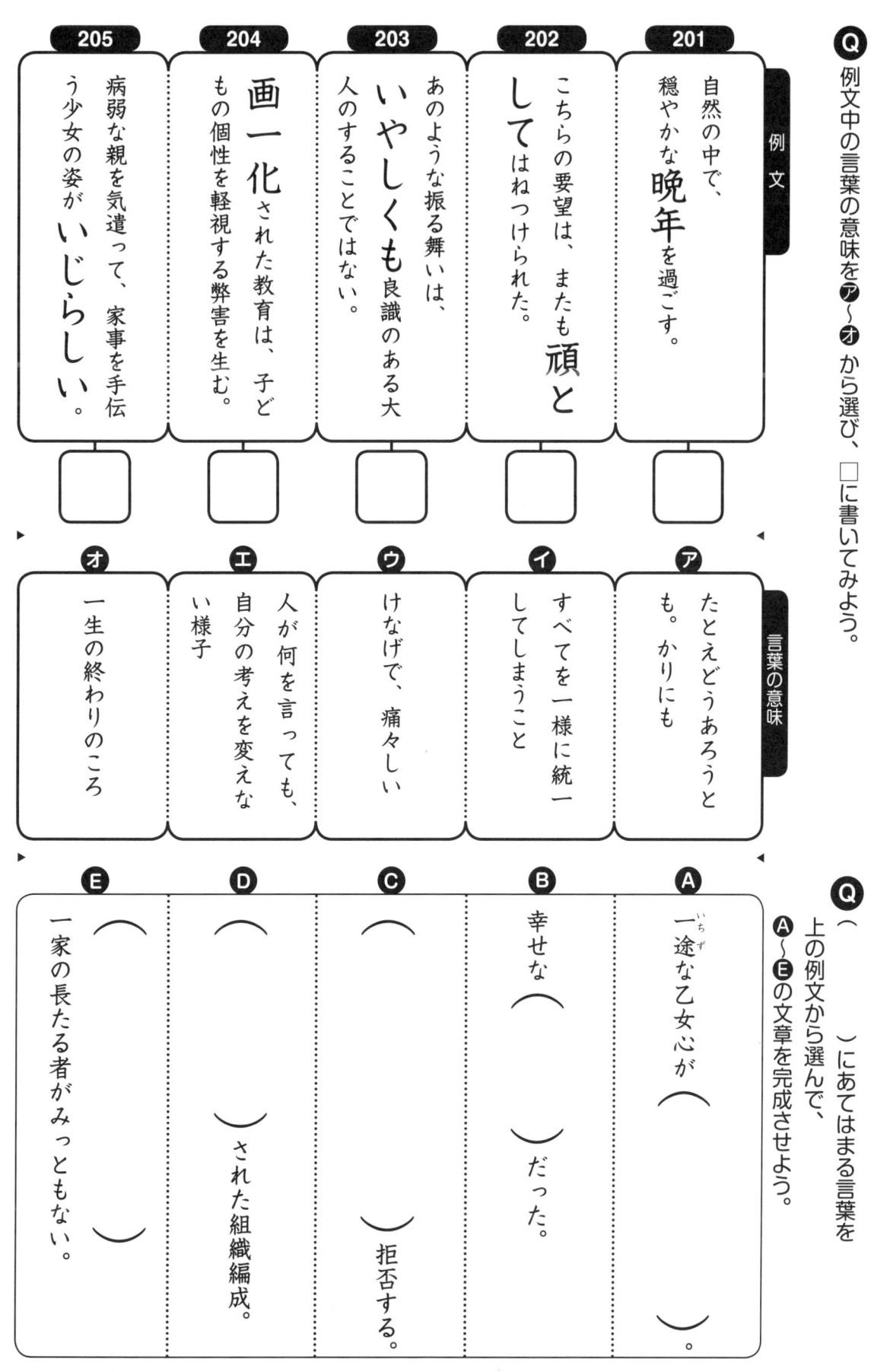

Q 例文中の言葉の意味をア〜オから選び、□に書いてみよう。

例文

201 自然の中で、穏やかな**晩年**を過ごす。

202 こちらの要望は、またも**頑として**はねつけられた。

203 あのような振る舞いは、**いやしくも**良識のある大人のすることではない。

204 **画一化**された教育は、子どもの個性を軽視する弊害を生む。

205 病弱な親を気遣って、家事を手伝う少女の姿が**いじらしい**。

言葉の意味

ア たとえどうあろうとも。かりにも

イ すべてを一様に統一してしまうこと

ウ けなげで、痛々しい

エ 人が何を言っても、自分の考えを変えない様子

オ 一生の終わりのころ

Q （　）にあてはまる言葉を上の例文から選んで、A〜Eの文章を完成させよう。

A 一途な乙女心が（　　　）。

B 幸せな（　　　）だった。

C （　　　）拒否する。

D （　　　）された組織編成。

E 一家の長たる者が（　　　）みっともない。

裏ページの答え　206ーエ　207ーウ　208ーア　209ーオ　210ーイ
(A)翳り　(B)情趣　(C)素行　(D)一寸先は闇　(E)唯一無二

43

Q 例文中の言葉の意味をア〜オから選び、□に書いてみよう。

例文

206 翳(かげ)りを帯びた表情に、一瞬、かける言葉を見失う。

207 一寸先は闇の厳しい現状では、少しの油断も禁物だ。

208 情趣(じょうしゅ)に富む庭園をのんびりと散策する。

209 孫たちの成長が、唯一無二(ゆいいつむに)の願いだという老夫婦。

210 よくない素行(そこう)を改めるよう、再三注意された。

言葉の意味

ア しみじみとした味わい

イ ふだんの行い

ウ すぐ先のこともわからないというたとえ

エ 暗い感じ・よくないきざし

オ ただ一つだけあって、二つとないこと

Q （　）にあてはまる言葉を上の例文から選んで、Ⓐ〜Ⓔの文章を完成させよう。

Ⓐ 景気に（　　　）が見える。

Ⓑ （　　　）を解する者。

Ⓒ （　　　）調査をする。

Ⓓ （　　　）の経済状況。

Ⓔ 彼は僕の（　　　）の親友です。

裏ページの答え　201―オ　202―エ　203―ア　204―イ　205―ウ
(A)いじらしい　(B)晩年　(C)頑として　(D)画一化　(E)いやしくも

44

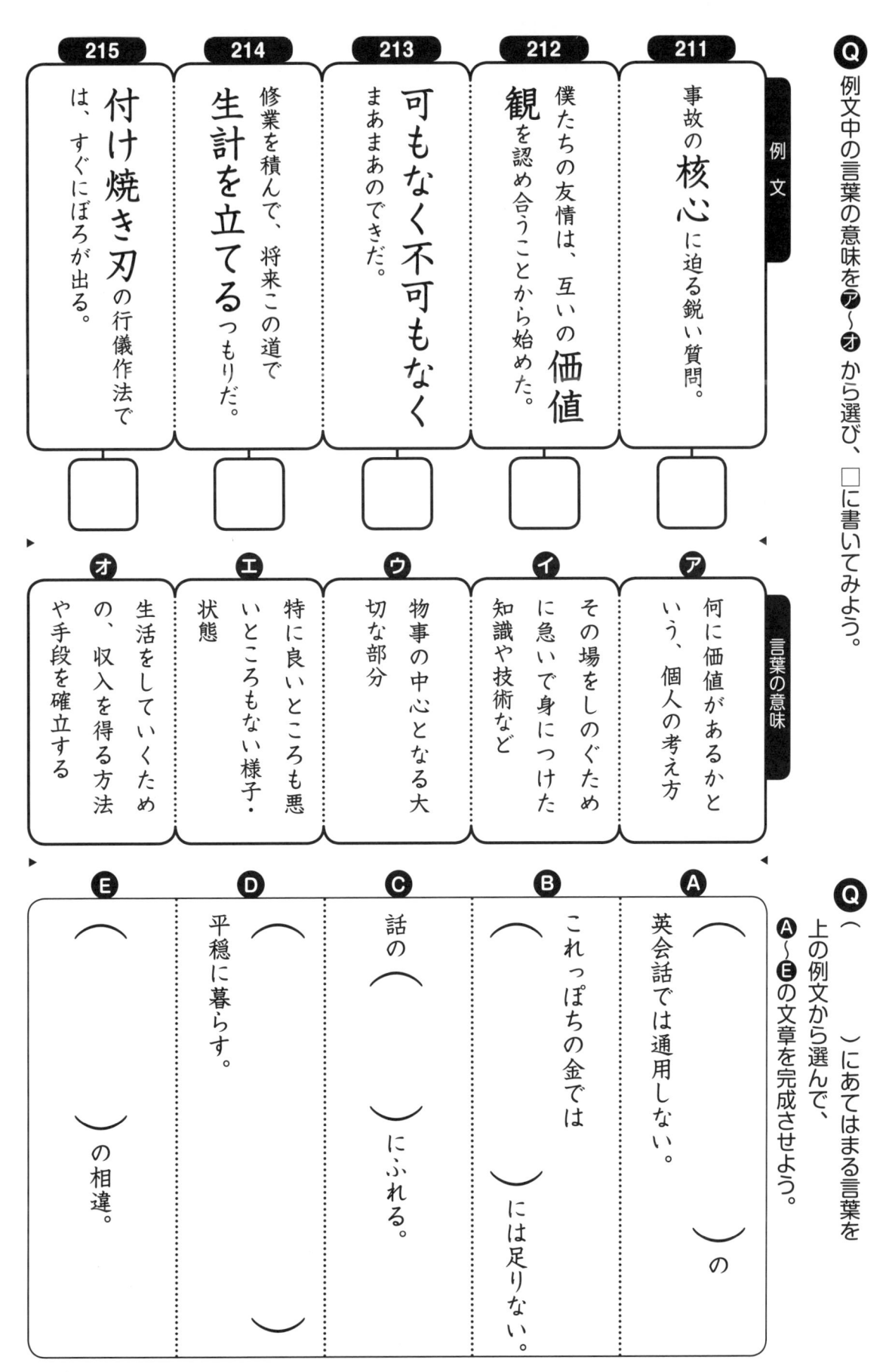

Q 例文中の言葉の意味をア～オから選び、□に書いてみよう。

例文

211 事故の**核心**に迫る鋭い質問。

212 僕たちの友情は、互いの**価値観**を認め合うことから始めた。

213 **可もなく不可もなく**まあまあのできだ。

214 修業を積んで、将来この道で**生計を立てる**つもりだ。

215 **付け焼き刃**の行儀作法では、すぐにぼろが出る。

言葉の意味

ア 何に価値があるかという、個人の考え方

イ その場をしのぐために急いで身につけた知識や技術など

ウ 物事の中心となる大切な部分

エ 特に良いところも悪いところもない様子・状態

オ 生活をしていくための、収入を得る方法や手段を確立する

Q ( )にあてはまる言葉をⒶ～Ⓔの文章を完成させよう。

Ⓐ 英会話では通用しない。（　　）の

Ⓑ これっぽちの金では（　　）には足りない。

Ⓒ 話の（　　）にふれる。

Ⓓ 平穏に暮らす。

Ⓔ （　　）の相違。

裏ページの答え　216―ウ　217―ア　218―オ　219―イ　220―エ
(A)リスク　(B)鵜呑みにする　(C)興味津々　(D)落成　(E)一役買う

Q 例文中の言葉の意味をア～オから選び、□に書いてみよう。

例文

216 スポンサーとなり、スポーツの発展に**一役買う**大企業。

217 **興味津々**で目が離せない。

218 遺跡から何が発掘されるのか、興味津々で目が離せない。

219 この仕事は**リスク**が大きすぎて、割に合わない。

220 うまい話を**鵜呑みにする**のは考えものだ。

言葉の意味

ア 後から後から興味がわいてきて尽きない様子

イ 危険・危険性

ウ 一つの役目を引き受ける

エ 人から言われたことをそのまま受け入れる

オ 建築工事が終わって、建物が完成すること

Q （　）にあてはまる言葉を上の例文から選んで、Ⓐ～Ⓔの文章を完成させよう。

Ⓐ （　　　）は承知のうえだ。

Ⓑ 人の噂を（　　　）。

Ⓒ （　　　）な話題。

Ⓓ （　　　）式に出席する。

Ⓔ （　　　）のも一興だ。

裏ページの答え　211—ウ　212—ア　213—エ　214—オ　215—イ
(A)付け焼き刃　(B)生計を立てる　(C)核心　(D)可もなく不可もなく　(E)価値観

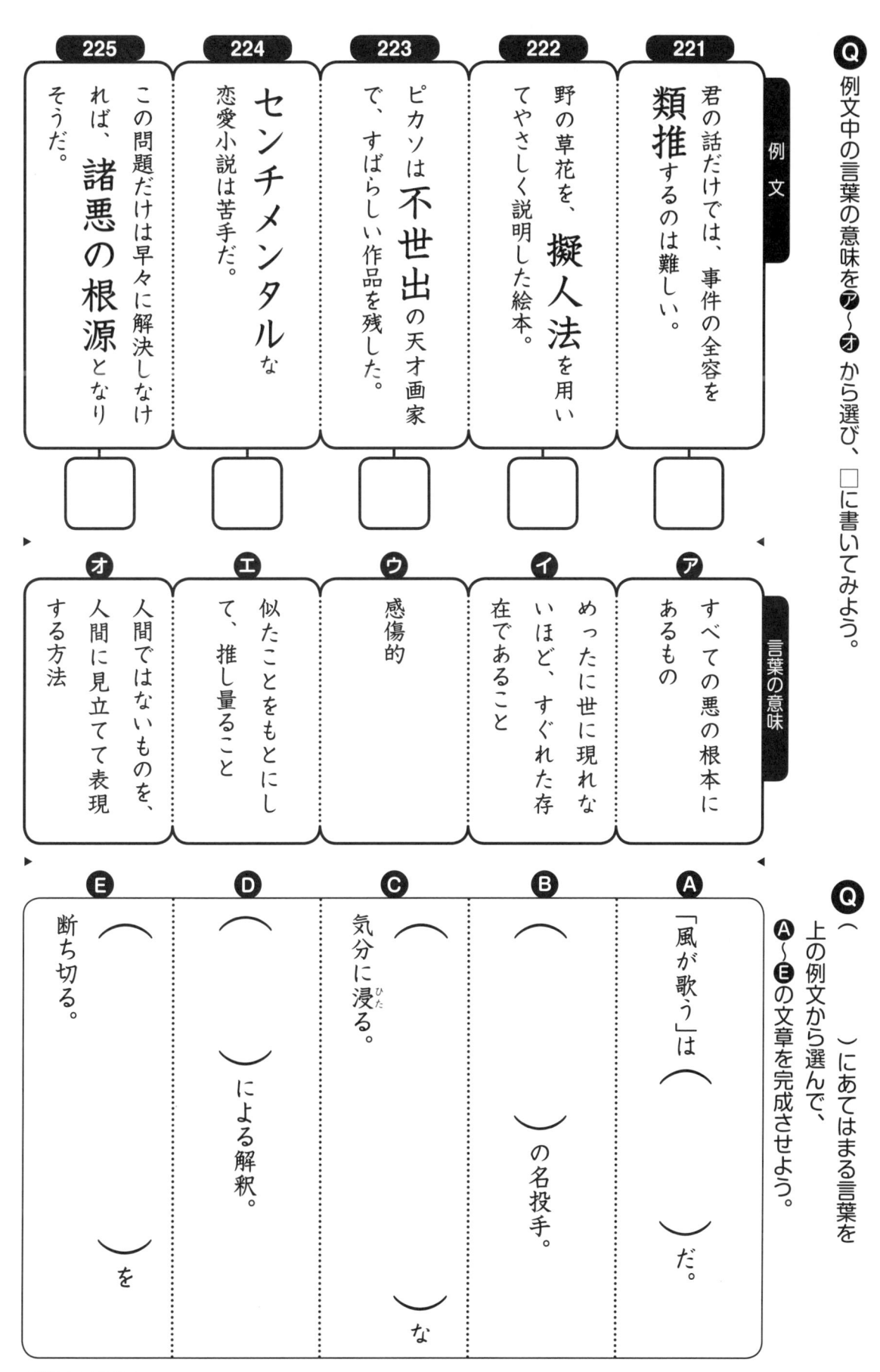

Q 例文中の言葉の意味を㋐〜㋔から選び、□に書いてみよう。

例文

221 君の話だけでは、事件の全容を**類推**するのは難しい。

222 野の草花を、**擬人法**を用いてやさしく説明した絵本。

223 ピカソは**不世出**の天才画家で、すばらしい作品を残した。

224 **センチメンタル**な恋愛小説は苦手だ。

225 この問題だけは早々に解決しなければ、**諸悪の根源**となりそうだ。

言葉の意味

㋐ すべての悪の根本にあるもの

㋑ めったに世に現れないほど、すぐれた存在であること

㋒ 感傷的

㋓ 似たことをもとにして、推し量ること

㋔ 人間ではないものを、人間に見立てて表現する方法

Q （　）にあてはまる言葉を上の例文から選んで、Ⓐ〜Ⓔの文章を完成させよう。

Ⓐ 「風が歌う」は（　　　）だ。

Ⓑ （　　　）の名投手。

Ⓒ 気分に浸る。（　　　）な

Ⓓ （　　　）による解釈。

Ⓔ （　　　）を断ち切る。

裏ページの答え　226－エ　227－イ　228－ア　229－オ　230－ウ
(A)奮発　(B)則って　(C)辛苦　(D)気の置けない　(E)画策

Q 例文中の言葉の意味をア〜オから選び、□に書いてみよう。

例文

226 私の失脚を、陰でこそこそ**画策**している輩がいる。

227 この研究が実を結ぶまで、どれほどの**辛苦**をなめたことか。

228 バイト代が入ったから、**奮発**して高いスニーカーを買った。

229 スポーツマン精神に**則って**、正々堂々と戦います。

230 **気の置けない**彼となら、うまくやっていけるだろう。

言葉の意味

ア 気力を奮い立たせること・思い切りよく金品を出すこと

イ つらく苦しいこと

ウ 遠慮がない。気を遣わない

エ 計画を立てて、あれこれ行動すること

オ それに従って

Q （　）にあてはまる言葉を上の例文から選んで、Ⓐ〜Ⓔの文章を完成させよう。

Ⓐ ここは（　　）して、おまけしよう。

Ⓑ 校則に（　　）処罰する。

Ⓒ 艱難（かんなん）（　　）を乗り越える。

Ⓓ （　　）間柄。

Ⓔ 会社の乗っ取りを（　　）する。

裏ページの答え　221－エ　222－オ　223－イ　224－ウ　225－ア
(A)擬人法　(B)不世出　(C)センチメンタル　(D)類推　(E)諸悪の根源

48

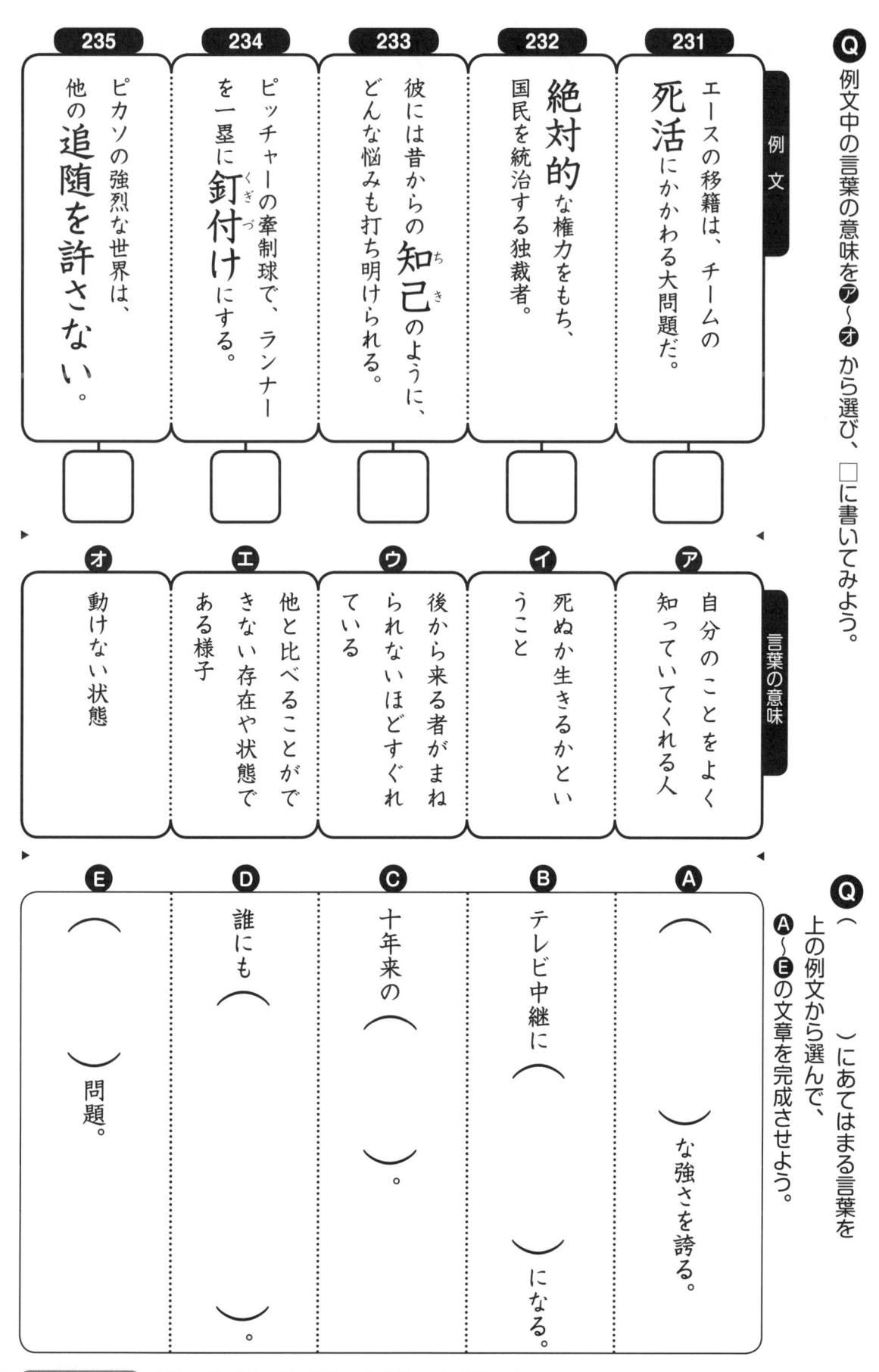

Q 例文中の言葉の意味をア〜オから選び、□に書いてみよう。

例文

231 エースの移籍は、チームの**死活**にかかわる大問題だ。

232 **絶対的**な権力をもち、国民を統治する独裁者。

233 彼には昔からの**知己**のように、どんな悩みも打ち明けられる。

234 ピッチャーの牽制球で、ランナーを一塁に**釘付け**にする。

235 ピカソの強烈な世界は、他の**追随**を許さない。

言葉の意味

ア 自分のことをよく知っていてくれる人

イ 死ぬか生きるかということ

ウ 後から来る者がまねられないほどすぐれている

エ 他と比べることができない存在や状態である様子

オ 動けない状態

Q （　）にあてはまる言葉を上の例文から選んで、🅐〜🅔の文章を完成させよう。

🅐 （　　　）な強さを誇る。

🅑 テレビ中継に（　　　）になる。

🅒 十年来の（　　　）。

🅓 誰にも（　　　）。

🅔 （　　　）問題。

裏ページの答え　236—エ　237—ア　238—イ　239—オ　240—ウ
(A)勃発　(B)焦点をあてる　(C)したり顔　(D)因果関係　(E)まんじりともしない

Q 例文中の言葉の意味をア〜オから選び、□に書いてみよう。

例文

236 それぞれの役割に **焦点をあてる**。

237 **まんじりともしない** 日々が続いた。

238 両国の首脳会談が物別れに終わり、ついに紛争が **勃発** した。

239 それ見たことかと言わんばかりの **したり顔** が、小面憎い。

240 複雑に絡んだ **因果関係** を明らかにする。

言葉の意味

ア 一睡もしない。少しも眠らない

イ 事件や戦争などが突然起こること

ウ 原因と結果の関係・かかわり

エ そこへ注目が集まるようにする

オ うまくやったという得意そうな顔

Q （　）にあてはまる言葉を上の例文から選んで、Ⓐ〜Ⓔの文章を完成させよう。

Ⓐ 次々と事件が（　　　）する。

Ⓑ 急を要する問題に（　　　）。

Ⓒ 得意げに（　　　）で話す。

Ⓓ 事件の（　　　）。

Ⓔ （　　　）で夜が明ける。

裏ページの答え　231—イ　232—エ　233—ア　234—オ　235—ウ
(A)絶対的　(B)釘付け　(C)知己　(D)追随を許さない　(E)死活

50

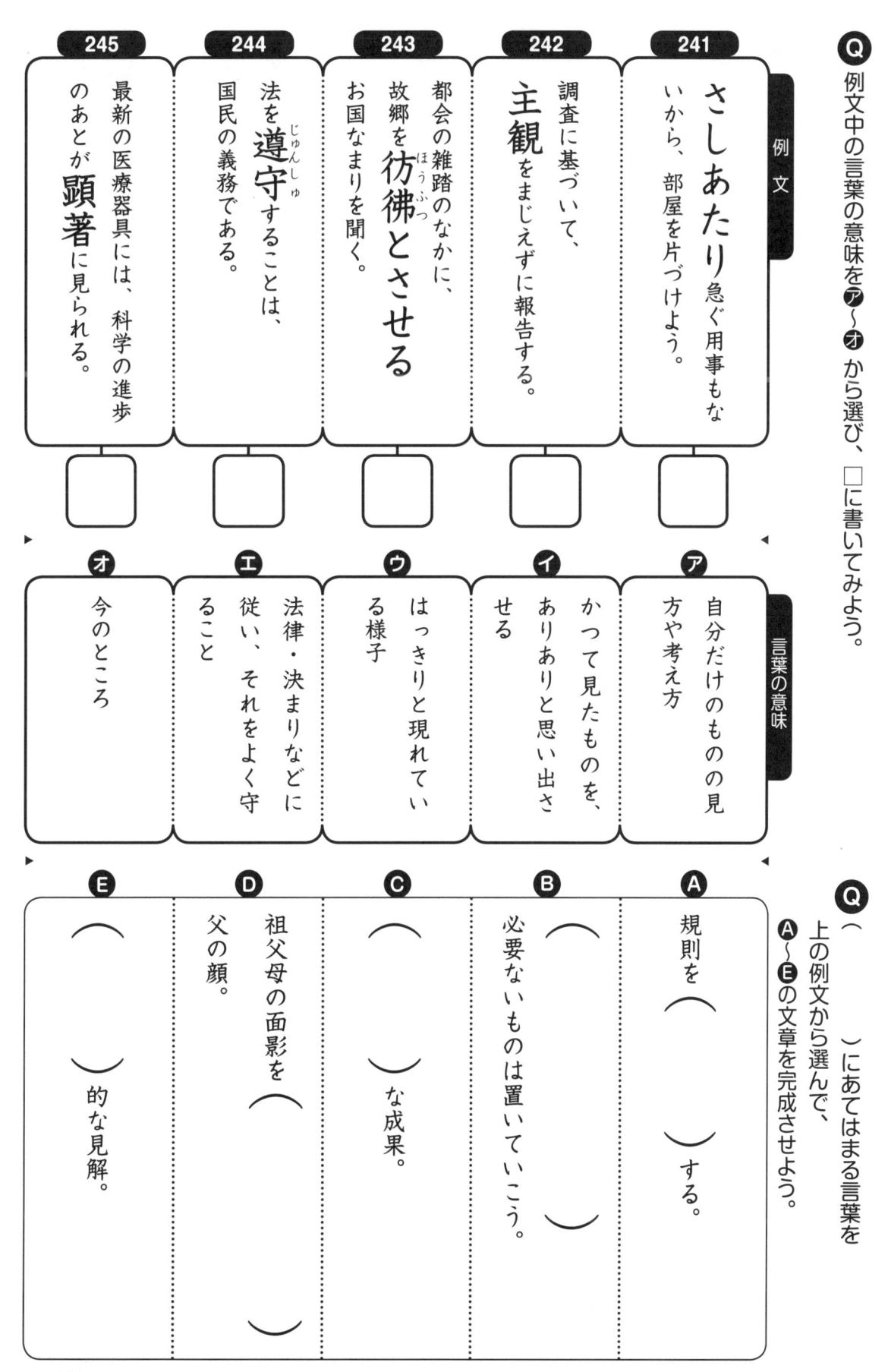

Q 例文中の言葉の意味をア〜オから選び、□に書いてみよう。

例文

241 さしあたり急ぐ用事もないから、部屋を片づけよう。

242 調査に基づいて、**主観**をまじえずに報告する。

243 都会の雑踏のなかに、故郷を**彷彿**とさせるお国なまりを聞く。

244 法を**遵守**することは、国民の義務である。

245 最新の医療器具には、科学の進歩のあとが**顕著**に見られる。

言葉の意味

ア 自分だけのものの見方や考え方

イ かつて見たものを、ありありと思い出させる

ウ はっきりと現れている様子

エ 法律・決まりなどに従い、それをよく守ること

オ 今のところ

Q ( )にあてはまる言葉を上の例文から選んで、Ⓐ〜Ⓔの文章を完成させよう。

Ⓐ 規則を( )する。

Ⓑ 必要ないものは置いていこう。( )

Ⓒ ( )な成果。

Ⓓ 祖父母の面影を( )父の顔。

Ⓔ ( )的な見解。

裏ページの答え　246—ウ　247—イ　248—エ　249—オ　250—ア
(A)生態系　(B)醜悪　(C)尻尾をつかむ　(D)高騰　(E)健常者

Q 例文中の言葉の意味をア～オから選び、□に書いてみよう。

例文

- 246　被害者の協力で、詐欺団の**尻尾をつかむ**ことができた。
- 247　異常気象で、野菜の値段が**高騰**していると嘆く母。
- 248　障害者と**健常者**が、共に支え合う社会の実現が待たれる。
- 249　遺産をめぐって、**醜悪**な争いが繰り広げられる。
- 250　異常気象で、**生態系**のバランスが崩れ始めている。

言葉の意味

- ア　自然界で生きる生物群の大系（まとまり）
- イ　物価などが急激に上がること
- ウ　隠しごと、悪事などの証拠をにぎる
- エ　心身に障害のない人
- オ　ひどくみにくい様子

Q （　）にあてはまる言葉をA〜Eの例文から選んで、A〜Eの文章を完成させよう。

- A　（　　　）がくるう。
- B　（　　　）極まる行為。
- C　犯人の（　　　）。
- D　地価が（　　　）する。
- E　自分は何でもできるというのは（　　　）のおごりだ。

裏ページの答え　241－オ　242－ア　243－イ　244－エ　245－ウ
(A)遵守　(B)さしあたり　(C)顕著　(D)彷彿とさせる　(E)主観

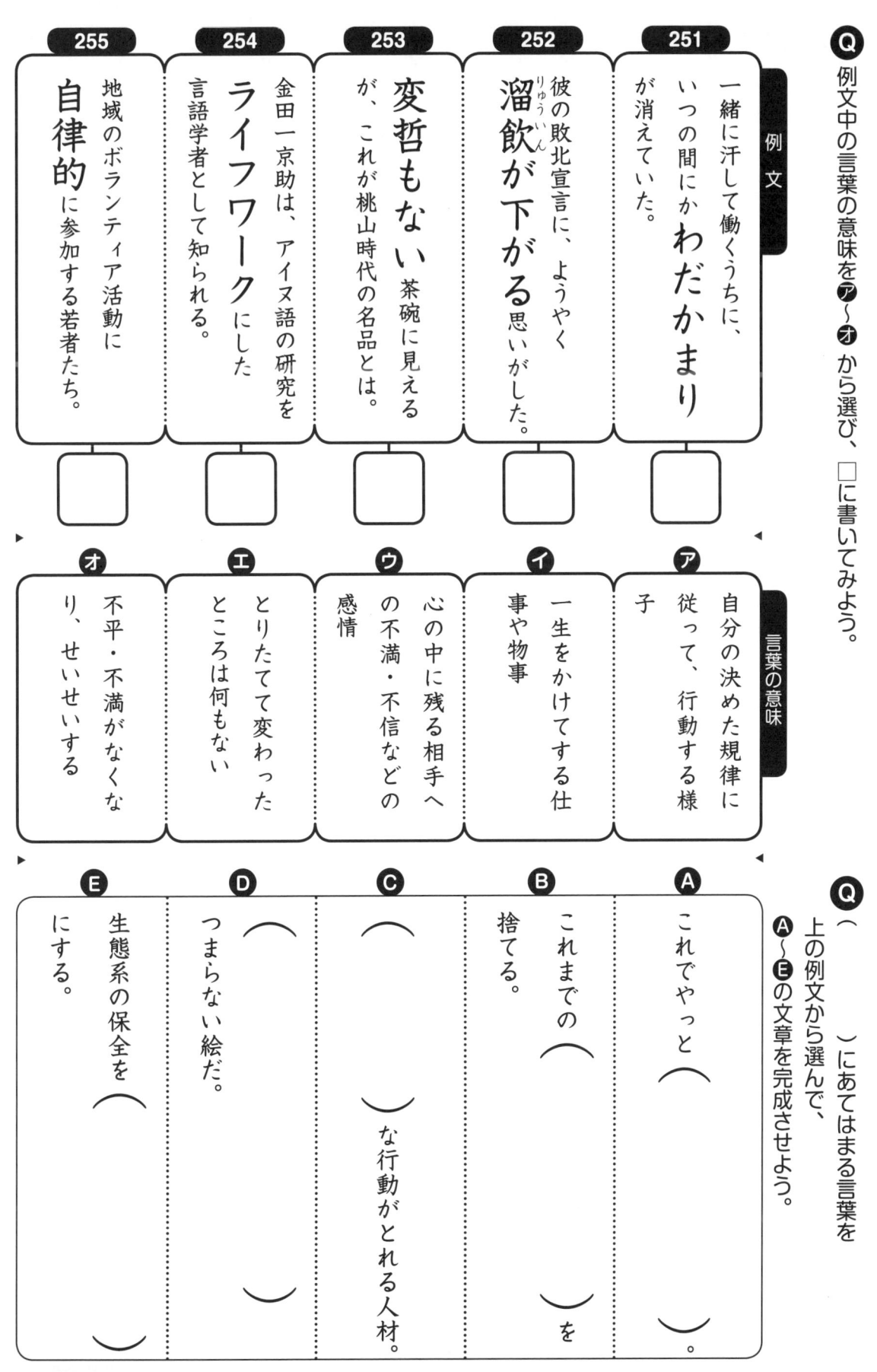

Q 例文中の言葉の意味をア〜オから選び、□に書いてみよう。

例文

251 彼の敗北宣言に、ようやく**わだかまり**が消えていた。

252 一緒に汗して働くうちに、いつの間にか**溜飲が下がる**思いがした。

253 **変哲もない**茶碗に見えるが、これが桃山時代の名品とは。

254 金田一京助は、アイヌ語の研究を**ライフワーク**にした言語学者として知られる。

255 地域のボランティア活動に**自律的**に参加する若者たち。

言葉の意味

ア 自分の決めた規律に従って、行動する様子

イ 一生をかけてする仕事や物事

ウ 心の中に残る相手への不満・不信などの感情

エ とりたてて変わったところは何もない

オ 不平・不満がなくなり、せいせいする

Q （　）にあてはまる言葉を上の例文から選んで、🅐〜🅔の文章を完成させよう。

🅐 これでやっと（　　　）。

🅑 これまでの（　　　）を捨てる。

🅒 （　　　）な行動がとれる人材。

🅓 つまらない絵だ。（　　　）。

🅔 生態系の保全を（　　　）にする。

裏ページの答え　256－ア　257－オ　258－エ　259－イ　260－ウ
(A)萎える　(B)戦慄　(C)長けた　(D)福音　(E)聖域

Q 例文中の言葉の意味をア〜オから選び、□に書いてみよう。

例文

256 避難所で暮らす人々の**福音**となる施策を、一日も早く講じてほしい。

257 彼は**世知**に長けた、実に世渡りがうまい男だ。

258 これまで**聖域**とされてきた領域に挑戦する。

259 事件のあまりの残酷さに**戦慄**が走る。

260 さんざん脅かされ、やる気が**萎える**。

言葉の意味

ア 喜ばしい知らせ

イ 恐ろしさに体がふるえること

ウ 気力が抜けたり体が弱ったりして、ぐったりする

エ 侵してはならないとされている事柄・領域

オ あることにすぐれている。長じている

Q ( )にあてはまる言葉を上の例文から選んで、A〜Eの文章を完成させよう。

A 長い入院生活で脚が( )。

B ( )を覚える。

C 悪知恵に( )やつ。

D ( )を待つ。

E ( )を汚す。

裏ページの答え　251-ウ　252-オ　253-エ　254-イ　255-ア
(A)溜飲が下がる　(B)わだかまり　(C)自律的　(D)変哲もない　(E)ライフワーク

Q 例文中の言葉の意味をア～オから選び、□に書いてみよう。

例文

261 胡散臭い（うさんくさい）男がうろついているから、用心しよう。

262 どのチームも力が互角で、優勝のゆくえは混沌（こんとん）としている。

263 一筋縄（ひとすじなわ）ではいかない相手に、弱みを見せてはいけない。

264 対応の誤りを正当化するだけで責任をとろうとしないのか。

265 思いがけない吉報に、相好（そうごう）をくずす。

言葉の意味

ア 混乱していて、先行きがわからない様子

イ 正しいと見えるようにすること

ウ 何となく怪しげで疑わしい

エ うれしいことに出合って、顔をほころばせる

オ ふつうのやり方では思うように扱えない

Q （　）にあてはまる言葉を上の例文から選んで、Ⓐ～Ⓔの文章を完成させよう。

Ⓐ 調子が良すぎて（　　　）話。

Ⓑ 孫の元気な姿を見て（　　　）。

Ⓒ 自分の行為を（　　　）する。

Ⓓ （　　　）とした情勢。

Ⓔ この仕事は（　　　）。

55　裏ページの答え　266－イ　267－オ　268－ウ　269－ア　270－エ
(A)茶番　(B)未曾有　(C)口惜しい　(D)礎　(E)味をしめる

Q 例文中の言葉の意味をア〜オから選び、□に書いてみよう。

例文

266 ビルのロビーには、事業の**礎**を築いた創業者の胸像が飾ってある。

267 質問の内容まで決められている討論会なんて、**茶番**もいいところだ。

268 お使いのたびに駄賃をやるのは、子どもが**味をしめる**のでやめてほしい。

269 あの見のがしの三振が、かえすがえすも**口惜しい**。

270 **未曾有**の大惨事の記憶は、今も人々の心に残っている。

言葉の意味

ア 思いどおりにならず、くやしい

イ 物事の基礎となる大事なものや人

ウ 一度うまくいったよさが忘れられず、またやりたくなる

エ 今まで一度もなかった、きわめてまれで重大なこと

オ 底の見えすいた、ばかばかしい出来事

Q （ ）にあてはまる言葉を上の例文から選んで、Ⓐ〜Ⓔの文章を完成させよう。

Ⓐ とんだ（　　　）を演じる。

Ⓑ （　　　）の少子化。

Ⓒ 何年たっても、いまだに（　　　）。

Ⓓ 教育界の（　　　）となる。

Ⓔ ギャンブルに勝って（　　　）。

裏ページの答え　261－ウ　262－ア　263－オ　264－イ　265－エ
(A)胡散臭い　(B)相好をくずす　(C)正当化　(D)混沌　(E)一筋縄ではいかない

Q 例文中の言葉の意味を ア～オ から選び、□に書いてみよう。

例文

271 **固定観念**にとらわれていては、新発見するのは難しい。

272 新製品をめぐって、販売競争が繰り広げられる**熾烈**な

273 問題点を**包括**して、対策を練る。

274 意見が違うというだけで、**疎外**する理由にはならない。

275 親しい者に先立たれ、**寂寥**とした老人の暮らし。

言葉の意味

ア 一つにまとめること

イ 勢いがきわめて激しい様子

ウ ものさびしく、わびしい様子

エ しっかりと思い込んでいて、容易には変えられない考え

オ よそよそしくして、のけ者にすること

Q ( )にあてはまる言葉を上の例文から選んで、Ⓐ～Ⓔの文章を完成させよう。

Ⓐ 侘び寂びの根底に流れる一種の( )感。

Ⓑ ( )を取り除く。

Ⓒ 見知らぬ土地で( )感を味わう。

Ⓓ 優勝のかかった( )な一戦。

Ⓔ ( )的に述べる。

裏ページの答え 276―エ 277―ウ 278―ア 279―オ 280―イ
(A)煙に巻く (B)杜撰 (C)他界 (D)水をあける (E)そぐわない

Q 例文中の言葉の意味をア～オから選び、□に書いてみよう。

例文

276 祖父は天寿を全うして、去年**他界**した。

277 彼の実力なら、どんな相手にも大きく**水をあける**のは確実だ。

278 その服装は式に**そぐわない**から、すぐに着替えるように。

279 こんな**杜撰**な捜査では、いつまでたっても事件は解決しない。

280 彼は人を**煙に巻く**のがうまくて、本心を明かさない。

言葉の意味

ア ふさわしくない。似合わない

イ いい加減なことを言って、相手をごまかす

ウ 競争相手に差をつける

エ 死ぬこと

オ いい加減で、不十分な様子

Q （　）にあてはまる言葉を上の例文から選んで、Ⓐ～Ⓔの文章を完成させよう。

Ⓐ 冗談を言っては（　　）。

Ⓑ （　　）な手抜き工事。

Ⓒ 恩師の（　　）を悼む。

Ⓓ 2位以下に大きく（　　）。

Ⓔ 大男に（　　）身の軽さ。

裏ページの答え　271－エ　272－イ　273－ア　274－オ　275－ウ
(A)寂寥　(B)固定観念　(C)疎外　(D)熾烈　(E)包括

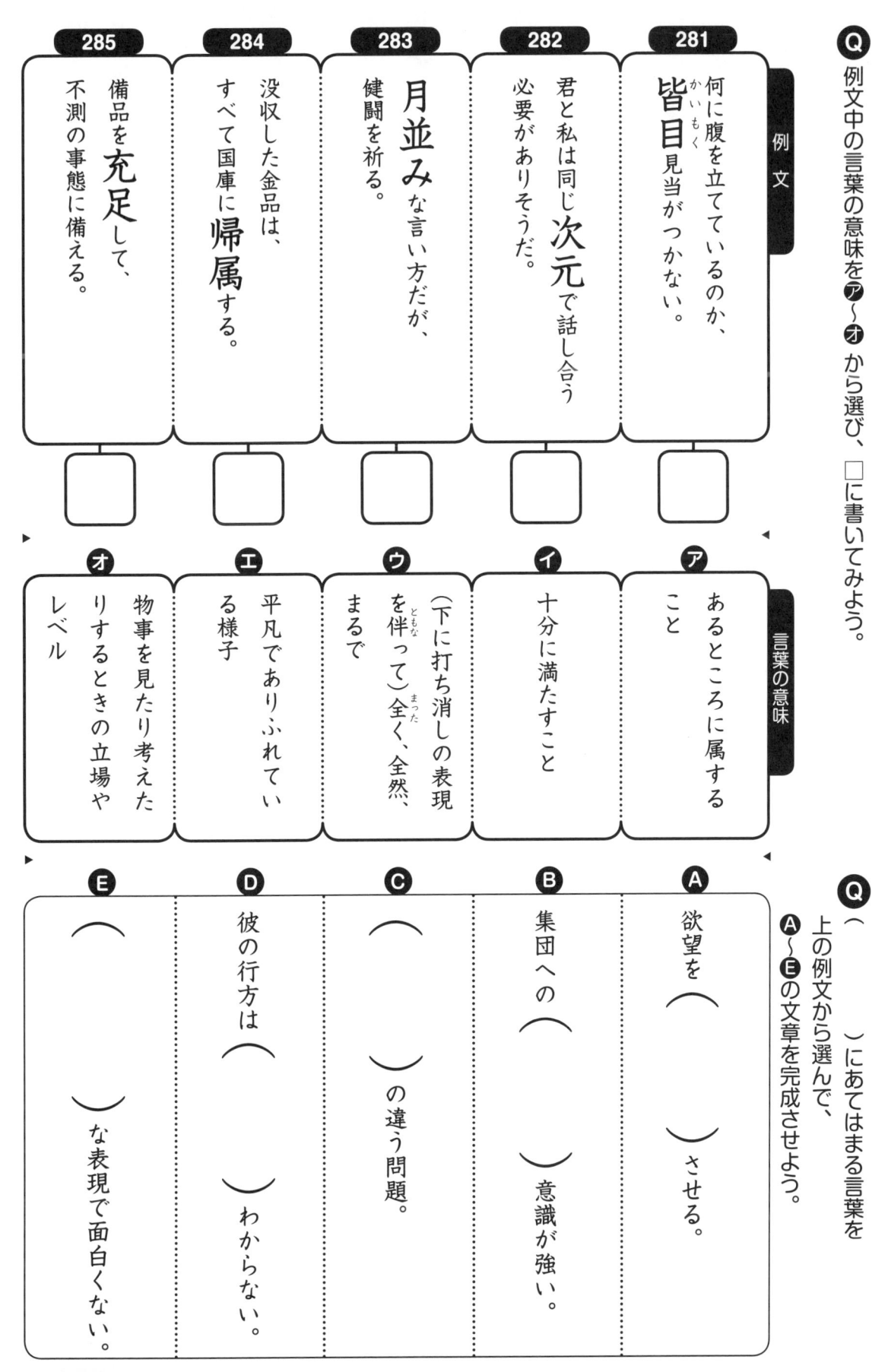

Q 例文中の言葉の意味をア〜オから選び、□に書いてみよう。

例文

281 皆目（かいもく）見当がつかない。

282 君と私は同じ次元で話し合う必要がありそうだ。

283 月並みな言い方だが、健闘を祈る。

284 没収した金品は、すべて国庫に帰属する。

285 備品を充足して、不測の事態に備える。

言葉の意味

ア あるところに属すること

イ 十分に満たすこと

ウ （下に打ち消しの表現を伴って）全く、全然、まるで

エ 平凡でありふれている様子

オ 物事を見たり考えたりするときの立場やレベル

Q （　）にあてはまる言葉を上の例文から選んで、Ⓐ〜Ⓔの文章を完成させよう。

Ⓐ 欲望を（　　　）させる。

Ⓑ 集団への（　　　）意識が強い。

Ⓒ （　　　）の違う問題。

Ⓓ 彼の行方は（　　　）わからない。

Ⓔ （　　　）な表現で面白くない。

裏ページの答え　286—ウ　287—エ　288—ア　289—イ　290—オ
(A)確執　(B)論を俟たない　(C)温床　(D)骨のある　(E)刷新

例文と言葉の意味

286 骨のある新人で、どんなに厳しい練習にもついてくる。 → ウ

287 成績をめぐって、二人の間に確執が生じる。 → エ

288 このことが重要な問題であることは、論を俟たない。 → ア

289 適材適所を実現するため、人事を刷新する。 → イ

290 違法行為の温床を断つ。厳しく取り締まり、 → オ

言葉の意味
- ア 議論するまでもない
- イ すっかり新しくすること
- ウ しっかりとした強い気持ちがあること
- エ 互いに自分の考えを譲らないで、仲が悪くなること
- オ よくないことを生み出す場所・環境

あてはまる言葉
- Ⓐ 新旧の（確執）が目につく。
- Ⓑ 彼女の主張の正しさは（論を俟たない）。
- Ⓒ 悪の（温床）となる。
- Ⓓ ここ一番、（骨のある）ところを見せてみろ。
- Ⓔ 制度の（刷新）を計画する。

裏ページの答え 281―ウ 282―オ 283―エ 284―ア 285―イ
(A)充足 (B)帰属 (C)次元 (D)皆目 (E)月並み

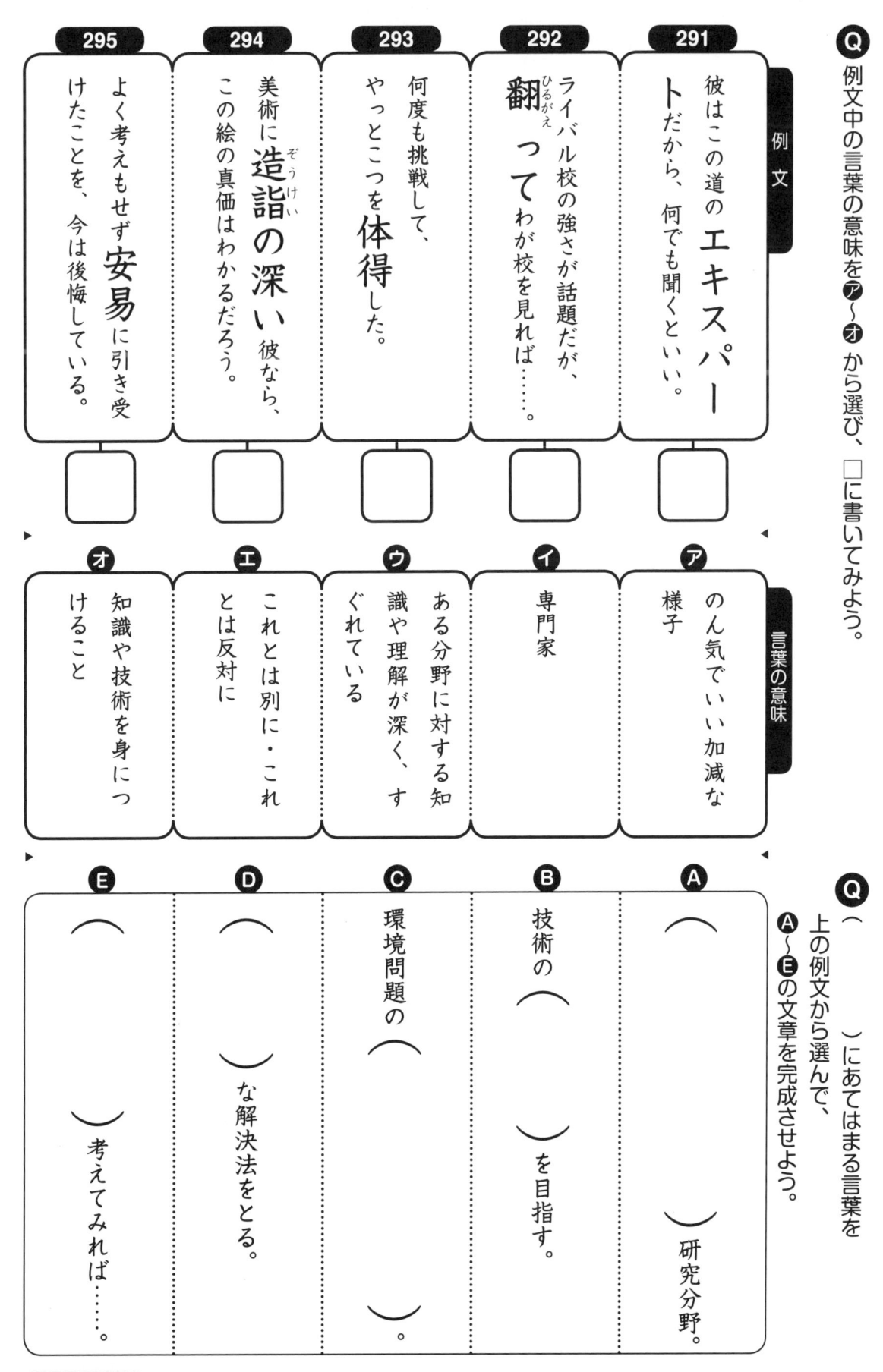

Q 例文中の言葉の意味をア〜オから選び、□に書いてみよう。

例文

291 彼はこの道のエキスパートだから、何でも聞くといい。

292 ライバル校の強さが話題だが、翻(ひるがえ)ってわが校を見れば……。

293 何度も挑戦して、やっとこつを体得した。

294 美術に造詣(ぞうけい)の深い彼なら、この絵の真価はわかるだろう。

295 よく考えもせず安易に引き受けたことを、今は後悔している。

言葉の意味

ア のん気でいい加減な様子

イ 専門家

ウ ある分野に対する知識や理解が深く、すぐれている

エ これとは別に・これとは反対に

オ 知識や技術を身につけること

Q ( )にあてはまる言葉を上の例文から選んで、Ⓐ〜Ⓔの文章を完成させよう。

Ⓐ ( )研究分野。

Ⓑ 技術の( )を目指す。

Ⓒ 環境問題の( )。

Ⓓ ( )な解決法をとる。

Ⓔ ( )考えてみれば……。

裏ページの答え　296―オ　297―ウ　298―エ　299―ア　300―イ
(A)地道　(B)工面　(C)所産　(D)肥沃　(E)血のにじむ

61

Q 例文中の言葉の意味をア〜オから選び、□に書いてみよう。

例文
- 296 肥沃(ひよく)な草原に自生する名も知れぬ草花。
- 297 自然破壊は近代文明の所産といえる。
- 298 この勝利は地道な努力が実を結んだ結果だ。
- 299 何とか当座の資金だけでも工面(くめん)してもらえないだろうか。
- 300 血のにじむような練習を重ねてつかんだ、プロへの道。

言葉の意味
- ア 必要なものをやりくりして、何とか用意すること
- イ 非常な苦労や努力をする様子
- ウ 何かの結果、作り出されたもの・生み出されたもの
- エ 目立たなく、堅実に行う様子
- オ 土地が栄養分を多く含んで、作物が育つのに適している様子

答え：296 — オ、297 — ウ、298 — エ、299 — ア、300 — イ

Q （ ）にあてはまる言葉を上の例文から選んで、Ⓐ〜Ⓔの文章を完成させよう。

- Ⓐ （　　　）に練習する。
- Ⓑ 時間を（　　　）する。
- Ⓒ たゆまぬ努力の（　　　）。
- Ⓓ （　　　）な土地に移住する。
- Ⓔ （　　　）ような労苦が報われる。

裏ページの答え　291—イ　292—エ　293—オ　294—ウ　295—ア
(A)造詣の深い　(B)体得　(C)エキスパート　(D)安易　(E)翻って

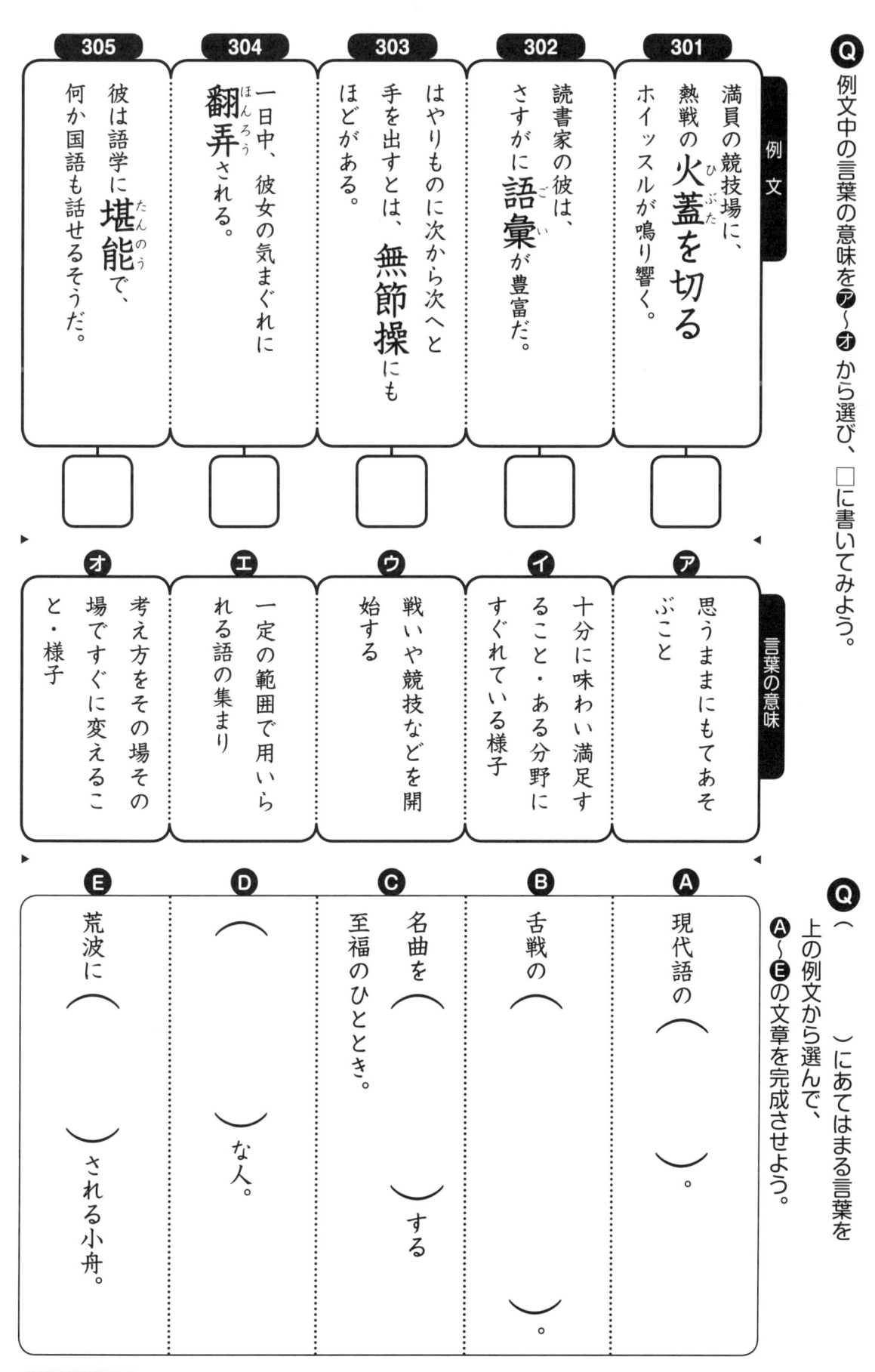

Q 例文中の言葉の意味を㋐〜㋔から選び、□に書いてみよう。

例文

301 満員の競技場に、熱戦の**火蓋を切る**ホイッスルが鳴り響く。

302 読書家の彼は、さすがに**語彙**が豊富だ。

303 はやりものに次から次へと手を出すとは、**無節操**にもほどがある。

304 一日中、彼女の気まぐれに**翻弄**される。

305 彼は語学に**堪能**で、何か国語も話せるそうだ。

言葉の意味

㋐ 思うままにもてあそぶこと

㋑ 十分に味わい満足すること・ある分野にすぐれている様子

㋒ 戦いや競技などを開始する

㋓ 一定の範囲で用いられる語の集まり

㋔ 考え方をその場その場ですぐに変えること・様子

Q （　）にあてはまる言葉を上の例文から選んで、Ⓐ〜Ⓔの文章を完成させよう。

Ⓐ 現代語の（　　）。

Ⓑ 舌戦の（　　）。

Ⓒ 名曲を（　　）する至福のひととき。

Ⓓ （　　）な人。

Ⓔ 荒波に（　　）される小舟。

裏ページの答え　306―オ　307―ウ　308―ア　309―イ　310―エ
(A)ユーモラス　(B)婉曲　(C)形無し　(D)敏捷　(E)革新

Q 例文中の言葉の意味を ア〜オ から選び、□に書いてみよう。

例文

306 敏捷（びんしょう）に打球に飛びついたファインプレイに拍手がわく。

307 ジェスチャーを交えたユーモラスな話に、笑い転げる。

308 組織の革新を図って、新人を採用する。

309 相手の申し出を婉曲（えんきょく）に断る。

310 中学生にやり込められるようでは、大人も形無（かたな）しだ。

言葉の意味

ア 制度・組織・技術などを改めて、新しいものにすること

イ 遠回しに表現する様子

ウ ユーモアのある様子

エ 面目（めんぼく）を失うこと

オ 動作が素早い様子

Q （　）にあてはまる言葉を上の例文から選んで、Ⓐ〜Ⓔの文章を完成させよう。

Ⓐ 俳優の（　　　　）なしぐさ。

Ⓑ （　　　　）な言い回し。

Ⓒ アマチュアに負けてはプロも（　　　　）だ。

Ⓓ （　　　　）なフットワーク。

Ⓔ 技術を（　　　　）する。

裏ページの答え　301―ウ　302―エ　303―オ　304―ア　305―イ
(A)語彙　(B)火蓋を切る　(C)堪能　(D)無節操　(E)翻弄

64

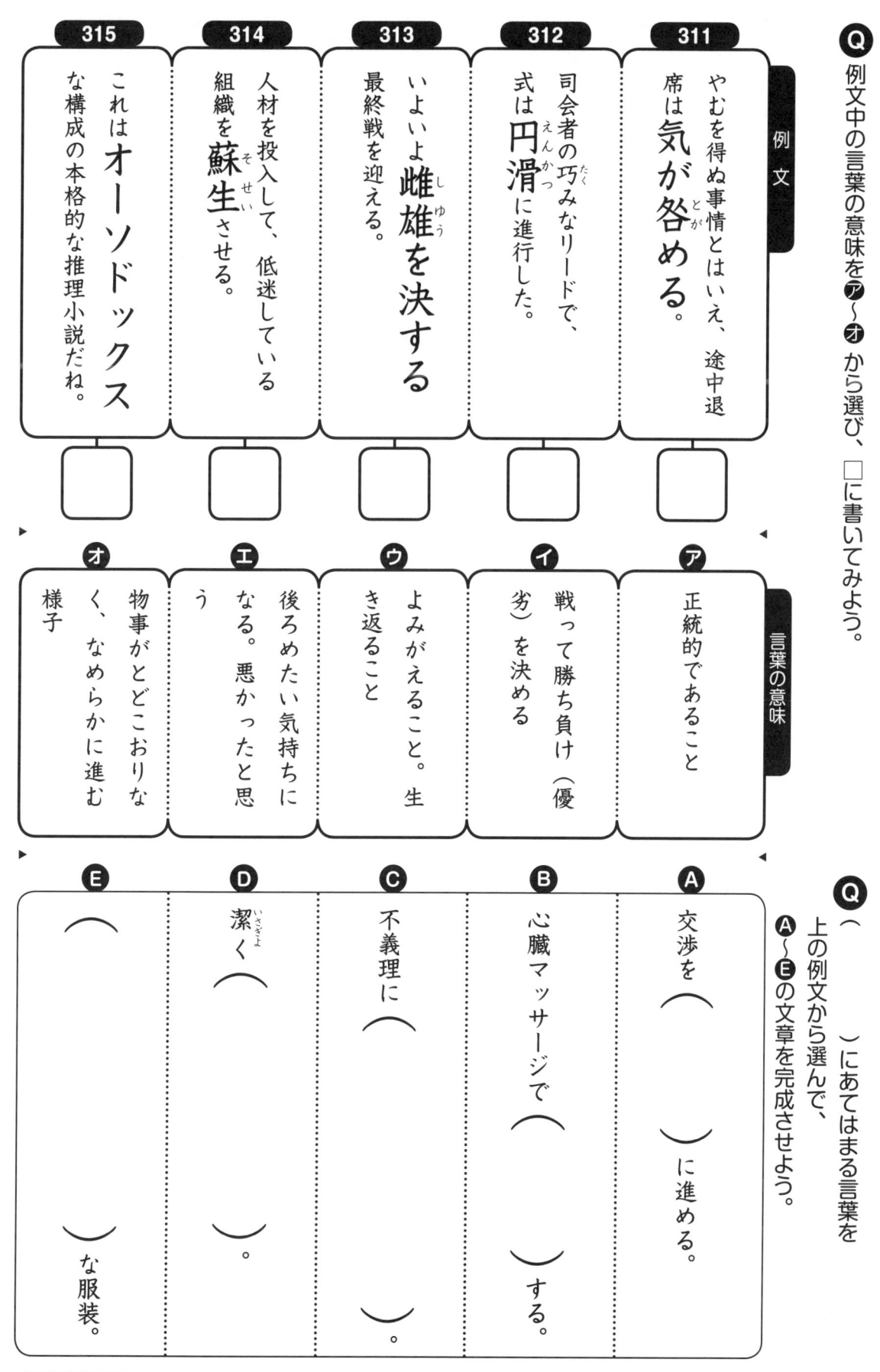

Q 例文中の言葉の意味をア〜オから選び、□に書いてみよう。

例文

- **311** 席は気が咎める。やむを得ぬ事情とはいえ、途中退
- **312** 司会者の巧みなリードで、式は円滑に進行した。
- **313** いよいよ雌雄を決する最終戦を迎える。
- **314** 人材を投入して、低迷している組織を蘇生させる。
- **315** これはオーソドックスな構成の本格的な推理小説だね。

言葉の意味

- **ア** 正統的であること
- **イ** 戦って勝ち負け（優劣）を決める
- **ウ** よみがえること。生き返ること
- **エ** 後ろめたい気持ちになる。悪かったと思う
- **オ** 物事がとどこおりなく、なめらかに進む様子

Q （　）にあてはまる言葉を上の例文から選んで、Ⓐ〜Ⓔの文章を完成させよう。

- **Ⓐ** 交渉を（　　）に進める。
- **Ⓑ** 心臓マッサージで（　　）する。
- **Ⓒ** 不義理に（　　）。
- **Ⓓ** 潔く（　　）。
- **Ⓔ** （　　）な服装。

裏ページの答え　316－エ　317－イ　318－オ　319－ア　320－ウ
(A)擬態語　(B)コミュニケーション　(C)重鎮　(D)脈々と　(E)即座

Q 例文中の言葉の意味をア～オから選び、□に書いてみよう。

例文

316 経済界の重鎮である彼の発言は、政界に大きな影響を与える。

317 中世から脈々と受け継がれてきた能の世界。

318 リクエストすると、即座に一曲弾いてくれた。

319 「ぎらぎら」は、夏の日差しを表現した擬態語の一つ。

320 近隣住民とのコミュニケーションを図る。

言葉の意味

ア 物事の様子や感じを感覚的に表した言葉

イ 絶えることなく続く様子

ウ 言葉・文字・身振りなどで、たがいの気持ちを伝えること

エ その分野で最も重きをなす人（重要な中心人物）

オ その場ですぐに行うこと

Q （　）にあてはまる言葉を上の例文から選んで、A～Eの文章を完成させよう。

A 「そわそわ」は（　　）。

B （　　）が足りない。

C （　　）として君臨する。

D （　　）活動するマグマ。

E （　　）に答える。

裏ページの答え
311－エ　312－オ　313－イ　314－ウ　315－ア
(A)円滑　(B)蘇生　(C)気が咎める　(D)雌雄を決する　(E)オーソドックス

Q 例文中の言葉の意味をア～オから選び、□に書いてみよう。

例文

321 山火事で、貴重な原生林が灰と**化す**。

322 彼の友情が**身にしみる**。

323 いつも陰で支えてくれた彼の友情が身にしみる。／今後の方針にかかわる重要な話に、誰もが**襟を正す**。

324 彼はファッション界の**カリスマ**的存在だ。

325 彼のアドバイスで、混迷から**覚醒**することができた。

言葉の意味

ア 眠りや迷いから目がさめること

イ 身なりを整え、気持ちを引き締める

ウ 大衆をひきつける超人的な能力（をもった人）

エ 前とはまったく違った状態になる

オ 体にしみこむように深く感じる

Q ( )にあてはまる言葉を上の例文からA～Eの文章を完成させよう。

Ⓐ 相手の真剣な表情にこちらも（　　）。

Ⓑ 寒さが（　　）今日この頃。

Ⓒ 昏睡状態から（　　）する。

Ⓓ （　　）性を発揮する。

Ⓔ 群衆が暴徒と（　　）。

---

67 裏ページの答え　326－オ　327－ア　328－ウ　329－エ　330－イ
(A)いささか　(B)共感　(C)闇雲　(D)おびただしい　(E)背信

Q 例文中の言葉の意味を㋐～㋔から選び、□に書いてみよう。

例文

326 彼の生き方には**共感**するところが多い。

327 人気タレントのサイン会には、**おびただしい**人出が予想される。

328 手がかりもなしに、**闇雲**に探し回るのは、時間のむだだ。

329 **いささか**腑に落ちない点があるので、返事を待ってほしい。

330 敵へ情報をもらすのは、仲間への許しがたい**背信**だ。

言葉の意味

㋐ 数量や程度がはなはだしい。並みでない様子

㋑ 人の信頼を裏切ること

㋒ むやみやたらとする様子

㋓ 少し

㋔ ほかの人の考え方や感じ方に、自分もまったく同じだと思うこと

Q （　）にあてはまる言葉を上の例文から選んで、Ⓐ～Ⓔの文章を完成させよう。

Ⓐ （　　　）も疑ってはいない。

Ⓑ 大勢の（　　　）を呼ぶ。

Ⓒ だれかれ構わず（　　　）に突っかかる。

Ⓓ 金遣いの荒いこと（　　　）。

Ⓔ （　　　）行為とみなす。

裏ページの答え　321－エ　322－オ　323－イ　324－ウ　325－ア
(A)襟を正す　(B)身にしみる　(C)覚醒　(D)カリスマ　(E)化す

Q 例文中の言葉の意味を㋐〜㋪から選び、□に書いてみよう。

例文

331 信念だけでは、権力に**抗(あらが)う**ことはできない。

332 彼は時折、感情の**抑制**がきかなくなる。

333 あのコーチは選手を**鼓舞(こぶ)**して、やる気にさせるのがうまい。

334 自分を**客観的**に見ることは、大人への成長の一歩だ。

335 彼はいつも**抽象的**な言い方で、人を煙(けむ)に巻く。

言葉の意味

㋐ 抵抗する。反抗する

㋑ ある立場にとらわれずにものごとを見たり考えたりすること

㋒ 具体的でなく、あいまいな様子

㋓ 勢いをおさえて止めること

㋔ 人を励まし、奮(ふる)い立たせること

Q ( )にあてはまる言葉を上の例文から選んで、Ⓐ〜Ⓔの文章を完成させよう。

Ⓐ 物価の上昇を( )する。

Ⓑ 話が( )すぎる。

Ⓒ ( )に考察する。

Ⓓ 時勢に( )頑固(がんこ)な男。

Ⓔ 士気を( )する。

69　裏ページの答え　336－エ　337－ア　338－オ　339－イ　340－ウ
(A)萌芽　(B)元の木阿弥　(C)多感な　(D)怪訝　(E)出自

Q 例文中の言葉の意味をア～オから選び、□に書いてみよう。

例文

336 機嫌を直した娘に、嫌な話を蒸し返したら、元の木阿弥だ。

337 あの作家は、いまだに自分の出自を明かさない。

338 厳しい練習のなかで、友情の萌芽が見られて嬉しい。

339 あまりの豹変ぶりに、思わず怪訝な目つきになる。

340 多感な青春時代を共に過ごした仲間たち。

言葉の意味

ア 出どころ。生まれ

イ わけがわからず、納得がいかない様子

ウ ちょっとしたことにも感じやすい様子

エ よくなっていた状態が、再び悪い状態に戻ること

オ 物事がはじまること、芽生えること

Q （ ）にあてはまる言葉を上の例文から選んで、Ⓐ～Ⓔの文章を完成させよう。

Ⓐ 梅の新芽が（ ）する。

Ⓑ あなたが、余計なことをしてしまうから（ ）だ。

Ⓒ （ ）年頃。

Ⓓ （ ）な面もち。

Ⓔ （ ）を調べる。

裏ページの答え　331―ア　332―エ　333―オ　334―イ　335―ウ
(A)抑制　(B)抽象的　(C)客観的　(D)抗う　(E)鼓舞

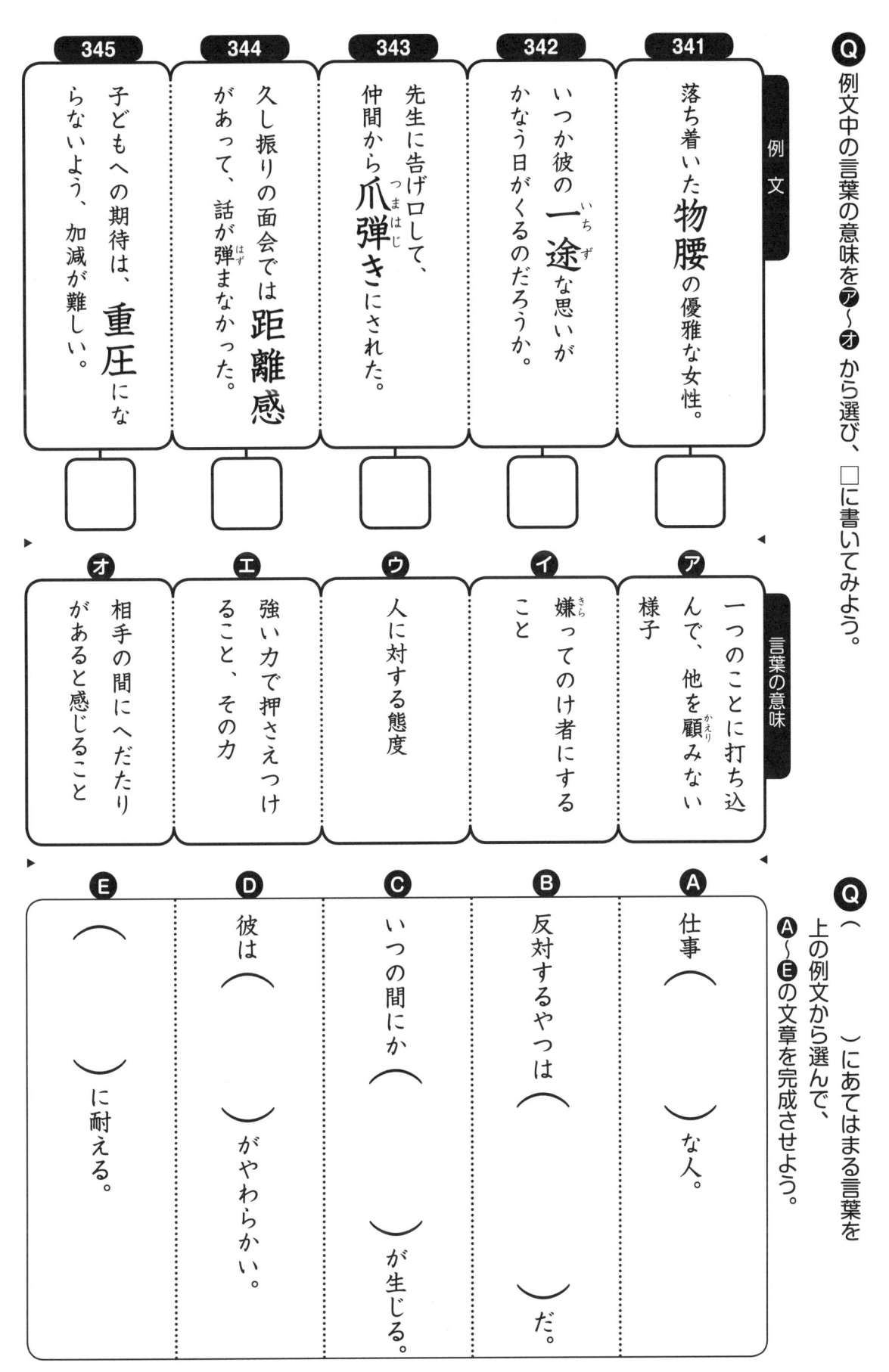

Q 例文中の言葉の意味をア〜オから選び、□に書いてみよう。

例文

341 落ち着いた**物腰**の優雅な女性。

342 いつか彼の**一途**な思いがかなう日がくるのだろうか。

343 先生に告げ口して、仲間から**爪弾き**にされた。

344 久し振りの面会では**距離感**があって、話が弾まなかった。

345 子どもへの期待は、**重圧**にならないよう、加減が難しい。

言葉の意味

ア 一つのことに打ち込んで、他を顧みない様子

イ 嫌ってのけ者にすること

ウ 人に対する態度

エ 強い力で押さえつけること、その力

オ 相手の間にへだたりがあると感じること

Q ( )にあてはまる言葉を上の例文から選んで、Ⓐ〜Ⓔの文章を完成させよう。

Ⓐ 仕事（　　）な人。

Ⓑ 反対するやつは（　　）だ。

Ⓒ いつの間にか（　　）が生じる。

Ⓓ 彼は（　　）がやわらかい。

Ⓔ （　　）に耐える。

裏ページの答え　346—ウ　347—オ　348—イ　349—ア　350—エ
(A)挑発　(B)禁物　(C)付随　(D)はぐらかす　(E)頭ごなし

Q 例文中の言葉の意味を㋐〜㋔から選び、□に書いてみよう。

例文

346 長期戦にそなえて、無理は**禁物**だ。

347 冬山登山にはさまざまなリスクが**付随**する。

348 理由を尋ねても**はぐらかす**ばかりで、もどかしい。

349 **頭ごなし**にしかられてばかりだと、反抗的になりやすい。

350 新製品のチラシを見て、購買欲を**挑発**される。

言葉の意味

㋐ わけも聞かずに最初から決めつけること

㋑ 話を違った方向へもっていく。そらす

㋒ してはならないこと

㋓ 刺激を与えて、何かをするようにしむける

㋔ あることに関連して起こること

Q （　）にあてはまる言葉を上の例文から選んで、Ⓐ〜Ⓔの文章を完成させよう。

Ⓐ 彼らの（　　）にはのるな。

Ⓑ 油断は（　　）。

Ⓒ 改正に（　　）する諸問題。

Ⓓ 質問を（　　）。

Ⓔ （　　）にどなられる。

裏ページの答え　341—ウ　342—ア　343—イ　344—オ　345—エ
(A)一途　(B)爪弾き　(C)距離感　(D)物腰　(E)重圧

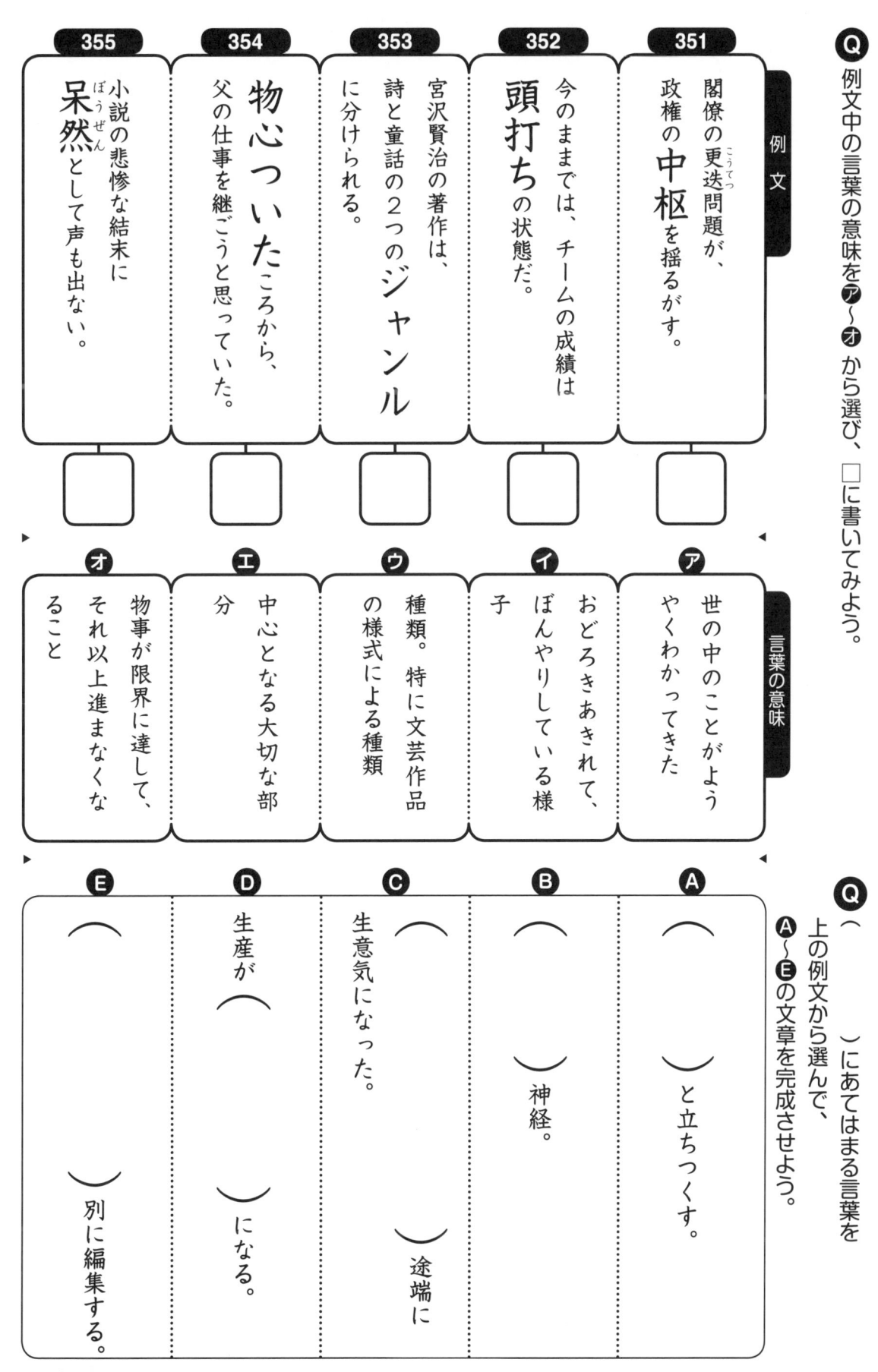

Q 例文中の言葉の意味をア〜オから選び、□に書いてみよう。

例文

351 閣僚の更迭問題が、政権の**中枢**を揺るがす。

352 今のままでは、チームの成績は**頭打ち**の状態だ。

353 宮沢賢治の著作は、詩と童話の2つの**ジャンル**に分けられる。

354 父の仕事を継ごうと思っていた。**物心**ついたころから、

355 小説の悲惨な結末に**呆然（ぼうぜん）**として声も出ない。

言葉の意味

ア 世の中のことがようやくわかってきた子

イ おどろきあきれて、ぼんやりしている様子

ウ 種類。特に文芸作品の様式による種類

エ 中心となる大切な部分

オ 物事が限界に達して、それ以上進まなくなること

Q （　）にあてはまる言葉を上の例文から選んで、A〜Eの文章を完成させよう。

A （　　　　）と立ちつくす。

B （　　　　）神経。

C 生意気になった（　　　　）途端に。

D 生産が（　　　　）になる。

E （　　　　）別に編集する。

裏ページの答え　356－エ　357－ウ　358－ア　359－イ　360－オ
(A)昔取った杵柄　(B)全う　(C)はき違え　(D)おめおめ　(E)おろか

Q 例文中の言葉の意味をア〜オから選び、□に書いてみよう。

例文

356 いくら話しかけても、返事はおろか顔を向けようともしない。

357 ただのわがままを個性とはき違えている親たちがいる

358 昔取った杵柄（きねづか）で市民マラソンを完走ぐらいはしたい。

359 せっかくのチャンスをおめおめと逃してなるものか。

360 何があろうとも、自分の責任だけは全（まっと）うしなさい。

言葉の意味

ア 若い頃に得意としていたこと

イ 恥ずかしいと思わず、平気でいること

ウ 意味をとり違える

エ 言うまでもなく

オ 完全に成し遂げる

Q （　）にあてはまる言葉を上の例文から選んで、Ⓐ〜Ⓔの文章を完成させよう。

Ⓐ さすが（　　　）だけのことはある。

Ⓑ 天寿を（　　　）する。

Ⓒ 目的の（　　　）が指摘される。

Ⓓ よくも（　　　）と顔を出せたものだ。

Ⓔ 人は（　　　）犬の子一匹（いっぴき）通らない。

裏ページの答え　351－エ　352－オ　353－ウ　354－ア　355－イ
(A)呆然　(B)中枢　(C)物心ついた　(D)頭打ち　(E)ジャンル

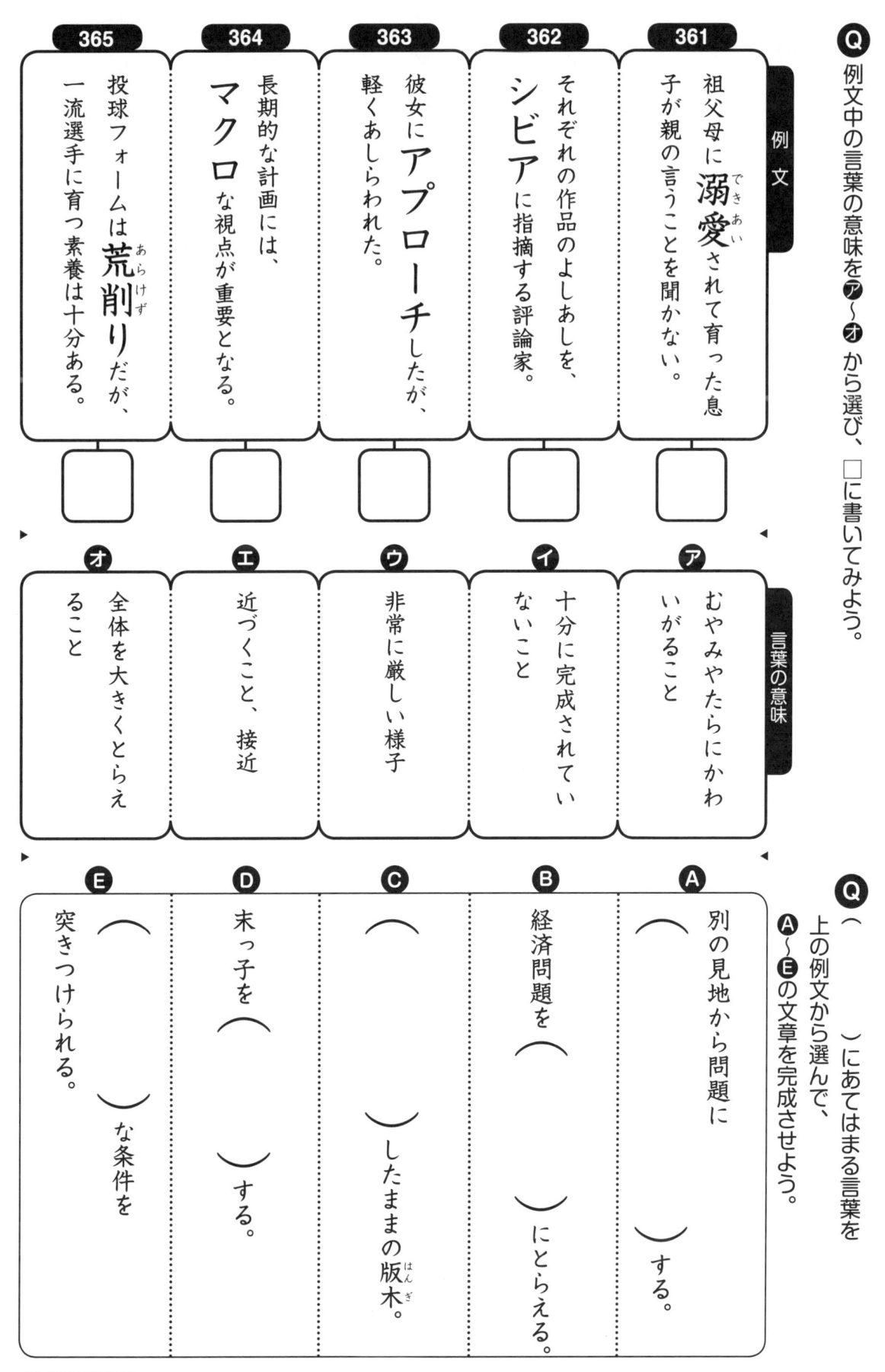

Q 例文中の言葉の意味をア〜オから選び、□に書いてみよう。

例文

361 祖父母に**溺愛**されて育った息子が親の言うことを聞かない。

362 それぞれの作品のよしあしを、**シビア**に指摘する評論家。

363 彼女に**アプローチ**したが、軽くあしらわれた。

364 長期的な計画には、**マクロ**な視点が重要となる。

365 投球フォームは**荒削り**だが、一流選手に育つ素養は十分ある。

言葉の意味

ア むやみやたらにかわいがること

イ 十分に完成されていないこと

ウ 非常に厳しい様子

エ 近づくこと、接近

オ 全体を大きくとらえること

Q （　）にあてはまる言葉を上の例文から選んで、Ⓐ〜Ⓔの文章を完成させよう。

Ⓐ 別の見地から問題に（　　）する。

Ⓑ 経済問題を（　　）にとらえる。

Ⓒ （　　）したままの版木。

Ⓓ 末っ子を（　　）する。

Ⓔ （　　）な条件を突きつけられる。

裏ページの答え　366—ウ　367—ア　368—イ　369—オ　370—エ
(A)エゴイズム　(B)横行　(C)拘束　(D)食傷気味　(E)棒に振る

Q 例文中の言葉の意味をア〜オから選び、□に書いてみよう。

例文

366 被災地にまで悪徳商法が**横行**しているとは、許しがたい。

367 ここで決断しなければ、人生を**棒に振る**ことになる。

368 時間に**拘束**される生活。

369 代わり映えのないバラエティー番組に**食傷気味**だ。

370 **エゴイズム**むき出しの彼の言動についていけない。

言葉の意味

ア 今までの苦労や努力をむだにする

イ 自由な行動をとれないようにすること

ウ 好ましくないことがはびこること

エ 自分の利益だけを考える、利己主義

オ 同じことの繰り返しで、嫌気がさすこと

Q （　）にあてはまる言葉を上の例文から選んで、Ⓐ〜Ⓔの文章を完成させよう。

Ⓐ （　　　　　）に徹した人物。

Ⓑ 汚職の（　　　　　）。

Ⓒ 身柄を（　　　　　）する。

Ⓓ ワンパターンの説教には（　　　　　）だ。

Ⓔ せっかくのチャンスを（　　　　　）。

裏ページの答え　361―ア　362―ウ　363―エ　364―オ　365―イ
(A)アプローチ　(B)マクロ　(C)荒削り　(D)溺愛　(E)シビア

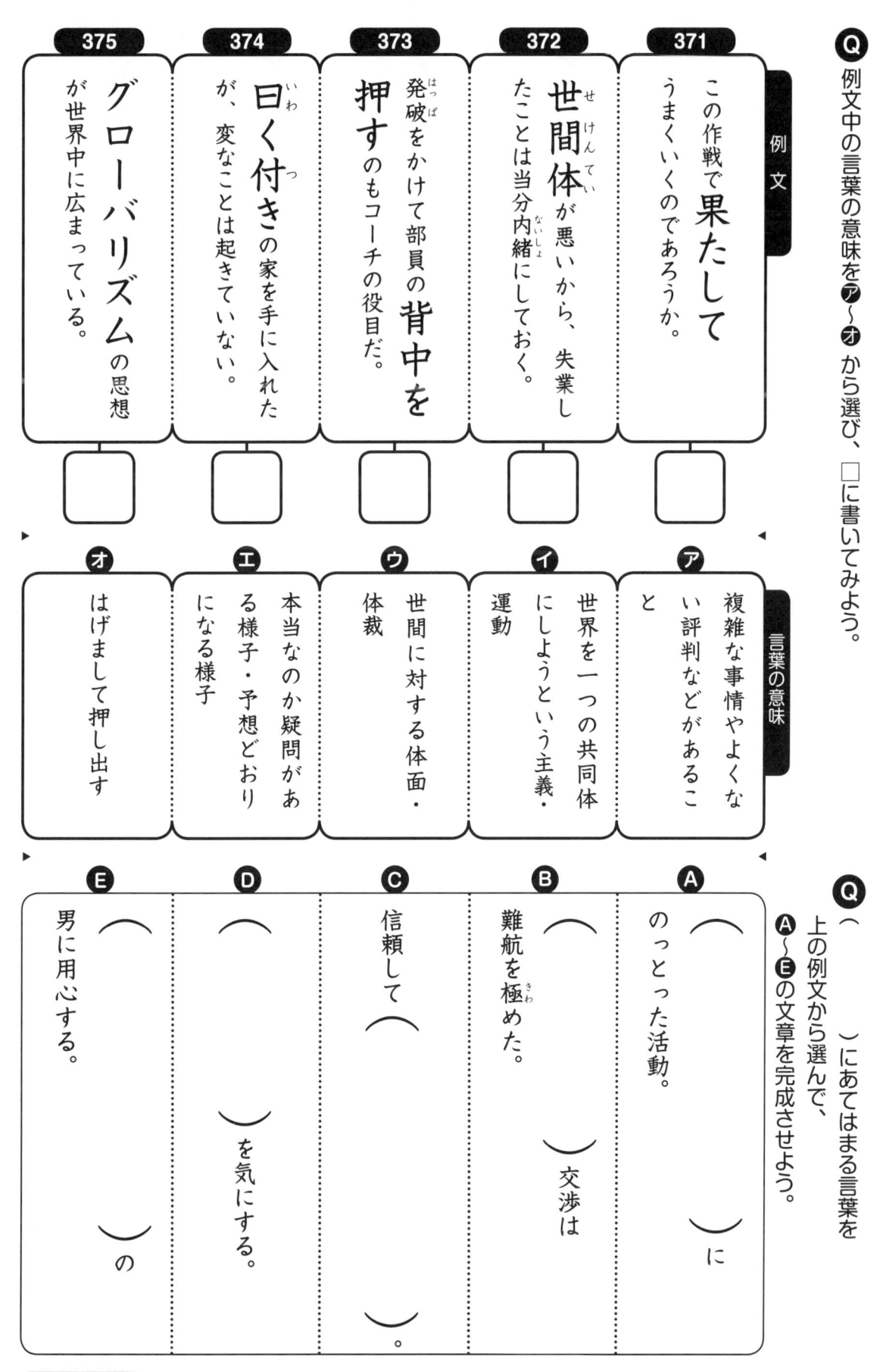

Q 例文中の言葉の意味を ア〜オ から選び、□に書いてみよう。

例文

371 この作戦で果たしてうまくいくのであろうか。

372 世間体が悪いから、失業したことは当分内緒にしておく。

373 発破をかけて部員の背中を押すのもコーチの役目だ。

374 曰く付きの家を手に入れたが、変なことは起きていない。

375 グローバリズムの思想が世界中に広まっている。

言葉の意味

ア 複雑な事情やよくない評判などがあること

イ 世界を一つの共同体にしようという主義・運動

ウ 世間に対する体面・体裁

エ 本当なのか疑問がある様子・予想どおりになる様子

オ はげまして押し出す

Q （　）にあてはまる言葉を上の例文から選んで、Ⓐ〜Ⓔの文章を完成させよう。

Ⓐ（　　　）にのっとった活動。

Ⓑ（　　　）交渉は難航を極めた。

Ⓒ 信頼して（　　　）。

Ⓓ（　　　）を気にする。

Ⓔ（　　　）の男に用心する。

裏ページの答え
376－オ　377－エ　378－ア　379－イ　380－ウ
(A)青筋を立てて　(B)爪に火をともす　(C)ニーズ　(D)拙い　(E)生兵法

77

Q 例文中の言葉の意味を㋐〜㋔から選び、□に書いてみよう。

№	例文	答
376	まだ**拙(つたな)い**部分はあるが、やる気は伝わってきた。	オ
377	うちの犬が庭を荒らしたと、隣人が**青筋を立てて**怒鳴り込んできた。	エ
378	彼のようなベテランに、にわか仕込みの**生兵法(なまびょうほう)**など通用しない。	ア
379	客の**ニーズ**に応えて開発された新機種。	イ
380	**爪に火をともす**ような思いでお金を蓄(たくわ)える。	ウ

言葉の意味
- ㋐ 中途半端に知識や技術があること
- ㋑ 要求。需要
- ㋒ 苦労して倹約することのたとえ
- ㋓ (こめかみに青く血管が浮かぶほど)激しく怒る
- ㋔ 能力や力量が不十分である様子

Q （　）にあてはまる言葉を上の例文から選んで、Ⓐ〜Ⓔの文章を完成させよう。

- Ⓐ 名誉毀損(めいよきそん)だと（ 青筋を立てて ）憤(いきどお)る。
- Ⓑ （ 爪に火をともす ）ようにつましく暮らす。
- Ⓒ （ ニーズ ）の高い商品。
- Ⓓ 大人らしからぬ（ 拙い ）筆跡。
- Ⓔ （ 生兵法 ）は大けがのもと。

裏ページの答え　371―エ　372―ウ　373―オ　374―ア　375―イ
(A)グローバリズム　(B)果たして　(C)背中を押す　(D)世間体　(E)曰く付き

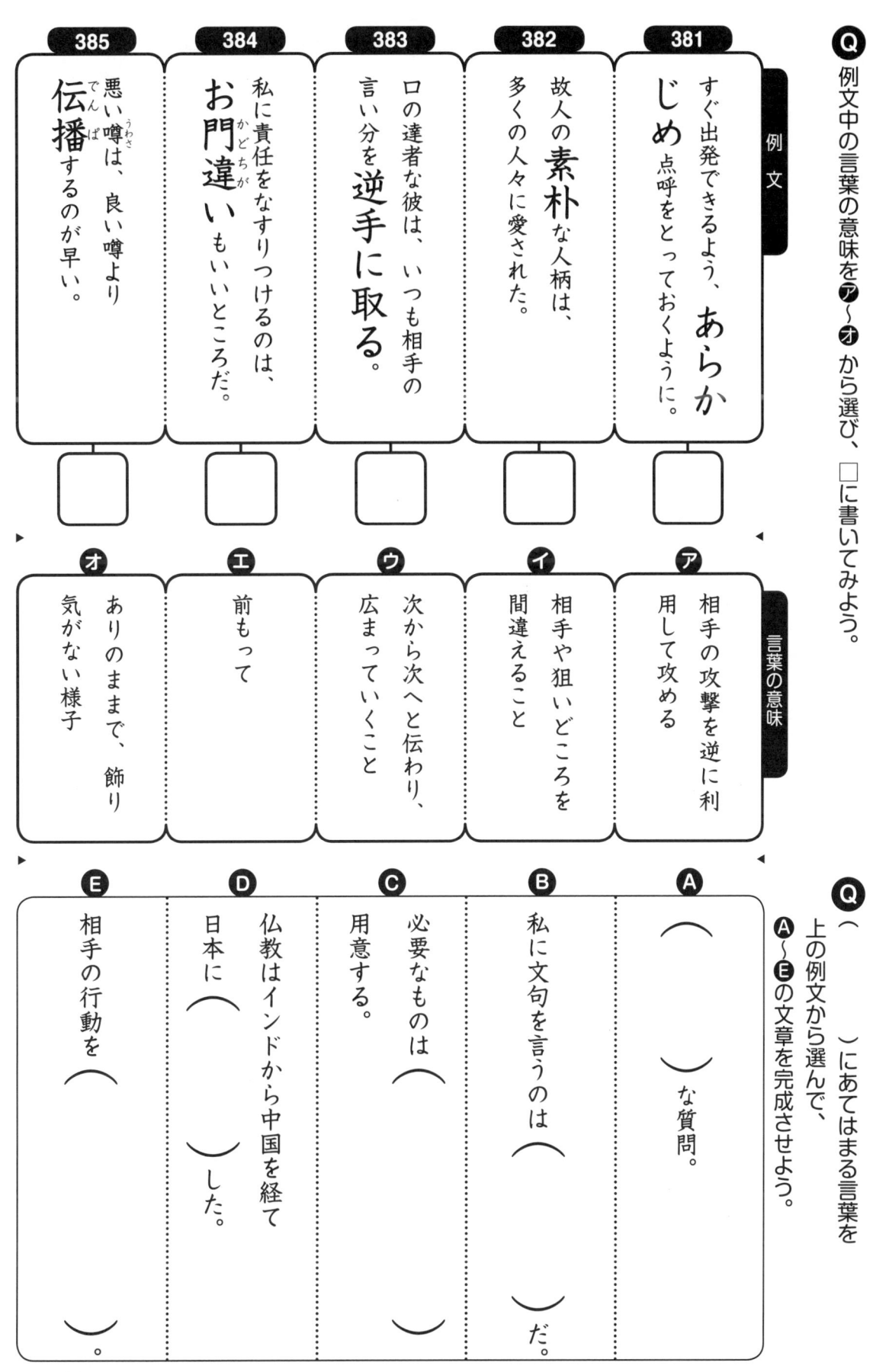

Q 例文中の言葉の意味をア～オから選び、□に書いてみよう。

例文

381 すぐ出発できるよう、**あらかじめ**点呼をとっておくように。

382 故人の**素朴**な人柄は、多くの人々に愛された。

383 口の達者な彼は、いつも相手の言い分を**逆手に取る**。

384 私に責任をなすりつけるのは、**お門違い**もいいところだ。

385 悪い噂は、良い噂より**伝播**するのが早い。

言葉の意味

ア 相手の攻撃を逆に利用して攻める

イ 相手や狙いどころを間違えること

ウ 次から次へと伝わり、広まっていくこと

エ 前もって

オ ありのままで、飾り気がない様子

Q （　）にあてはまる言葉を上の例文から選んで、Ⓐ～Ⓔの文章を完成させよう。

Ⓐ（　　　）な質問。

Ⓑ 私に文句を言うのは（　　　）だ。

Ⓒ 必要なものは（　　　）用意する。

Ⓓ 仏教はインドから中国を経て日本に（　　　）した。

Ⓔ 相手の行動を（　　　）。

79　裏ページの答え　386―オ　387―ア　388―イ　389―ウ　390―エ
(A)飼い犬に手を噛まれる　(B)違和感　(C)冥利に尽きる　(D)不断　(E)訝い

Q 例文中の言葉の意味を ア〜オ から選び、□に書いてみよう。

例文

386 観客に愛されロングランが決まるとは役者**冥利に尽きる**。

387 **不断**の努力を重ねる日々。

388 新しいやり方に**違和感**があり、なじむのに時間がかかった。

389 **飼い犬に手を噛まれる**とは情けない。

390 年がら年中**諍（いさか）い**の絶えない二人。

言葉の意味

ア たえまなく続くこと

イ しっくりしない感じ。何かが違うという感じ

ウ 日頃から面倒をみて大事にしてきた者に裏切られること

エ 言いあらそい。いざこざ。もめごと

オ これ以上の幸せはない

Q （　）にあてはまる言葉を上の例文から選んで、A〜Eの文章を完成させよう。

A （　）者の身にもなってみろ。

B その選手は、腰に（　）を感じた。

C 男（　）。

D （　）にわき出る水。

E ポジションをめぐって（　）が起きる。

裏ページの答え 381―エ 382―オ 383―ア 384―イ 385―ウ
(A)素朴　(B)お門違い　(C)あらかじめ　(D)伝播　(E)逆手に取る

80

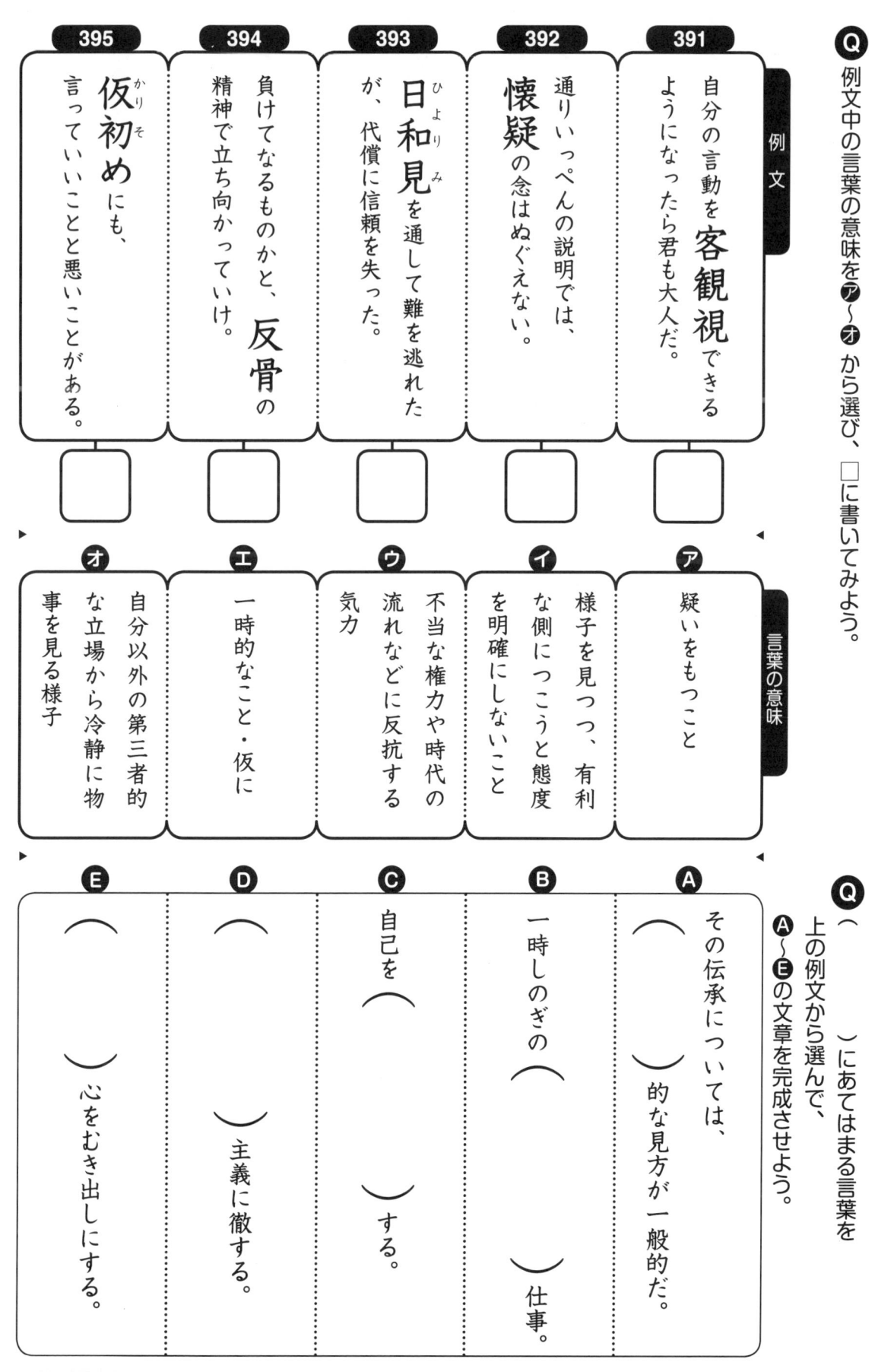

Q 例文中の言葉の意味をア〜オから選び、□に書いてみよう。

例文

391 自分の言動を**客観視**できるようになったら君も大人だ。

392 通りいっぺんの説明では、**懐疑**の念はぬぐえない。

393 **日和見**を通して難を逃れたが、代償に信頼を失った。

394 負けてなるものかと、**反骨**の精神で立ち向かっていけ。

395 **仮初め**にも、言っていいことと悪いことがある。

言葉の意味

ア 疑いをもつこと

イ 様子を見つつ、有利な側につこうと態度を明確にしないこと

ウ 不当な権力や時代の流れなどに反抗する気力

エ 一時的なこと・仮に

オ 自分以外の第三者的な立場から冷静に物事を見る様子

Q （　）にあてはまる言葉を上の例文から選んで、④〜⑤の文章を完成させよう。

Ⓐ その伝承については、（　　　）的な見方が一般的だ。

Ⓑ 一時しのぎの（　　　）仕事。

Ⓒ 自己を（　　　）する。

Ⓓ （　　　）主義に徹する。

Ⓔ （　　　）心をむき出しにする。

裏ページの答え　396―イ　397―ウ　398―オ　399―ア　400―エ
(A)無鉄砲　(B)おそれ　(C)当たり年　(D)ストイック　(E)倫理

Q 例文中の言葉の意味をア〜オから選び、□に書いてみよう。

例文

396 午後から大雨の**おそれ**がある。

397 誰彼構わずけんかを吹っかけるとは、**無鉄砲**にもほどがある。

398 彼の**ストイック**な生活は、まるで修行僧のようだ。

399 今年は**当たり年**で、何をやってもうまくいく。

400 利益を優先し、手抜き工事を見過ごす会社に、企業の**倫理**を問う。

言葉の意味

ア よいことの多い年

イ （よくないことが起こりそうだという）心配

ウ あとさきを考えず、無茶な行動をすること

エ 人として守らなければならないこと

オ さまざまな欲望を抑えた姿勢

Q （　）にあてはまる言葉を上の例文から選んで、Ⓐ〜Ⓔの文章を完成させよう。

Ⓐ 怖いもの知らずの（　　　）なやつ。

Ⓑ 失敗の（　　　）がある。

Ⓒ 去年はりんごの（　　　）だった。

Ⓓ （　　　）な生き方。

Ⓔ （　　　）観の欠如。

裏ページの答え　391−オ　392−ア　393−イ　394−ウ　395−エ
(A)懐疑　(B)仮初め　(C)客観視　(D)日和見　(E)反骨

82

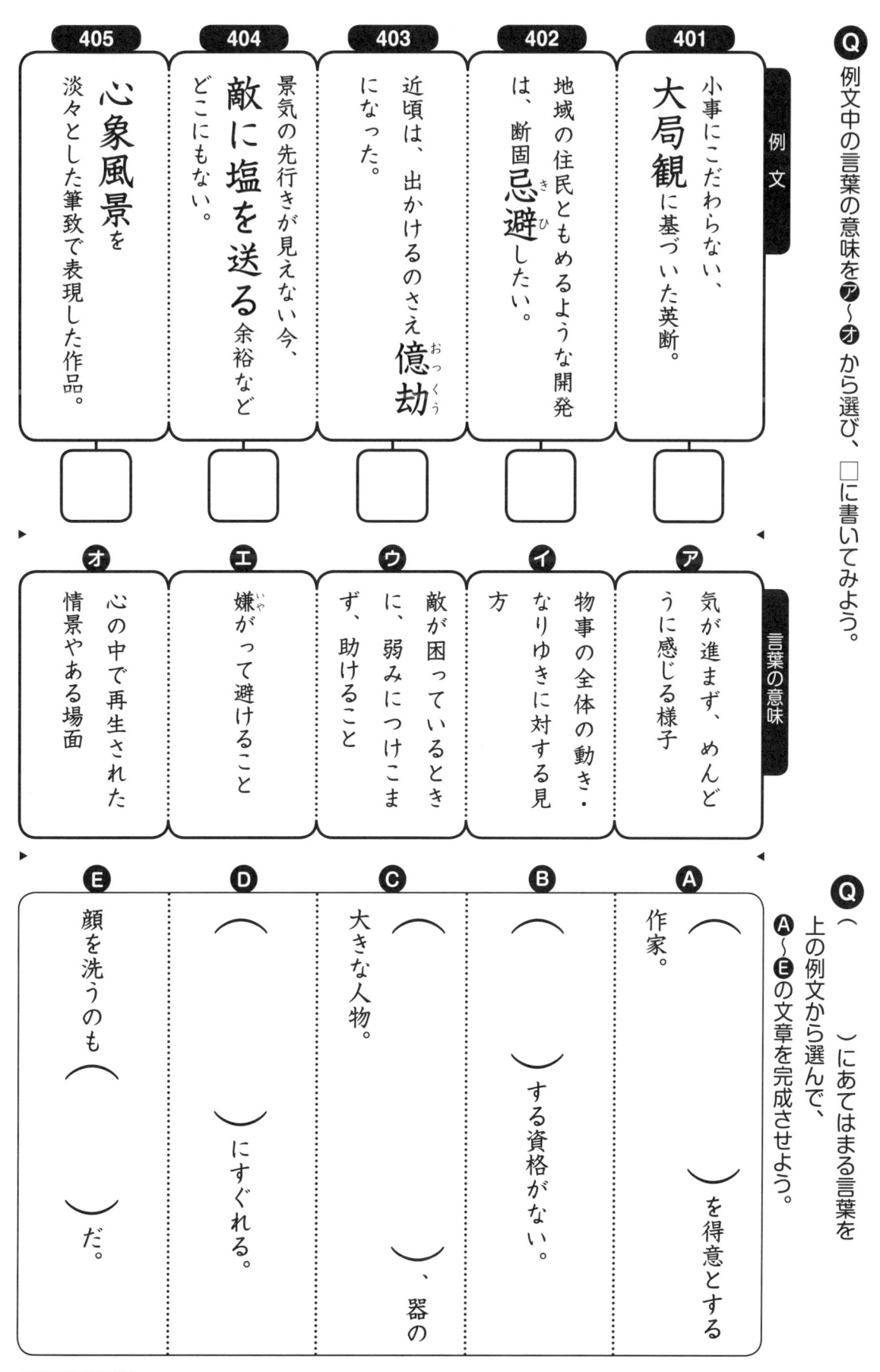

Q 例文中の言葉の意味をア～オから選び、□に書いてみよう。

例文

401 小事にこだわらない、**大局観**に基づいた英断。

402 地域の住民ともめるような開発は、断固**忌避**(きひ)したい。

403 近頃は、出かけるのさえ**億劫**(おっくう)になった。

404 景気の先行きが見えない今、**敵に塩を送る**余裕などどこにもない。

405 心象風景を淡々とした筆致で表現した作品。

言葉の意味

ア 気が進まず、めんどうに感じる様子

イ 物事の全体の動き・なりゆきに対する見方

ウ 敵が困っているときに、弱みにつけこまず、助けること

エ 嫌(いや)がって避けること

オ 心の中で再生された情景やある場面

Q Ⓐ～Ⓔの文章を上の例文から選んで、（　）にあてはまる言葉を完成させよう。

Ⓐ （　　　）を得意とする作家。

Ⓑ （　　　）する資格がない。

Ⓒ （　　　）、器の大きな人物。

Ⓓ （　　　）にすぐれる。

Ⓔ 顔を洗うのも（　　　）だ。

裏ページの答え
406—オ　407—ウ　408—イ　409—ア　410—エ
(A)怯む　(B)まぎれもない　(C)真摯　(D)ゆかり　(E)抑圧

Q 例文中の言葉の意味をア～オから選び、□に書いてみよう。

例文

406 俳句の仲間と、芭蕉**ゆかり**の地を訪れる。

407 わが国にも、言論の自由を**抑圧**する時代があった。

408 何ごとにも**真摯(しんし)**に取り組む彼の姿勢には、ただ頭が下がる。

409 この味つけこそ**まぎれもない**お袋の味だ。

410 どんな相手にも**怯(ひる)む**ことなく立ち向かっていく、勇敢な人だ。

言葉の意味

ア 間違いようもないほど明らかな様子

イ まじめでひたむきな様子

ウ 強引におさえつけること

エ 恐れて、気力がくじける

オ 何らかのつながりがあること

Q （　）にあてはまる言葉を上の例文から選んで、Ⓐ～Ⓔの文章を完成させよう。

Ⓐ すぐに（　　　）意気地なし。

Ⓑ （　　　）事実。

Ⓒ （　　　）な態度で応対する。

Ⓓ 縁も（　　　）もない通りすがりの人。

Ⓔ 軍部による（　　　）。

裏ページの答え　401―イ　402―エ　403―ア　404―ウ　405―オ
(A)心象風景　(B)忌避　(C)敵に塩を送る　(D)大局観　(E)億劫

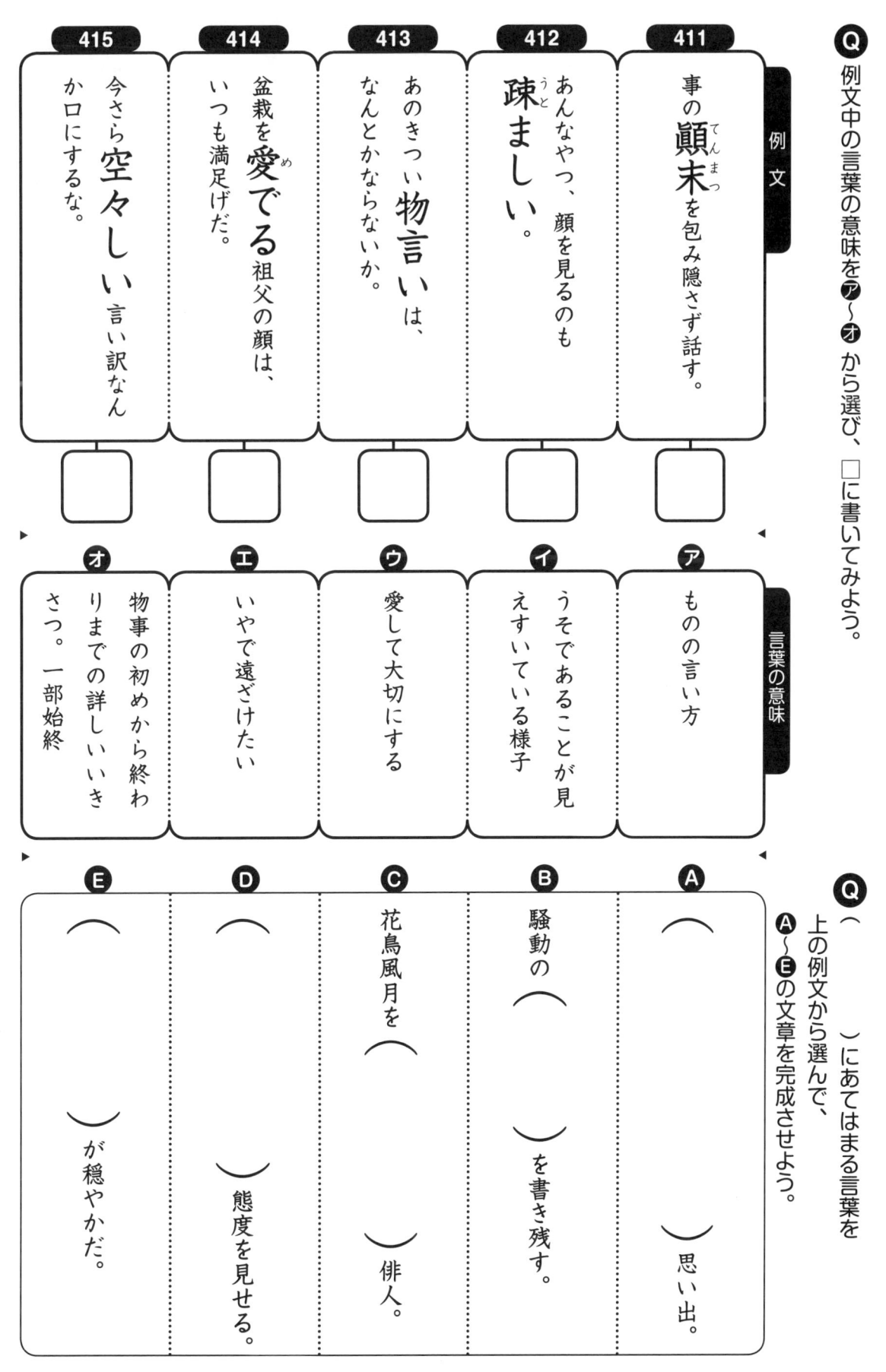

Q 例文中の言葉の意味を ア～オ から選び、□に書いてみよう。

例文

411 事の**顛末**（てんまつ）を包み隠さず話す。

412 あんなやつ、顔を見るのも**疎**（うと）ましい。

413 あのきつい**物言い**は、なんとかならないか。

414 盆栽を**愛**（め）でる祖父の顔は、いつも満足げだ。

415 今さら**空々しい**言い訳なんか口にするな。

言葉の意味

ア ものの言い方

イ うそであることが見えすいている様子

ウ 愛して大切にする

エ いやで遠ざけたい

オ 物事の初めから終わりまでの詳しいいきさつ。一部始終

Q （　）にあてはまる言葉を上の例文から選んで、Ⓐ～Ⓔの文章を完成させよう。

Ⓐ （　　　）思い出。

Ⓑ 騒動の（　　　）を書き残す。

Ⓒ 花鳥風月を（　　　）俳人。

Ⓓ （　　　）態度を見せる。

Ⓔ （　　　）が穏やかだ。

85　裏ページの答え　416―エ　417―イ　418―オ　419―ウ　420―ア
(A)一理ある　(B)黙認　(C)所以　(D)常軌を逸した　(E)鳴りを潜めて

Q 例文中の言葉の意味をア～オから選び、□に書いてみよう。

例文

416 君の意見にも**一理ある**が、同意はしかねる。

417 人の人たる**所以**は、考えるということにある。

418 突然の訃報に、**常軌を逸した**言葉を吐いてしまった。

419 機会がくるまで、**鳴りを潜めて**じっと待つ。

420 いじめを**黙認**するかのような態度は許せない。

言葉の意味

ア 知らないふりをして見逃すこと

イ 根拠。理由

ウ 活動しないでじっとしている

エ 一つの、それなりの理由・道理がある

オ 常識では考えられない

Q （　）にあてはまる言葉を上の例文から選んで、🅐～🅔の文章を完成させよう。

🅐 どの言い分にも（　　）。

🅑 遅刻を（　　）する。

🅒 トルストイが文豪と言われる（　　）。

🅓 （　　）ふるまい。

🅔 当分（　　）いるつもりだ。

裏ページの答え　411—オ　412—エ　413—ア　414—ウ　415—イ
(A)疎ましい　(B)顛末　(C)愛でる　(D)空々しい　(E)物言い

86

Q 例文中の言葉の意味を㋐〜㋔から選び、□に書いてみよう。

例文

421 初めて上京したときの**カルチャーショック**は今も覚えている。

422 会葬者の見守るなかで、**しめやか**に葬儀が執り行われる。

423 刻々と変化する状況に、どの**メディア**も対応に追われる。

424 この計画には、半数以上の同意が**必要不可欠**だ。

425 仲介業者に法外な手数料を**搾取**(さくしゅ)される。

言葉の意味

㋐ 絶対になくてはならない様子

㋑ 情報を伝える媒体

㋒ しぼり取ること

㋓ 文化や考え方などの違いによって受ける精神的な衝撃

㋔ 悲しみにつつまれて、沈んでいる様子

Q ( )にあてはまる言葉を🅐〜🅔の例文から選んで、🅐〜🅔の文章を完成させよう。

🅐 ( )反対。

🅑 軽い( )を受ける。

🅒 ( )に別れを惜しむ。

🅓 ( )のポリシーを問う。

🅔 ( )な人材。

裏ページの答え 426—イ 427—エ 428—オ 429—ウ 430—ア
(A)能動的 (B)稚拙 (C)鳴り物入り (D)破綻 (E)プロセス

Q 例文中の言葉の意味をア～オから選び、□に書いてみよう。

例文

- **426** 長引く不況で、経営に**破綻**をきたす。
- **427** 地域を活性化するために、**能動的**に対策を練る。
- **428** 将来性を感じさせる作品。まだ**稚拙**ではあるが、
- **429** **鳴り物入り**でプロデビューしたサッカー選手。
- **430** 新しい生産計画の**プロセス**を説明する。

言葉の意味

- **ア** 手順、過程
- **イ** 物事がうまくいかなくなること
- **ウ** 大げさに騒ぎ立てて宣伝すること
- **エ** 自分から進んで働きかける様子
- **オ** 子どもっぽく、未熟な様子

Q （　）にあてはまる言葉を上の例文から選んで、Ⓐ～Ⓔの文章を完成させよう。

- Ⓐ （　　）に行動する。
- Ⓑ （　　）な文章。
- Ⓒ （　　）で売り出す。
- Ⓓ 生活が（　　）する。
- Ⓔ 作業の（　　）。

裏ページの答え　421－エ　422－オ　423－イ　424－ア　425－ウ
(A)搾取　(B)カルチャーショック　(C)しめやか　(D)メディア　(E)必要不可欠

88

Q 例文中の言葉の意味を㋐〜㋔から選び、□に書いてみよう。

例文

- **431** 漠然とした不安を抱く。先の見えない時代に、誰もが
- **432** 単刀直入に聞くが、勝算はあるのか。
- **433** あの店のアイテムは、余所（よそ）と比べて桁違いに豊富だ。
- **434** 不可思議な出来事。これまでに例をみない
- **435** 現政権には、国民を納得させるビジョンが欠けている。

言葉の意味

- **㋐** 具体的ではなく、ぼんやりしている様子
- **㋑** 将来の構想や展望
- **㋒** 理解できない不思議な様子
- **㋓** 項目。品目
- **㋔** 前置きなしに、直接要点に入る様子

Q （　）にあてはまる言葉を上の例文から選んで、Ⓐ〜Ⓔの文章を完成させよう。

- **Ⓐ** （　　）で鋭い質問。
- **Ⓑ** 人知の及ばぬ（　　）な現象。
- **Ⓒ** 遠大な（　　）を示す。
- **Ⓓ** ユニークな（　　）を用意する。
- **Ⓔ** ただ（　　）と考える。

89　裏ページの答え　436—イ　437—エ　438—ウ　439—オ　440—ア
(A)陶酔　(B)氷山の一角　(C)抑揚　(D)奥床しい　(E)倣う

Q 例文中の言葉の意味をア〜オから選び、□に書いてみよう。

例文
- 436 ほほ笑む**奥床しい**女性。
- 437 先人の手法をそのまま**倣う**やり方は、もう時代遅れだ。
- 438 今回表面化した問題は、**氷山の一角**にすぎない。
- 439 感情を込め、**抑揚**をつけて詩を朗読する。
- 440 美しい調べに**陶酔**して、時のたつのを忘れる。

言葉の意味
- ア うっとりした気分にひたること
- イ 上品で、慎み深い様子
- ウ 根深い物事のほんの一部分であること
- エ あることを手本として、まねる
- オ 声の調子に変化をつけること。イントネーション

Q ( )にあてはまる言葉を上の例文から選んで、Ⓐ〜Ⓔの文章を完成させよう。

- Ⓐ ( )から覚める。
- Ⓑ 摘発された脱税は( )だ。
- Ⓒ ( )の乏（とぼ）しい話し方。
- Ⓓ ( )人がら。
- Ⓔ 前例に( )。

裏ページの答え　431—ア　432—オ　433—エ　434—ウ　435—イ
(A)単刀直入　(B)不可思議　(C)ビジョン　(D)アイテム　(E)漠然

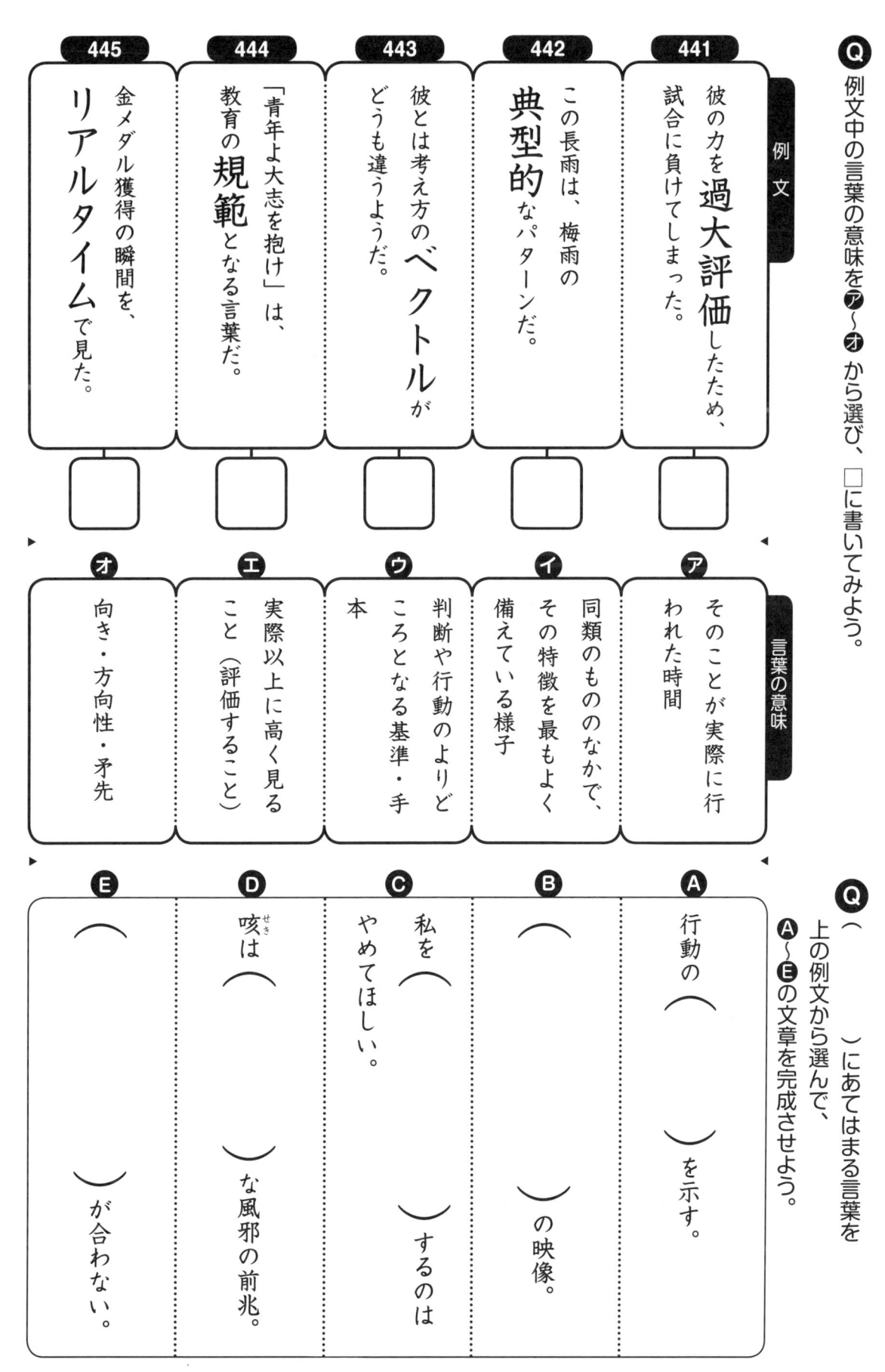

Q 例文中の言葉の意味をア〜オから選び、□に書いてみよう。

例文

- 441 彼の力を**過大評価**したため、試合に負けてしまった。 [エ]
- 442 この長雨は、梅雨の**典型的**なパターンだ。 [イ]
- 443 彼とは考え方の**ベクトル**がどうも違うようだ。 [オ]
- 444 「青年よ大志を抱け」は、教育の**規範**となる言葉だ。 [ウ]
- 445 金メダル獲得の瞬間を、**リアルタイム**で見た。 [ア]

言葉の意味

- ア そのことが実際に行われた時間
- イ 同類のもののなかで、その特徴を最もよく備えている様子
- ウ 判断や行動のよりどころとなる基準・手本
- エ 実際以上に高く見ること（評価すること）
- オ 向き・方向性・矛先

Q （　）にあてはまる言葉を上の例文から選んで、A〜Eの文章を完成させよう。

- A 行動の（　　）を示す。
- B （　　）の映像。
- C 私を（　　）するのはやめてほしい。
- D 咳（せき）は（　　）な風邪の前兆。
- E （　　）が合わない。

裏ページの答え　446—オ　447—イ　448—ウ　449—エ　450—ア
(A)構図　(B)葛藤　(C)ユニーク　(D)相対的　(E)驕る

Q 例文中の言葉の意味をア〜オから選び、□に書いてみよう。

番号	例文	答
446	彼の**ユニーク**な発想には、誰もついていけない。	
447	ちょっとうまくいっただけで、すぐに**驕る**とは、まだまだ子どもだな。	
448	ポスターの効果的な**構図**を考える。	
449	進学か就職か、進路をめぐって**葛藤**が生じる。	
450	物の値段が上がると、**相対的**に収入が減ったことになる。	

言葉の意味
- ア　ほかと比較することで成り立つ様子
- イ　自分の力を誇り、得意げにふるまう
- ウ　絵や写真などの構成された図形・全体のすがた、かたち
- エ　心の中で2つの考えがぶつかること・人と人とのぶつかりあい
- オ　独特。独自

Q （　）にあてはまる言葉を上の例文から選んで、Ⓐ〜Ⓔの文章を完成させよう。

- Ⓐ　不正の（　　　）を暴く。
- Ⓑ　親子の（　　　）を描いた作品。
- Ⓒ　（　　　）な人柄。
- Ⓓ　（　　　）に評価する。
- Ⓔ　（　　　）平家は久しからず。

裏ページの答え　441—エ　442—イ　443—オ　444—ウ　445—ア
(A)規範　(B)リアルタイム　(C)過大評価　(D)典型的　(E)ベクトル

92

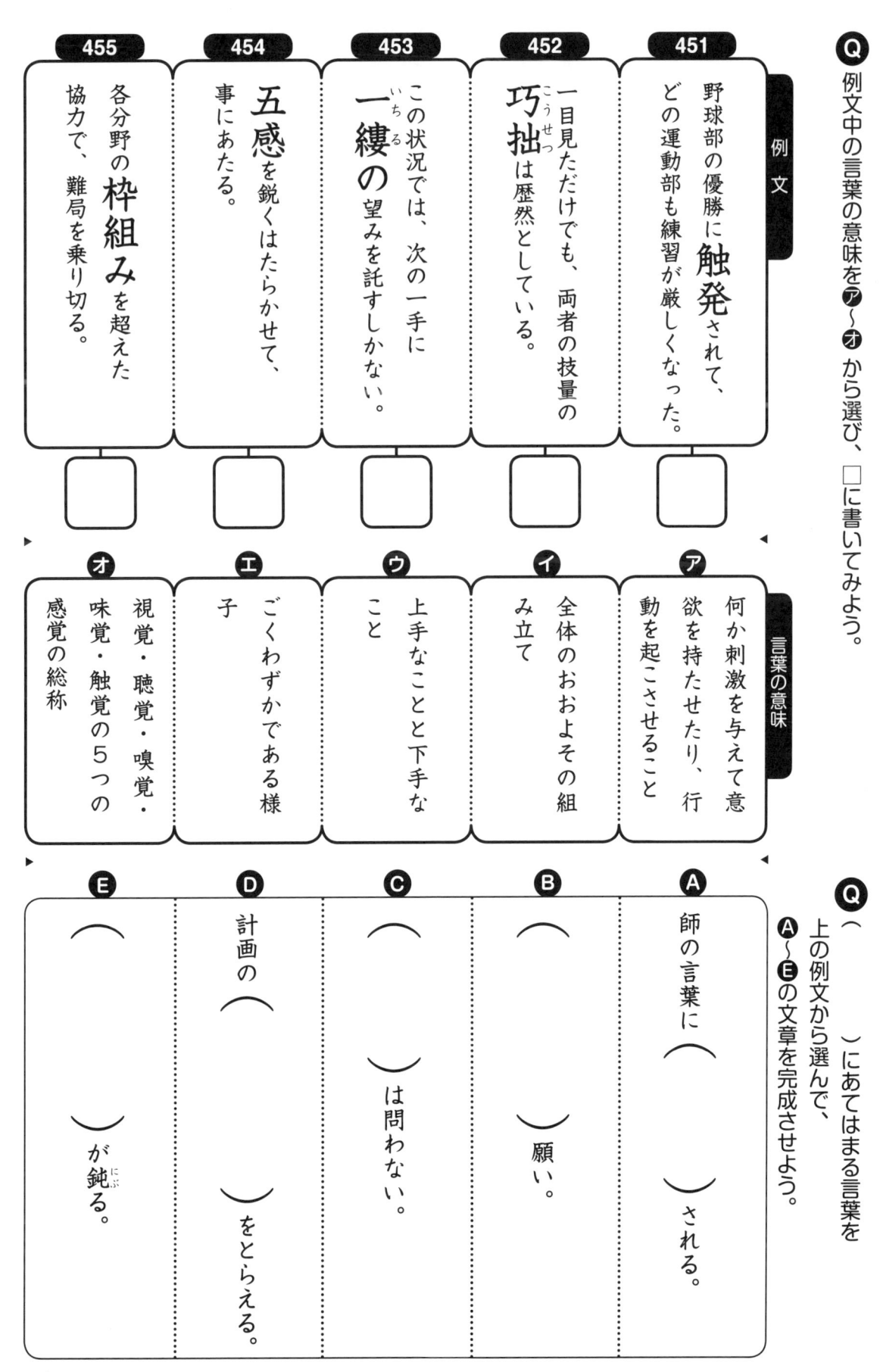

Q 例文中の言葉の意味をア〜オから選び、□に書いてみよう。

例文

451 野球部の優勝に**触発**されて、どの運動部も練習が厳しくなった。

452 **巧拙**は歴然としている。一目見ただけでも、両者の技量の

453 この状況では、次の一手に**一縷**の望みを託すしかない。

454 **五感**を鋭くはたらかせて、事にあたる。

455 各分野の**枠組み**を超えた協力で、難局を乗り切る。

言葉の意味

ア 何か刺激を与えて意欲を持たせたり、行動を起こさせること

イ 全体のおおよその組み立て

ウ 上手なことと下手なこと

エ ごくわずかである様子

オ 視覚・聴覚・嗅覚・味覚・触覚の5つの感覚の総称

Q ( )にあてはまる言葉を上の例文から選んで、🅐〜🅔の文章を完成させよう。

🅐 師の言葉に( )される。

🅑 ( )願い。

🅒 ( )は問わない。

🅓 計画の( )をとらえる。

🅔 ( )が鈍る。

裏ページの答え 456—イ 457—ア 458—オ 459—エ 460—ウ
(A)保全 (B)醍醐味 (C)へつらう (D)連鎖 (E)軽視

Q 例文中の言葉の意味を㋐〜㋕から選び、□に書いてみよう。

例文

456 よく吟味せずに、少数意見を**軽視**するのは危険だ。

457 ある篤志家の行為が**連鎖**反応を生み、募金運動が全国に広がる。

458 広い海原に出て、釣りの**醍醐味**を味わう。

459 地域の環境**保全**には、住民の理解と協力が欠かせない。

460 上司に**へつらう**ようなまねは、僕にはできない。

言葉の意味

㋐ 鎖のようにつながっていること

㋑ 物事を軽く見ること

㋒ 相手に気に入られるようにふるまう

㋓ 保護して安全を守ること

㋔ 本当の面白さ

Q （　）にあてはまる言葉を上の例文から選んで、Ⓐ〜Ⓔの文章を完成させよう。

Ⓐ 地位の（　　）に努める。

Ⓑ 登山の（　　）を満喫する。

Ⓒ 権力に（　　）。

Ⓓ 負の（　　）を断つ。

Ⓔ 人命を（　　）した行為。

裏ページの答え　451―ア　452―ウ　453―エ　454―オ　455―イ
(A)触発　(B)一縷の　(C)巧拙　(D)枠組み　(E)五感

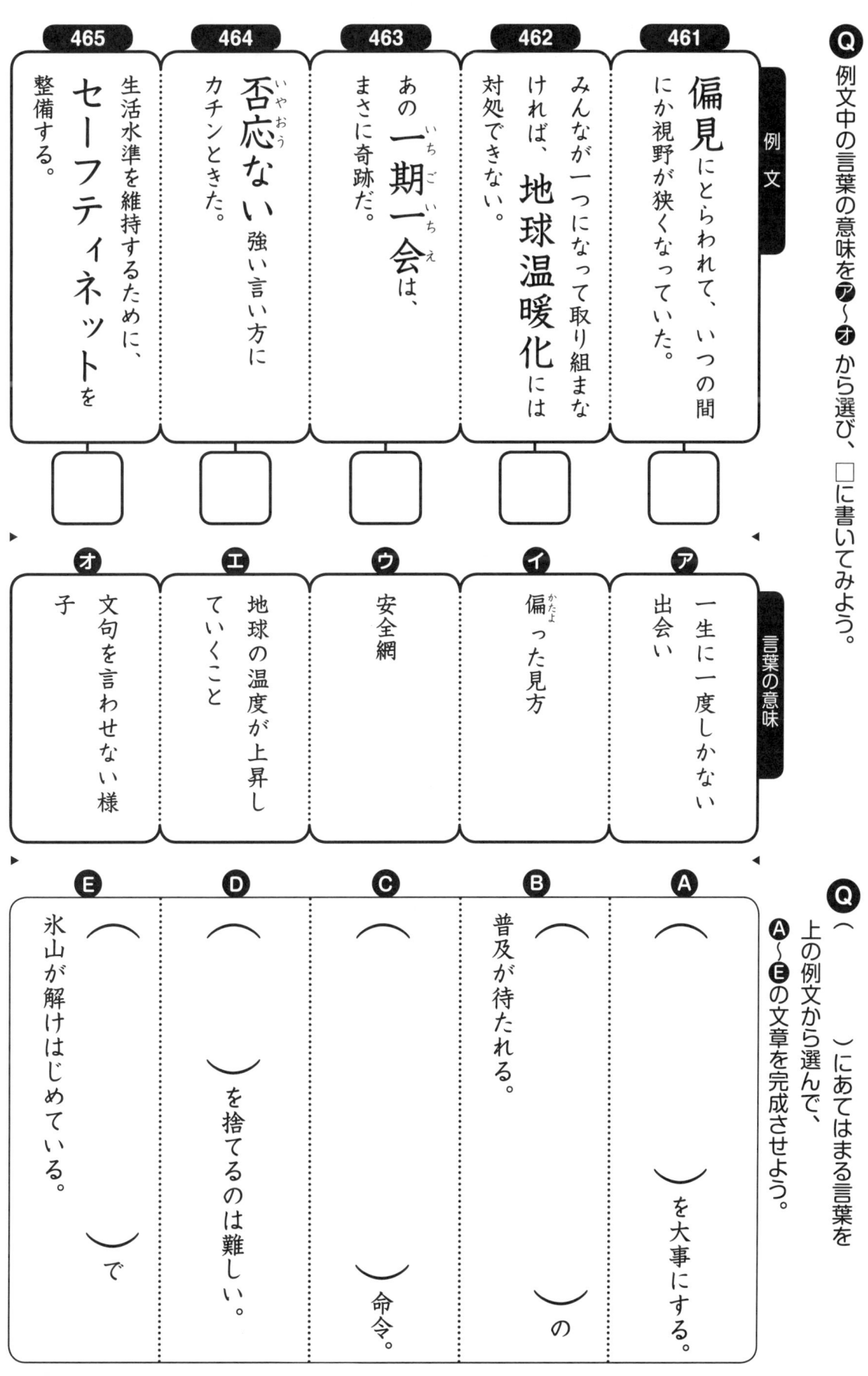

Q 例文中の言葉の意味をア～オから選び、□に書いてみよう。

番号	例文	答え
461	偏見にとらわれて、いつの間にか視野が狭くなっていた。	イ
462	みんなが一つになって取り組まなければ、地球温暖化には対処できない。	エ
463	あの一期一会は、まさに奇跡だ。	ア
464	否応ない強い言い方にカチンときた。	オ
465	生活水準を維持するために、セーフティネットを整備する。	ウ

言葉の意味
- ア　一生に一度しかない出会い
- イ　偏った見方
- ウ　安全網
- エ　地球の温度が上昇していくこと
- オ　文句を言わせない様子

Q （　）にあてはまる言葉をＡ～Ｅの文章から選んで、上の例文から選んで、文章を完成させよう。

- Ａ　（一期一会）を大事にする。
- Ｂ　（セーフティネット）の普及が待たれる。
- Ｃ　（否応ない）命令。
- Ｄ　（偏見）を捨てるのは難しい。
- Ｅ　氷山が解けはじめている。（地球温暖化）で

裏ページの答え　466－ウ　467－オ　468－イ　469－ア　470－エ
(A)猿芝居　(B)重宝　(C)愚問　(D)体面　(E)寓話

Q 例文中の言葉の意味をア～オから選び、□に書いてみよう。

例文

466 小さな子どもには、**寓話（ぐうわ）**的に話したほうが、わかりやすい。

467 そのような**愚問**に答えるほど暇（ひま）ではない。

468 自分の**体面**ばかりを気にする上司には愛想が尽きた。

469 雑用にも嫌（いや）な顔をしない彼は、みんなに**重宝**がられている。

470 今さらそんな**猿芝居**を打っても、手遅れだ。

言葉の意味

ア 便利なものとして使うこと・様子

イ 世間に対する体裁（ていさい）や面目（ぼく）

ウ 教訓的な話を、何かにたとえてわかりやすくした話

エ 見えすいた浅はかなくらみ

オ ばかげたつまらない質問

Q （　）にあてはまる言葉を上の例文から選んで、ⒶからⒺの文章を完成させよう。

Ⓐ （　　　　）すぐに見破られる。

Ⓑ （　　　　）な道具。

Ⓒ （　　　　）愚答を繰り返す。

Ⓓ （　　　　）をとりつくろう。

Ⓔ イソップの（　　　　）。

裏ページの答え　461—イ　462—エ　463—ア　464—オ　465—ウ
(A)一期一会　(B)セーフティネット　(C)否応ない　(D)偏見　(E)地球温暖化

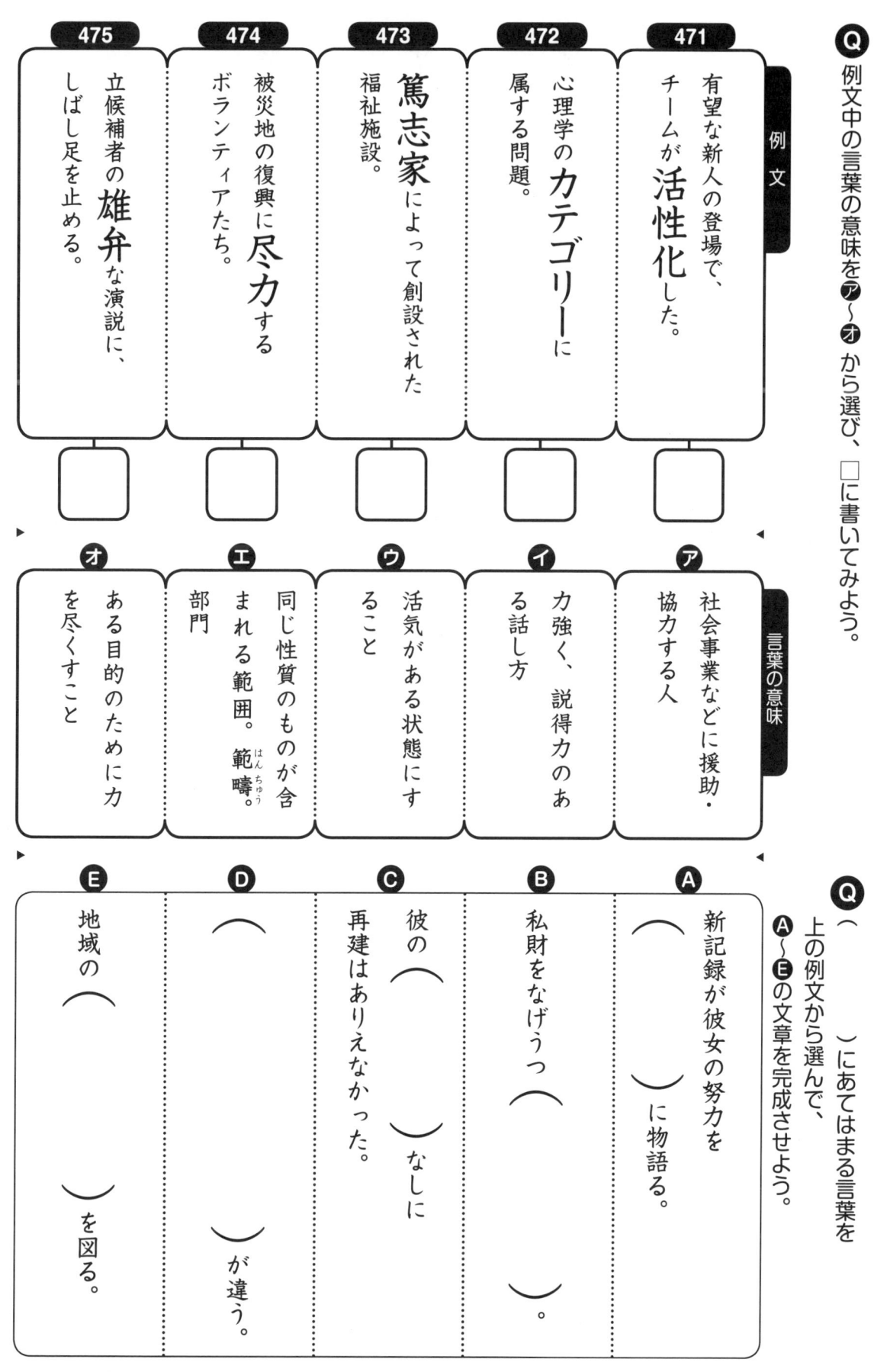

Q 例文中の言葉の意味をア〜オから選び、□に書いてみよう。

例文

- 471　有望な新人の登場で、チームが**活性化**した。
- 472　心理学の**カテゴリー**に属する問題。
- 473　**篤志家**によって創設された福祉施設。
- 474　被災地の復興に**尽力**するボランティアたち。
- 475　立候補者の**雄弁**な演説に、しばし足を止める。

言葉の意味

- ア　社会事業などに援助・協力する人
- イ　力強く、説得力のある話し方
- ウ　活気がある状態にすること
- エ　同じ性質のものが含まれる範囲。範疇(はんちゅう)。部門
- オ　ある目的のために力を尽くすこと

Q （　）にあてはまる言葉を上の例文から選んで、Ⓐ〜Ⓔの文章を完成させよう。

- Ⓐ　新記録が彼女の努力を（　　　）に物語る。
- Ⓑ　私財をなげうつ（　　　）。
- Ⓒ　彼の（　　　）なしに再建はありえなかった。
- Ⓓ　（　　　）が違う。
- Ⓔ　地域の（　　　）を図る。

裏ページの答え　476―ウ　477―オ　478―エ　479―イ　480―ア
(A)没頭　(B)クローン　(C)あどけない　(D)悠々自適　(E)懇願

Q 例文中の言葉の意味をア〜オから選び、□に書いてみよう。

例文

476 どんなに**懇願**されようが、不正に手を貸すことはできない。

477 退職後は、田舎で**悠々自適**の生活を送るのが夢だ。

478 **クローン**技術の発展は、再生医療の今後を変えうるものだ。

479 食事をとる間も惜しんで、研究に**没頭**する日々。

480 赤ん坊の**あどけない**寝姿に、思わず笑みがこぼれる。

言葉の意味

ア　無邪気でかわいらしいこと

イ　一つのことに熱中すること

ウ　願いを聞き入れてもらえるよう、懸命に頼むこと

エ　分子、DNA、細胞、生体などのコピー

オ　何ごとにもわずらわされず、自分の思うままに暮らすこと

Q （　）にあてはまる言葉を上の例文から選んで、Ⓐ〜Ⓔの文章を完成させよう。

Ⓐ　遊びに（　　）する。

Ⓑ　（　　）人間。

Ⓒ　子どもの（　　）しぐさ。

Ⓓ　（　　）の一人暮らし。

Ⓔ　退部を思いとどまるよう（　　）する。

裏ページの答え　471―ウ　472―エ　473―ア　474―オ　475―イ
(A)雄弁　(B)篤志家　(C)尽力　(D)カテゴリー　(E)活性化

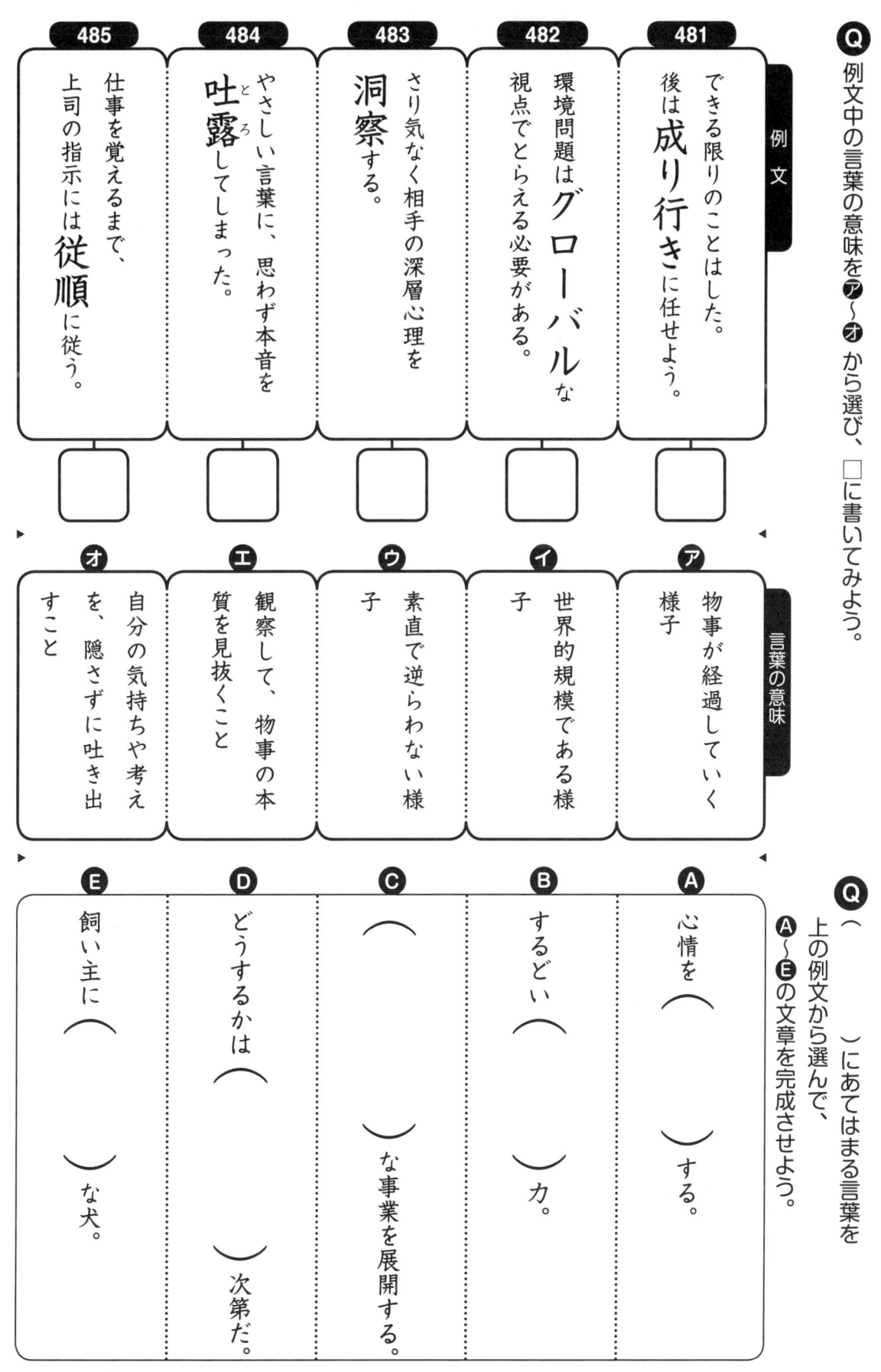

Q 例文中の言葉の意味を㋐〜㋔から選び、□に書いてみよう。

例文

481 できる限りのことはした。後は**成り行き**に任せよう。

482 環境問題は**グローバル**な視点でとらえる必要がある。

483 さり気なく相手の深層心理を**洞察**する。

484 やさしい言葉に、思わず本音を**吐露**してしまった。

485 仕事を覚えるまで、上司の指示には**従順**に従う。

言葉の意味

㋐ 物事が経過していく様子

㋑ 世界的規模である様子

㋒ 素直で逆らわない様子

㋓ 観察して、物事の本質を見抜くこと

㋔ 自分の気持ちや考えを、隠さずに吐き出すこと

Q （　）にあてはまる言葉を上の例文から選んで、A〜Eの文章を完成させよう。

Ⓐ 心情を（　　　）する。

Ⓑ するどい（　　　）力。

Ⓒ （　　　）な事業を展開する。

Ⓓ どうするかは（　　　）次第だ。

Ⓔ 飼い主に（　　　）な犬。

99　裏ページの答え　486—イ　487—ウ　488—ア　489—エ　490—オ
(A)試行錯誤　(B)物憂い　(C)あぐねる　(D)前兆　(E)些細

Q 例文中の言葉の意味をア〜オから選び、□に書いてみよう。

例文

- **486** 鳥がいっせいに飛び立ったが、何かの**前兆**だろうか。
- **487** **試行錯誤**を重ねて、やっと完成にこぎつけた。
- **488** **些細(ささい)**なことでけんかが絶えない二人。
- **489** しとしと雨の降る日は、何をするのも**物憂(ものう)い**。
- **490** 言うべきか言わざるべきか、考え**あぐねる**。

言葉の意味

- **ア** 取るに足りないほどわずかなことである様子
- **イ** 何かが起ころうとしているきざし、知らせ
- **ウ** 何度も試して、失敗を繰り返しながらも目標に近づいていくこと
- **エ** なんとなく気分が晴れない様子
- **オ** いやになるほど困り果てる

Q （　）にあてはまる言葉を上の例文から選んで、Ⓐ〜Ⓔの文章を完成させよう。

- Ⓐ （　　　）の人生。
- Ⓑ （　　　）春の日の午後。
- Ⓒ 返事を書き（　　　）。
- Ⓓ 異変が起こる（　　　）。
- Ⓔ （　　　）なことにもこだわる人。

裏ページの答え　481－ア　482－イ　483－エ　484－オ　485－ウ
(A)吐露　(B)洞察　(C)グローバル　(D)成り行き　(E)従順

Q 例文中の言葉の意味を㋐～㋕から選び、□に書いてみよう。

例文

491 こんなに簡単に、こちらの**思惑**（おもわく）どおりに事が運ぶとは。

492 波乱含みの**様相**（ようそう）を帯びてきた。

493 やじが飛び交い、議会は

494 事件の**全貌**（ぜんぼう）を、至急解明せよ。

495 八方塞（ふさ）がりの状態で、つい**捨て鉢**（ばち）になってしまった。

どうするかは君たちの判断に**委**（ゆだ）ねる。

言葉の意味

㋐ ありさま。様子

㋑ 思うところ

㋒ 希望をなくして、どうにでもなれとやけになること

㋓ 任せる

㋔ 全体の姿や形。全体像

Q （　）にあてはまる言葉を上の例文から選んで、A～Eの文章を完成させよう。

A 学問に身を（　　）。

B 一度や二度の失敗で（　　）になるな。

C （　　）が外れる。

D 雲が消えて、富士山が（　　）を現す。

E 険悪な（　　）を呈（てい）する。

裏ページの答え　496－ウ　497－イ　498－オ　499－ア　500－エ
(A)屈託のない　(B)たゆまぬ　(C)集約　(D)万人　(E)干渉

Q 例文中の言葉の意味をア〜オから選び、□に書いてみよう。

例文

496 彼の実力は**万人**（ばんにん）が認めるところ。

497 自分のことは自分で決めるから、もう**干渉**しないでほしい。

498 子どもたちの**屈託**（くったく）のない明るい笑顔にいやされる。

499 **たゆまぬ**努力が、いつか実を結ぶ。

500 みんなの意見を**集約**して、上層部に提出する。

言葉の意味

ア 気持ちがゆるむことがない

イ 他人のことに立ち入って、あれこれ指図すること

ウ 多くの人

エ 多くのものを集めて、一つにまとめること

オ くよくよしない様子

Q （ ）にあてはまる言葉を上の例文から選んで、Ⓐ〜Ⓔの文章を完成させよう。

Ⓐ （　　　）表情。

Ⓑ この成果は（　　　）精進（しょうじん）のおかげだ。

Ⓒ 問題点を（　　　）する。

Ⓓ （　　　）向けに作られた本。

Ⓔ 親の（　　　）をいやがる年頃。

裏ページの答え
491－イ　492－ア　493－オ　494－ウ　495－エ
(A)委ねる　(B)捨て鉢　(C)思惑　(D)全貌　(E)様相

Q 例文中の言葉の意味を㋐〜㋺から選び、□に書いてみよう。

例文

501 奈良の古刹（こさつ）には、**柔和**な笑みを浮かべた仏像が安置されている。

502 一触即発の危険性を**孕（はら）む**、険悪な空気。

503 あの子たちのいたずらぐらいあまり目くじらをたてるな。**高が知れている**。

504 価値観の**多様化**は、思いがけないトラブルの原因ともなる。

505 女性の気持ちは**移ろいやすい**というが、本当だろうか。

言葉の意味

㋐ やさしくおだやかな様子

㋑ 変化しやすい

㋒ 大したことはない

㋓ 中に含んで持つ

㋔ さまざまな状態であること

Q （ ）にあてはまる言葉を上の例文から選んで、Ⓐ〜Ⓔの文章を完成させよう。

Ⓐ 遠いと言っても実際の距離は（　　　）。

Ⓑ ライフスタイルの（　　　）が進む。

Ⓒ 秋は天候が（　　　）季節だ。

Ⓓ 帆が風を（　　　）。

Ⓔ （　　　）な性格の人。

裏ページの答え　506－エ　507－オ　508－ウ　509－イ　510－ア
(A)介入　(B)志向　(C)差し障り　(D)なれの果て　(E)とめどなく

Q 例文中の言葉の意味を㋐〜㋔から選び、□に書いてみよう。

例文

506 とめどなく続く自慢話に、いささかうんざりした。

507 福祉社会を**志向**して、ボランティア活動に参加する。

508 何があろうとも、武力による**介入**は避けたい。

509 あれが一世を風靡（ふうび）した人気歌手の**なれの果て**とは信じられない。

510 これ以上は**差（さ）し障（さわ）り**があるので、言えない。

言葉の意味

㋐ 都合の悪いこと

㋑ 落ちぶれた結果、またその姿

㋒ 第三者が強引にかかわること

㋓ とどまることなく。終わりなく

㋔ 心がある目標に向かって動くこと

Q （　）にあてはまる言葉を上の例文から選んで、Ⓐ〜Ⓔの文章を完成させよう。

Ⓐ 事件に（　　）する。

Ⓑ 上昇（　　）の強い若者。

Ⓒ （　　）が生じて中止となる。

Ⓓ （　　）のみじめな姿をさらす。

Ⓔ （　　）流れ落ちる涙。

裏ページの答え 501―ア 502―エ 503―ウ 504―オ 505―イ
(A)高が知れている (B)多様化 (C)移ろいやすい (D)孕む (E)柔和

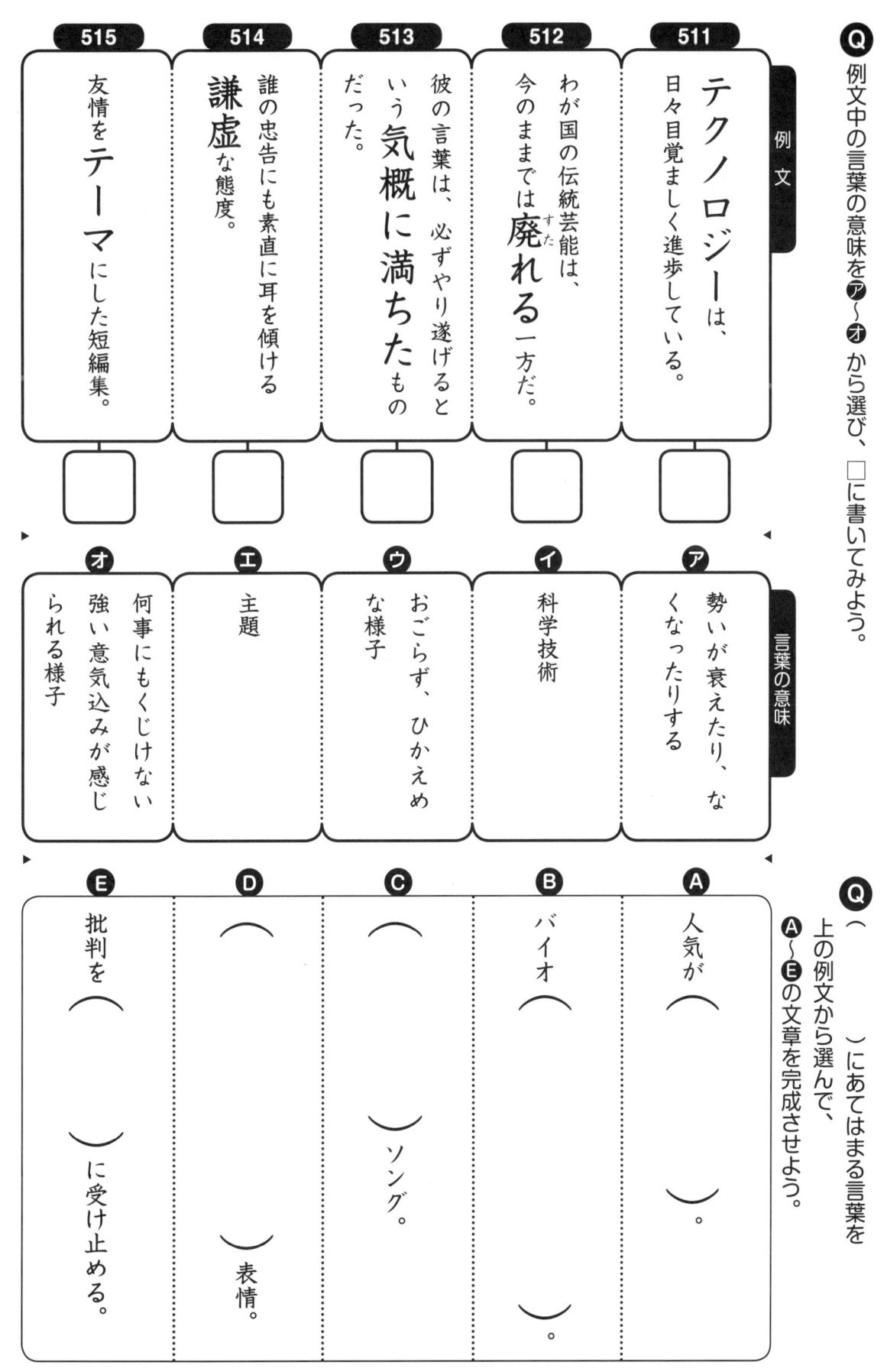

Q 例文中の言葉の意味をア～オから選び、□に書いてみよう。

例文

511 テクノロジーは、日々目覚ましく進歩している。

512 わが国の伝統芸能は、今のままでは廃れる一方だ。

513 彼の言葉は、必ずやり遂げるという気概に満ちたものだった。

514 誰の忠告にも素直に耳を傾ける謙虚な態度。

515 友情をテーマにした短編集。

言葉の意味

ア 勢いが衰えたり、なくなったりする

イ 科学技術

ウ おごらず、ひかえめな様子

エ 主題

オ 何事にもくじけない強い意気込みが感じられる様子

Q （　）にあてはまる言葉を上の例文から選んで、Ⓐ～Ⓔの文章を完成させよう。

Ⓐ 人気が（　）。

Ⓑ バイオ（　）。

Ⓒ （　）ソング。

Ⓓ （　）表情。

Ⓔ 批判を（　）に受け止める。

裏ページの答え　516－オ　517－ア　518－イ　519－エ　520－ウ
(A)哲学　(B)負の遺産　(C)グローバル・スタンダード　(D)負荷　(E)虚を衝く

Q 例文中の言葉の意味を㋐〜㋔から選び、□に書いてみよう。

例文

516　相手がこちらを見くびっているうちに、先制攻撃で**虚を衝く**。

517　誰か一人にだけ**負荷**のかかるやり方は、好ましくない。

518　原爆ドームは**負の遺産**として、後世に伝えられる。

519　**グローバル・スタンダード**の理解が求められる。

520　彼は独自の人生**哲学**を持っている。

言葉の意味

㋐　重圧・負担

㋑　過去の汚点として残り続けるもの

㋒　（学問の名から転じて）経験などから築き上げた人生観

㋓　世界的に標準である様子

㋔　相手の油断したすきをねらって攻める

Q （　）にあてはまる言葉を上の例文から選んで、Ⓐ〜Ⓔの文章を完成させよう。

Ⓐ　（　　　）書を読む。

Ⓑ　将来への（　　　）は減らさなければならない。

Ⓒ　（　　　）に基づく視点でとらえる。

Ⓓ　さらに（　　　）を大きくしてトレーニングする。

Ⓔ　（　　　）作戦を練る。

裏ページの答え　511—イ　512—ア　513—オ　514—ウ　515—エ
(A)廃れる　(B)テクノロジー　(C)テーマ　(D)気概に満ちた　(E)謙虚

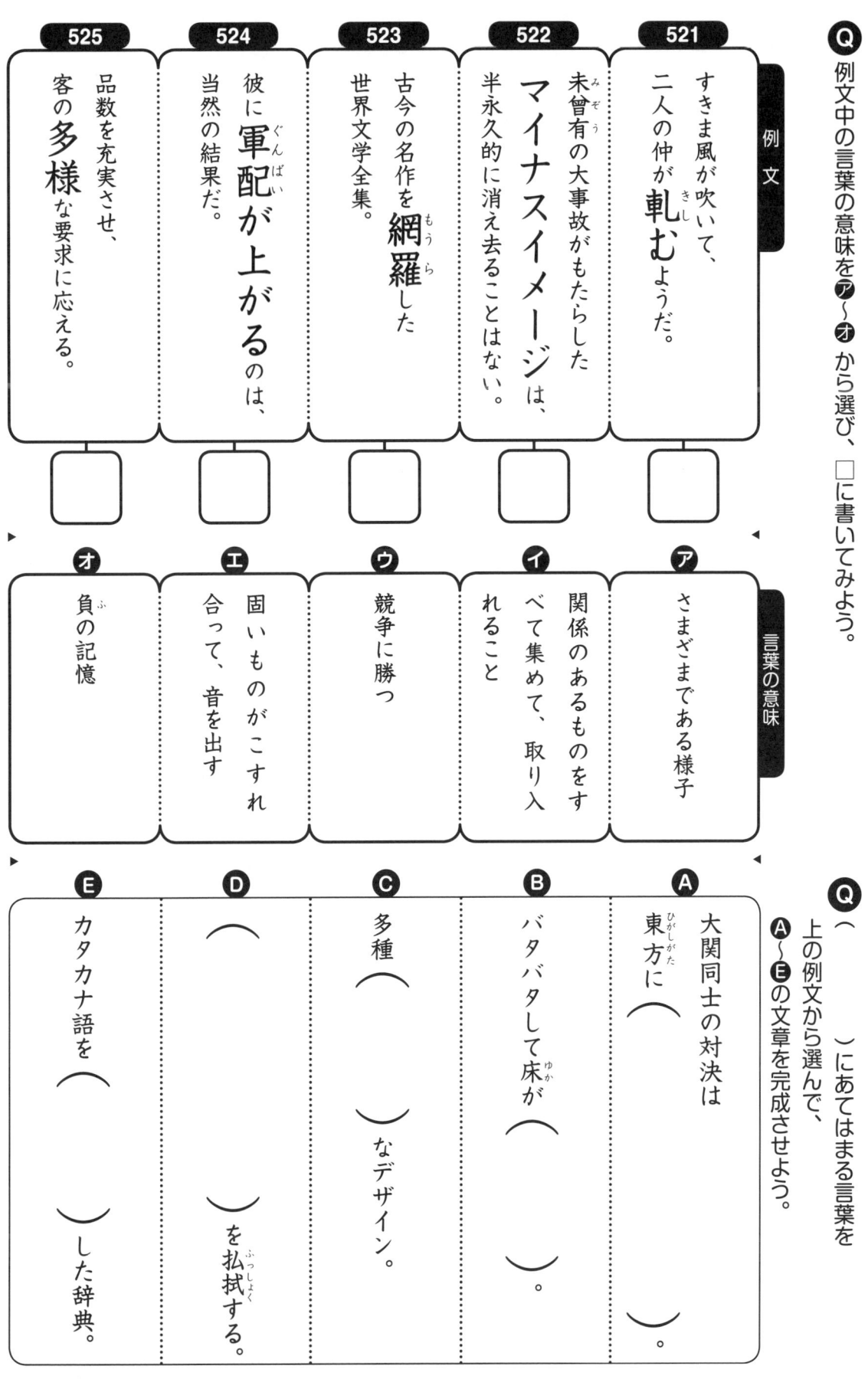

Q 例文中の言葉の意味をア〜オから選び、□に書いてみよう。

例文

521 すきま風が吹いて、二人の仲が**軋む**ようだ。

522 未曾有の大事故がもたらした**マイナスイメージ**は、半永久的に消え去ることはない。

523 古今の名作を**網羅**した世界文学全集。

524 彼に**軍配が上がる**のは、当然の結果だ。

525 品数を充実させ、客の**多様**な要求に応える。

言葉の意味

ア さまざまである様子

イ 関係のあるものをすべて集めて、取り入れること

ウ 競争に勝つ

エ 固いものがこすれ合って、音を出す

オ 負の記憶

Q （　）にあてはまる言葉を上の例文から選んで、Ⓐ〜Ⓔの文章を完成させよう。

Ⓐ 大関同士の対決は東方に（　　）。

Ⓑ バタバタして床が（　　）。

Ⓒ 多種（　　）なデザイン。

Ⓓ （　　）を払拭する。

Ⓔ カタカナ語を（　　）した辞典。

107　裏ページの答え　526—エ　527—ア　528—オ　529—ウ　530—イ
(A)自我　(B)保証　(C)動機　(D)無常　(E)浸透

Q 例文中の言葉の意味をア～オから選び、□に書いてみよう。

例文

526 絶対安全だという**保証**はどこにもない。

527 社長の経営理念が、従業員にも**浸透**している。

528 **自我**に目覚めた彼らは、自分自身を見つめるようになった。

529 痛ましい事故を耳にするたび、この世の**無常**を感じる。

530 野球を始めた**動機**は、イチローにあこがれたからだ。

言葉の意味

ア 思想などがしだいに人の心の中にしみとおること

イ 行動を起こすことになった原因、きっかけ

ウ この世のすべてのものは、変わりやすくはかないものだということ

エ 大丈夫だ、間違いないとうけあうこと

オ 自分自身に対する意識

Q （　）にあてはまる言葉を上の例文から選んで、Ⓐ～Ⓔの文章を完成させよう。

Ⓐ （　　　）の確立。

Ⓑ 人柄は（　　　）つきだ。

Ⓒ 犯行の（　　　）は不明だ。

Ⓓ 祇園精舎の鐘の声 諸行（　　　）の響きあり。

Ⓔ 自由と平等の精神が（　　　）する。

裏ページの答え　521－エ　522－オ　523－イ　524－ウ　525－ア
(A)軍配が上がる　(B)軋む　(C)多様　(D)マイナスイメージ　(E)網羅

108

Q 例文中の言葉の意味をア〜オから選び、□に書いてみよう。

例文

531 しばし勝利の**余韻**にひたる。

532 福祉の充実に欠かせない、**コミュニティー**の協力。

533 気ままなひとり旅で、古都の秋を**満喫**する。

534 絶対安全だと**断言**する根拠はどこにもない。

535 あの関ヶ原の戦闘シーンは、**圧巻**だった。

言葉の意味

ア 十分に満足するまで味わうこと

イ あとに残る味わい

ウ はっきり言いきること

エ 地域社会

オ いちばんすぐれている部分

Q （ ）にあてはまる言葉を上の例文から選んで、Ⓐ〜Ⓔの文章を完成させよう。

Ⓐ 興奮の（　　　）が残る会場。

Ⓑ 自信をもって（　　　）する。

Ⓒ （　　　）のラストシーン。

Ⓓ （　　　）ケアの充実を図る。

Ⓔ 今日は野球の醍醐味を（　　　）した。

裏ページの答え　536—エ　537—オ　538—ア　539—ウ　540—イ
(A)高潔　(B)風刺　(C)気迫　(D)脳死　(E)悲壮

Q 例文中の言葉の意味をア〜オから選び、□に書いてみよう。

例文
- 536 臓器移植との関係で、**脳死**を人間の死と見なすか否かが、問題化している。
- 537 師の**高潔**な人柄にひかれる。
- 538 世相を**風刺**した四コマ漫画が面白い。
- 539 相手の**気迫**に飲み込まれて、あっという間に負けてしまった。
- 540 もう後がないと、**悲壮**な覚悟で試合に臨む。

言葉の意味
- ア それとなく皮肉ること
- イ 悲しいうちにも、きりっとして勇ましい様子
- ウ 力強く立ち向かっていく気力
- エ 脳の働きが完全に止まること
- オ 心が気高く、潔い様子

Q （ ）にあてはまる言葉を上の例文から選んで、A〜Eの文章を完成させよう。

- Ⓐ 人格の（　　）な人。
- Ⓑ （　　）をきかせる。
- Ⓒ （　　）が足りない。
- Ⓓ （　　）の判定。
- Ⓔ （　　）な決意。

裏ページの答え　531―イ　532―エ　533―ア　534―ウ　535―オ
(A)余韻　(B)断言　(C)圧巻　(D)コミュニティー　(E)満喫

Q 例文中の言葉の意味をア〜オから選び、□に書いてみよう。

例文

541 質素倹約を**旨（むね）**とするつつましい暮らし。

542 あのエラーで、優勝は**はかない**夢に終わった。

543 激しい抗議の**矢面（やおもて）**に立たされて、疲労困憊（こんぱい）した。

544 年がいもなく、**分別（ふんべつ）**のない無理を言ってしまった。

545 彼女には茶道の**たしなみ**があるせいか、物腰が優雅だ。

言葉の意味

ア　物事のよしあしを常識的に判断すること。その能力

イ　趣味や芸の知識・腕前

ウ　述べたことの内容や意図・大事な点

エ　もろくて、あてにならない様子

オ　非難や攻撃などをともに受ける立場

Q （　）にあてはまる言葉を上の例文から選んで、A〜Eの文章を完成させよう。

A　思慮（　　）に欠ける。

B　少々武道には（　　）がある。

C　蛍の（　　）命。

D　攻撃の（　　）にさらされる。

E　その（　　）を伝える。

111　裏ページの答え　546―イ　547―ア　548―オ　549―エ　550―ウ
(A)きまりが悪い　(B)セオリー　(C)ネガティブ　(D)反芻　(E)憤る

Q 例文中の言葉の意味をア〜オから選び、□に書いてみよう。

例文

546 言われたことを**反芻**して、しっかり胸に刻み込む。

547 いつも**ネガティブ**に物事を考えてしまう。

548 関係者の誠意のない釈明に**憤る**被災者たち。

549 **セオリー**どおり送りバントをして、ランナーを進めた。

550 今さら許しを乞うなんて、**きまりが悪い**。

言葉の意味

ア 否定的・消極的（な様子）

イ 同じことを何度も繰り返し考えたり、味わったりすること

ウ 何となく恥ずかしい

エ 学説・理論

オ 激しい怒りの気持ちをもつ。ひどく腹を立てる

Q （　）にあてはまる言葉を上の例文から選んで、🅐〜🅔の文章を完成させよう。

🅐 （　　　）思いをする。

🅑 （　　　）を無視する。

🅒 （　　　）な生き方。

🅓 師の言葉を（　　　）する。

🅔 社会の矛盾に（　　　）。

裏ページの答え　541—ウ　542—エ　543—オ　544—ア　545—イ
(A)分別　(B)たしなみ　(C)はかない　(D)矢面　(E)旨

Q 例文中の言葉の意味をア～オから選び、□に書いてみよう。

例文

551 情報が漏れないよう、部外者は**シャットアウト**する。

552 **意思疎通**を図る。何気ない日常の会話を通して、

553 はやる気持ちを**制御**して、列に並んで待つのはつらかった。

554 話に夢中で、大事な場面を見逃す**すんでのところ**だった。

555 事件の**経緯**をこと細かく説明する。

言葉の意味

ア 物事のこれまでの筋道。いきさつ

イ おさえつけて、自分の思うようにあやつること

ウ 互いの気持ちがよく通じること

エ もう少しのところ

オ 閉め出すこと

Q ( )にあてはまる言葉を上の例文から選んで、A～Eの文章を完成させよう。

A 暴れ馬を（　　）する。

B 自転車とぶつかるところだった。（　　）で

C 細かい（　　）は省く。

D （　　）に欠ける。

E 関係者以外を（　　）した会議。

裏ページの答え
556―ア　557―オ　558―エ　559―ウ　560―イ
(A)世界観　(B)自己顕示　(C)日常茶飯事　(D)怠惰　(E)愛着

113

Q 例文中の言葉の意味をア～オから選び、□に書いてみよう。

例文

556 使い古したグローブだが、**愛着**があって捨てられない。

557 今からでも、**怠惰**（たいだ）な生活を悔い改めるには遅くない。

558 彼らの口げんかは**日常茶飯事**で、みんな慣れっこだ。

559 ここぞとばかりに力を見せつけて、**自己顕示**する。

560 信仰に基づいた確固たる**世界観**をもつ人々。

言葉の意味

ア 心をひかれて、離れたくないと思うこと

イ 世界や人生に対する見方・考え方

ウ 自分の存在を目立たせようとすること

エ 日常のありふれたこと

オ なまけてだらしない様子

Q （ ）にあてはまる言葉を上の例文から選んで、Ⓐ～Ⓔの文章を完成させよう。

Ⓐ 彼と私は（　　　）が違う。

Ⓑ （　　　）欲が強い。

Ⓒ それくらいは（　　　）だ。

Ⓓ 一日中（　　　）に寝て過ごす。

Ⓔ 見るたびに（　　　）がわく。

裏ページの答え
551―オ　552―ウ　553―イ　554―エ　555―ア
(A)制御　(B)すんでのところ　(C)経緯　(D)意思疎通　(E)シャットアウト

114

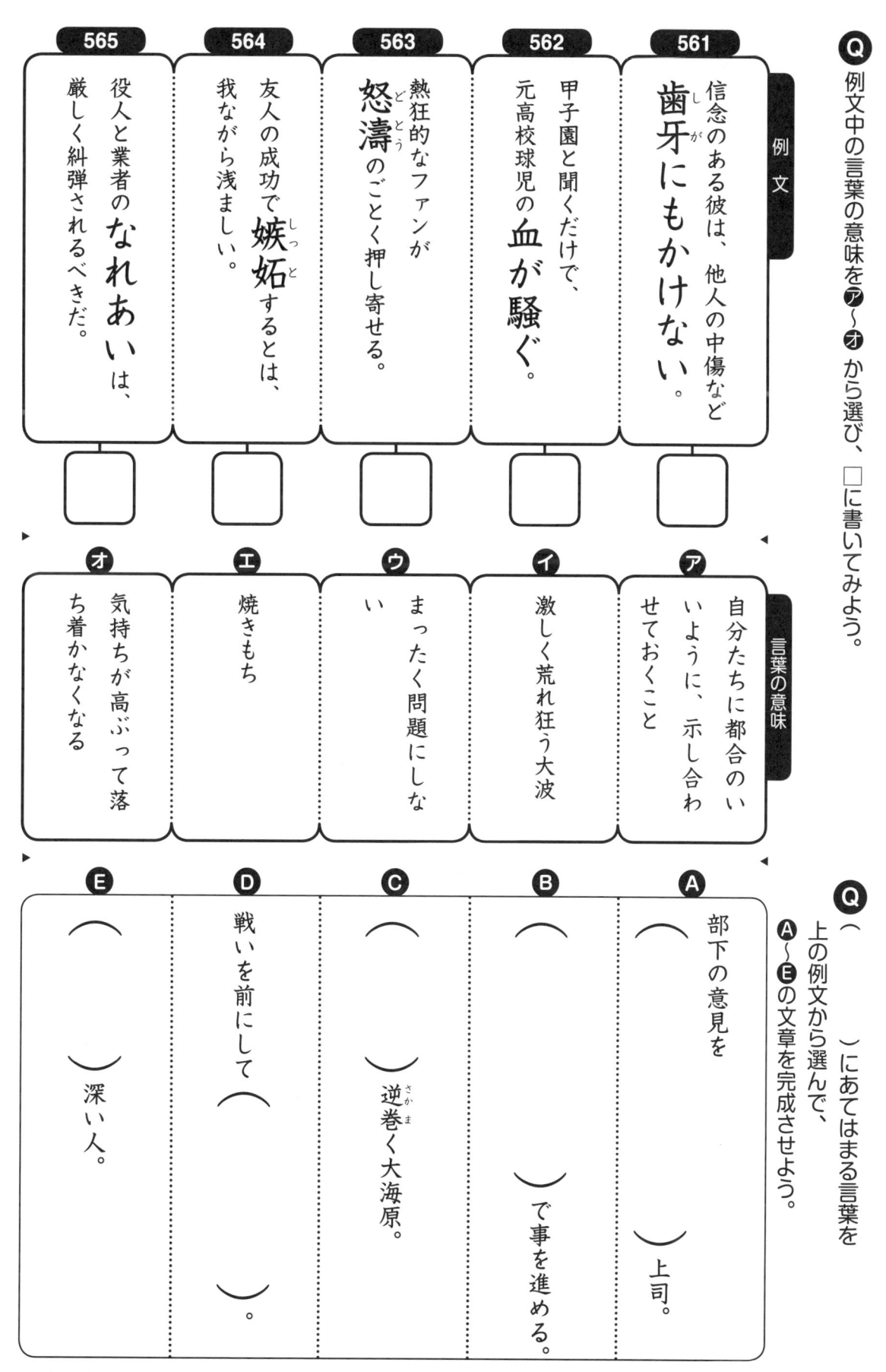

Q 例文中の言葉の意味をア〜オから選び、□に書いてみよう。

例文

561 信念のある彼は、他人の中傷など**歯牙にもかけない**。

562 甲子園と聞くだけで、元高校球児の**血が騒ぐ**。

563 熱狂的なファンが**怒濤**のごとく押し寄せる。

564 友人の成功で**嫉妬**するとは、我ながら浅ましい。

565 役人と業者の**なれあい**は、厳しく糾弾されるべきだ。

言葉の意味

ア 自分たちに都合のいいように、示し合わせておくこと

イ 激しく荒れ狂う大波

ウ まったく問題にしない

エ 焼きもち

オ 気持ちが高ぶって落ち着かなくなる

Q （　）にあてはまる言葉をＡ〜Ｅの例文から選んで、Ａ〜Ｅの文章を完成させよう。

A 部下の意見を（　　　）上司。

B （　　　）で事を進める。

C 逆巻く大海原。（　　　）

D 戦いを前にして（　　　）。

E （　　　）深い人。

裏ページの答え　566—オ　567—イ　568—ア　569—エ　570—ウ
(A)希求　(B)拍手喝采　(C)体現　(D)口籠る　(E)心血を注ぐ

Q 例文中の言葉の意味をア～オから選び、□に書いてみよう。

例文
- 566 被災地の早期復興を**希求**する。
- 567 旧態依然（きゅうたいいぜん）とした組織の改革に**心血を注ぐ**。
- 568 未来社会を**体現**したアニメーション。
- 569 問い詰められて**口籠る**（くちごもる）のは、怪（あや）しい証拠だ。
- 570 主役の熱演に**拍手喝采**（かっさい）する観客たち。

言葉の意味
- ア 具体的な形に現すこと
- イ 心身のすべてを使って、あることを成し遂（と）げる
- ウ 多くの人がいっせいに拍手して、ほめたたえること
- エ はっきり言わずにためらう
- オ 願い求めること

Q （ ）にあてはまる言葉を上の例文から選んで、Ⓐ～Ⓔの文章を完成させよう。

- Ⓐ 平和を（　　）する。
- Ⓑ （　　）で迎えられる。
- Ⓒ 理想を（　　）する。
- Ⓓ 都合の悪い話になるとたちまち（　　）。
- Ⓔ 文化財の修復に（　　）。

裏ページの答え　561―ウ　562―オ　563―イ　564―エ　565―ア
(A)歯牙にもかけない　(B)なれあい　(C)怒濤　(D)血が騒ぐ　(E)嫉妬

116

Q 例文中の言葉の意味を㋐〜㋔から選び、□に書いてみよう。

例文

571 新たな問題が次から次へと**派生**する。

572 ニーチェは**ニヒリズム**の代表的な哲学者として知られる。

573 その**自堕落**な性格を、叩き直してやろう。

574 方針が決定したからには、**躊躇**せず実行に移す。

575 面白い練習方法とチームワークの**相乗効果**で、実力が格段に上がった。

言葉の意味

㋐ ためらい迷うこと

㋑ あらゆる事物に、意味や価値が何もないと考える虚無主義

㋒ いくつかの要因が重なることで生じる効果

㋓ 投げやりでだらしのない様子

㋔ いくつかの物事が分かれ生じること

Q ( )にあてはまる言葉を❹〜❺の例文から選んで、❹〜❺の文章を完成させよう。

Ⓐ 発言を（　　）する。

Ⓑ 「子どもっぽい」は「子ども」からの（　　）語の一つ。

Ⓒ （　　）に徹した思想。

Ⓓ 世を捨てて（　　）な生活を送る。

Ⓔ 意外な（　　）を生む。

裏ページの答え　576—イ　577—オ　578—ア　579—エ　580—ウ
(A)感受性　(B)カテゴライズ　(C)カオス　(D)破竹の勢い　(E)お題目

Q 例文中の言葉の意味をア〜オから選び、□に書いてみよう。

例文

- 576 お題目が立派なだけの計画では、誰も同意はしない。
- 577 作戦が功を奏して、破竹の勢いで勝ち進む。
- 578 たび重なる政権交代で、社会情勢のカオスに拍車がかかる。
- 579 感受性の強い年頃だから、めったなことは口にできない。
- 580 柔道が必修科目となり、体育にカテゴライズされた。

言葉の意味

- ア 混沌。混乱
- イ 口先だけの、実質をともなわない主張
- ウ 分類すること
- エ 外からの刺激や影響を感じとる能力
- オ 止めることができないほどの激しい勢い

Q （　）にあてはまる言葉を上の例文から選んで、Ⓐ〜Ⓔの文章を完成させよう。

- Ⓐ （　　　）の豊かな人。
- Ⓑ （　　　）が難しい講座。
- Ⓒ （　　　）状態。
- Ⓓ 先日までの（　　　）はどこへやら。
- Ⓔ （　　　）を並べる。

裏ページの答え　571—オ　572—イ　573—エ　574—ア　575—ウ
(A)躊躇　(B)派生　(C)ニヒリズム　(D)自堕落　(E)相乗効果

118

Q 例文中の言葉の意味を**ア〜オ**から選び、□に書いてみよう。

例文

581 虎の子をはたいて買ったギターも、今や埃（ほこり）をかぶっている。

582 異常気象など、最近の自然界で起こる事象はただごとではない。

583 このメンバーで食事するときは、割り勘が暗黙の了解になっている。

584 事のよしあしは、自（お）ずから明らかになる日がくるだろう。

585 時間がないから、簡潔に述べるように。

言葉の意味

ア 黙っていても、よく理解し認めていること

イ 認識できる現象やできごと

ウ 大切にして手放さない金品

エ 表現に無駄がなく、短くすっきりしている様子

オ 自然に。ひとりでに

Q （　）にあてはまる言葉を**A〜E**の上の例文から選んで、**A〜E**の文章を完成させよう。

A （　　　　　）では心もとないから話し合っておこう。

B 自然科学的な（　　　　　）。

C 要領を得た（　　　　　）な手紙。

D （　　　　　）の金をだまし取られる。

E いつか（　　　　　）わかる。

裏ページの答え
586―エ　587―オ　588―ウ　589―ア　590―イ
(A)露呈　(B)拘泥　(C)問題提起　(D)自縄自縛　(E)惜別

Q 例文中の言葉の意味を ア〜オ から選び、□に書いてみよう。

例文

- 586 遊具の安全性について**問題提起**をする。
- 587 いつまでも昔の肩書きに**拘泥（こうでい）**するな。
- 588 余計なことを口走ったため、**自縄自縛（じじょうじばく）**に追い込まれた。
- 589 内部告発で、手抜き工事が**露呈（ろてい）**した。
- 590 笑って見送るはずだったのに、**惜別（せきべつ）**のつらさに涙がこぼれた。

言葉の意味

- ア 隠れていたものがあらわになること
- イ 別れを惜しむこと
- ウ 自分が言ったことやしたことで、自由に動きがとれなくなること
- エ 問題として取り上げること
- オ 物事にこだわること

Q （　）にあてはまる言葉を上の例文から選んで、Ⓐ〜Ⓔの文章を完成させよう。

- Ⓐ 守備の弱さが（　　）する。
- Ⓑ 勝敗に（　　）する。
- Ⓒ 会議の冒頭にまず（　　）が行われた。
- Ⓓ （　　）におちいる。
- Ⓔ （　　）の情を述べる。

裏ページの答え　581—ウ　582—イ　583—ア　584—オ　585—エ
(A)暗黙の了解　(B)事象　(C)簡潔　(D)虎の子　(E)自ずから

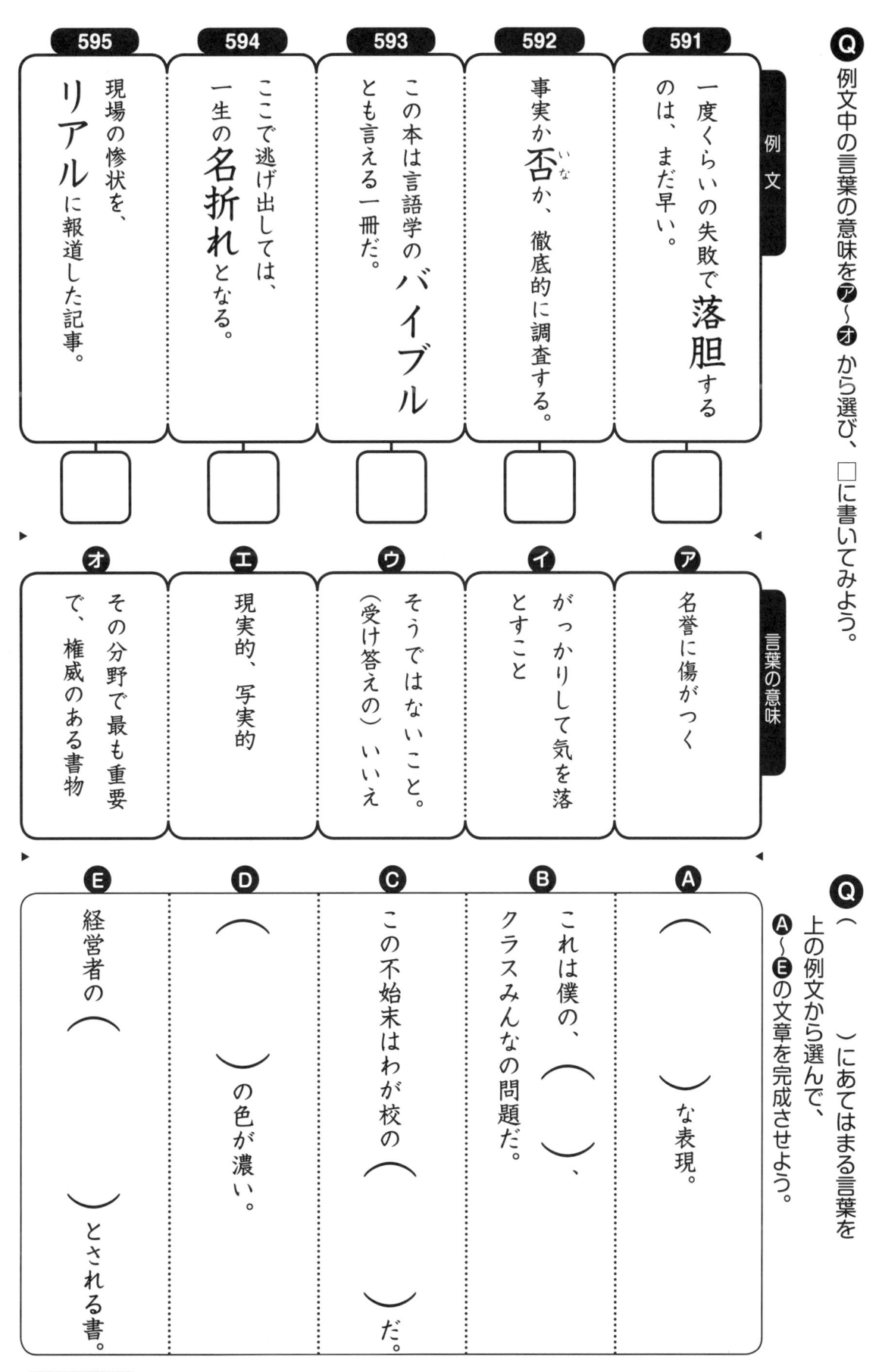

Q 例文中の言葉の意味をア〜オから選び、□に書いてみよう。

例文

591 一度くらいの失敗で**落胆**するのは、まだ早い。

592 事実か**否**（いな）か、徹底的に調査する。

593 この本は言語学の**バイブル**とも言える一冊だ。

594 ここで逃げ出しては、一生の**名折れ**となる。

595 現場の惨状を、**リアル**に報道した記事。

言葉の意味

ア 名誉に傷がつく

イ がっかりして気を落とすこと

ウ そうではないこと。（受け答えの）いいえ

エ 現実的、写実的

オ その分野で最も重要で、権威のある書物

Q （　）にあてはまる言葉を上の例文から選んで、Ⓐ〜Ⓔの文章を完成させよう。

Ⓐ （　　　）な表現。

Ⓑ これは僕の、（　　　）、クラスみんなの問題だ。

Ⓒ この不始末はわが校の（　　　）だ。

Ⓓ （　　　）の色が濃い。

Ⓔ 経営者の（　　　）とされる書。

裏ページの答え　596―ウ　597―オ　598―イ　599―エ　600―ア
(A)依拠　(B)二の次　(C)詳細　(D)畏敬の念　(E)ぞんざい

Q 例文中の言葉の意味を**ア〜オ**から選び、□に書いてみよう。

例文

596 そんな**ぞんざい**な説明では、先方に失礼ではないか。　□ウ

597 望むらくは、民意に**依拠**した福祉国家を目指してほしい。　□オ

598 現場から事故の経過を**詳細**に説明する。　□イ

599 独学で3か国語をマスターした彼に、**畏敬の念**を覚える。　□エ

600 必要かどうかは**二の次**で、すぐにはやりものに手を出す人。　□ア

言葉の意味

ア 2番目・重要ではない

イ 細かなところまで詳しい様子

ウ やり方や口のきき方が、乱暴でいいかげんな様子

エ 心からおそれうやまう気持ち

オ 拠りどころとすること

Q （　）にあてはまる言葉を上の例文から選んで、**A〜E**の文章を完成させよう。

A 法令に（　）する。

B 勉強は（　）で、部活に専念。

C （　）は別紙のとおり。

D 勇気ある行動に（　）を抱く。

E 品物を（　）に扱う。

裏ページの答え
591－イ　592－ウ　593－オ　594－ア　595－エ
(A)リアル　(B)否　(C)名折れ　(D)落胆　(E)バイブル

Q 例文中の言葉の意味をア～オから選び、□に書いてみよう。

例文

601 違和感なく、移住先の文化に**同化**できた。

602 この1年間の活動を**総括**して、来年度の目標を立てる。

603 彼の**存在感**は貴重だ。いるだけで場を和(なご)ませる。

604 師の教えを**拠(よ)りどころ**に、研究に明け暮れる日々。

605 こんな優秀な人材がすぐそばにいたとは、**灯台もと暗し**とはよく言ったものだ。

言葉の意味

ア 同じようになること。同じようにすること。

イ そこにいる、あるという感じ

ウ 支え・裏づけとなるもの

エ 個々のものを整理して、一つにまとめること

オ 身近なことはかえってわかりにくいというたとえ

Q （ ）にあてはまる言葉を上の例文から選んで、A～Eの文章を完成させよう。

A （　　　）をアピールする。

B メンバーの意見を（　　　）する。

C （　　　）のない主義主張。

D 近代化においてすすめられた民族の（　　　）政策。

E （　　　）で気づかなかった。

裏ページの答え　606－イ　607－ア　608－エ　609－ウ　610－オ
(A)断罪　(B)ないまぜ　(C)約束事　(D)要請　(E)厭う

Q 例文中の言葉の意味をア〜オから選び、□に書いてみよう。

例文

606　紛らわしいから、あることないまぜにして話すな。

607　チームワークが乱れないよう、約束事は守ってほしい。

608　要請があったらすぐに出動できるよう、待機する。

609　日々の鍛練を厭うようでは、技術の向上は望めない。

610　飲酒運転は厳しく断罪されるべき犯罪だ。

言葉の意味

ア　互いに取り決めた事柄

イ　性質の違うものを混ぜ合わせること

ウ　いやがって避ける

エ　こうしてほしいと願い求めること

オ　罪があるとはっきり判断を下すこと

Q （　）にあてはまる言葉をⒶ〜Ⓔの例文から選んで、Ⓐ〜Ⓔの文章を完成させよう。

Ⓐ　（　　　）に処する。

Ⓑ　驚きと喜びが（　　　）になった表情。

Ⓒ　古典芸能には（　　　）が多い。

Ⓓ　援助を（　　　）する。

Ⓔ　世を（　　　）すねた態度。

裏ページの答え　601―ア　602―エ　603―イ　604―ウ　605―オ
(A)存在感　(B)総括　(C)拠りどころ　(D)同化　(E)灯台もと暗し

Q 例文中の言葉の意味をア〜オから選び、□に書いてみよう。

例文

611 それぞれの都合を吟味して、効率のよい計画を立てる。

612 起伏の多い半生を振りかえる。

613 獲らぬ狸の皮算用だが、金が入れば行きたい所がある。

614 伝統にとらわれない、合理主義を啓蒙した先人たち。

615 彼に受けた恩義は、終生忘れるものではない。

言葉の意味

ア 盛んになったり、衰えたりすること

イ 人々に新しい知識を与え、教え導くこと

ウ 品質・内容などをよく調べ、良否などを確かめること

エ 生きている限り

オ まだ手に入らないものをあてに、あれこれ計画を立てること

Q （　）にあてはまる言葉を上の例文から選んで、A〜Eの文章を完成させよう。

A 感情の（　　）が激しい。

B （　　）だと笑われた。

C （　　）的な書。

D 神の前で（　　）変わらぬ愛を誓う。

E 罪人を（　　）する。

裏ページの答え　616—オ　617—エ　618—ウ　619—イ　620—ア
(A)過酷　(B)臨場感　(C)世間ずれ　(D)繊細　(E)術

Q 例文中の言葉の意味をア〜オから選び、□に書いてみよう。

例文
- 616 繊細なタッチで描かれた風景画。
- 617 自然の脅威には、ほどこす術（すべ）もない。
- 618 しぶしぶ過酷な労働条件をのむ。
- 619 あの子は年の割に世間（せけん）ずれしているから、油断がならない。
- 620 臨場感あふれる、リアルな描写を得意とする作家。

言葉の意味
- ア 実際にその場にいるような感じ
- イ 世間にもまれて、悪がしこくなること
- ウ きびしすぎる様子
- エ 方法、手段
- オ ほっそりして優美な様子・感情がこまやかで感じやすい様子

Q （　）にあてはまる言葉を上の例文から選んで、Ⓐ〜Ⓔの文章を完成させよう。

- Ⓐ （　）な扱いを受ける。
- Ⓑ 生のコンサートの（　）は やはり再現できない。
- Ⓒ 純粋な人。（　）していない
- Ⓓ （　）な神経の持ち主。
- Ⓔ なす（　）なく敗れ去る。

裏ページの答え
611―ウ　612―ア　613―オ　614―イ　615―エ
(A)起伏　(B)獲らぬ狸の皮算用　(C)啓蒙　(D)終生　(E)吟味

Q 例文中の言葉の意味を㋐〜㋪から選び、□に書いてみよう。

例文

- 621 将来にかかわる問題は、□に結論を出してはいけない。**短絡**
- 622 次代を**担う**若者たちに、重くのしかかる負の遺産。
- 623 彼の**闊達(かったつ)**な気性は、まさにリーダーにふさわしい。
- 624 この話は未定なので、人前で言うのは**憚(はばか)られる**。
- 625 目標がはっきりしたら、**俄然(がぜん)**やる気が出てきた。

言葉の意味

- ㋐ 責任をもって引き受ける
- ㋑ 小さなことにこだわらず、大らかな様子
- ㋒ 遠慮したり、嫌ったりして避けるようにする
- ㋓ 物事が急に変化する様子。にわかに
- ㋔ 物事を簡単に考えて、結論を出すこと

Q （　）にあてはまる言葉を上の例文から選んで、Ⓐ〜Ⓔの文章を完成させよう。

- Ⓐ 口にするのも（　　　）。
- Ⓑ 重責を（　　　）。
- Ⓒ （　　　）的に考える。
- Ⓓ 自由（　　　）な人物。
- Ⓔ ちょっとほめたら（　　　）元気になった。

127　裏ページの答え　626-ウ　627-エ　628-ア　629-イ　630-オ
（A）アイデンティティー　（B）弊害　（C）自明の理　（D）駆使　（E）稼働

Q 例文中の言葉の意味をア～オから選び、□に書いてみよう。

例文

626 コンピュータを**駆使**して、必要な情報を集める。

627 電気料金の値上げで、エアコンをフル**稼働**させることができない。

628 仕事を途中で投げ出せば、信用を失うのは**自明の理**だ。

629 日本人としての**アイデンティティー**が、国際社会の中で問われる。

630 新駅の開設には、地価高騰などの**弊害**も伴う。

言葉の意味

ア 説明するまでもない明らかな道理

イ 自分が自分であること・独自性

ウ 思いのままに、自由自在に使いこなすこと

エ 稼ぎ働くこと・機械を働かせること

オ あることの影響で起こる害

Q （　）にあてはまる言葉を上の例文から選んで、Ⓐ～Ⓔの文章を完成させよう。

Ⓐ（　　　）のない人。

Ⓑ さまざまな（　　　）が起こる。

Ⓒ 誰の目からも（　　　）だ。

Ⓓ 情報を（　　　）して対策を練る。

Ⓔ 高齢化が進み、（　　　）人口が減少している。

裏ページの答え　621―オ　622―ア　623―イ　624―ウ　625―エ
(A)憚られる　(B)担う　(C)短絡　(D)闊達　(E)俄然

128

Q 例文中の言葉の意味をア〜オから選び、□に書いてみよう。

例文

631 発達心理学では、児童期はメタ認知が発達する時期とされている。

632 思うように事が運ばず、焦燥に駆られる。

633 将来を暗示するような事件。

634 そんな綱渡り的な計画では、リスクが大きすぎる。

635 責任感の欠如した釈明に、怒号がわき上がる。

言葉の意味

ア 自分を客観視したり、結果を予測したりすること

イ それとなくわかるように示すこと・信じさせること

ウ あせっていらだつこと

エ 必要なものが欠けていること

オ とても危険なこと

Q （　）にあてはまる言葉を上の例文から選んで、Ⓐ〜Ⓔの文章を完成させよう。

Ⓐ（　　　）の色が濃い。

Ⓑ（　　　）能力。

Ⓒ 公共心が（　　　）している。

Ⓓ（　　　）のようなまねはよせ。

Ⓔ 本番前に自己（　　　）をかける。

129　裏ページの答え　636―オ　637―イ　638―エ　639―ウ　640―ア
(A)把握　(B)懸念　(C)現実逃避　(D)希薄　(E)過言

Q 例文中の言葉の意味をア～オから選び、□に書いてみよう。

例文

636 こんなにつらい状況では、**現実逃避**するのも無理はない。

637 職業意識が**希薄**な担当者には手を焼く。

638 実態を**把握**するためには、入念な調査が必要だ。

639 楽観的な彼の態度に、任せても大丈夫かという**懸念**がわく。

640 彼こそ、わがチームの救世主と言っても**過言**ではない。

言葉の意味

ア　言い過ぎること

イ　意欲や熱意などが乏しいこと

ウ　気にかかり不安に思うこと

エ　しっかりと理解すること

オ　今の状態から逃げ出すこと

Q （　）にあてはまる言葉を上の例文から選んで、Ⓐ～Ⓔの文章を完成させよう。

Ⓐ　問題点を（　　）する。

Ⓑ　先行きが（　　）される。

Ⓒ　それは（　　）にほかならない。

Ⓓ　人間関係が（　　）だ。

Ⓔ　（　　）を慎む。

裏ページの答え　631―ア　632―ウ　633―イ　634―オ　635―エ
(A)焦燥　(B)メタ認知　(C)欠如　(D)綱渡り　(E)暗示

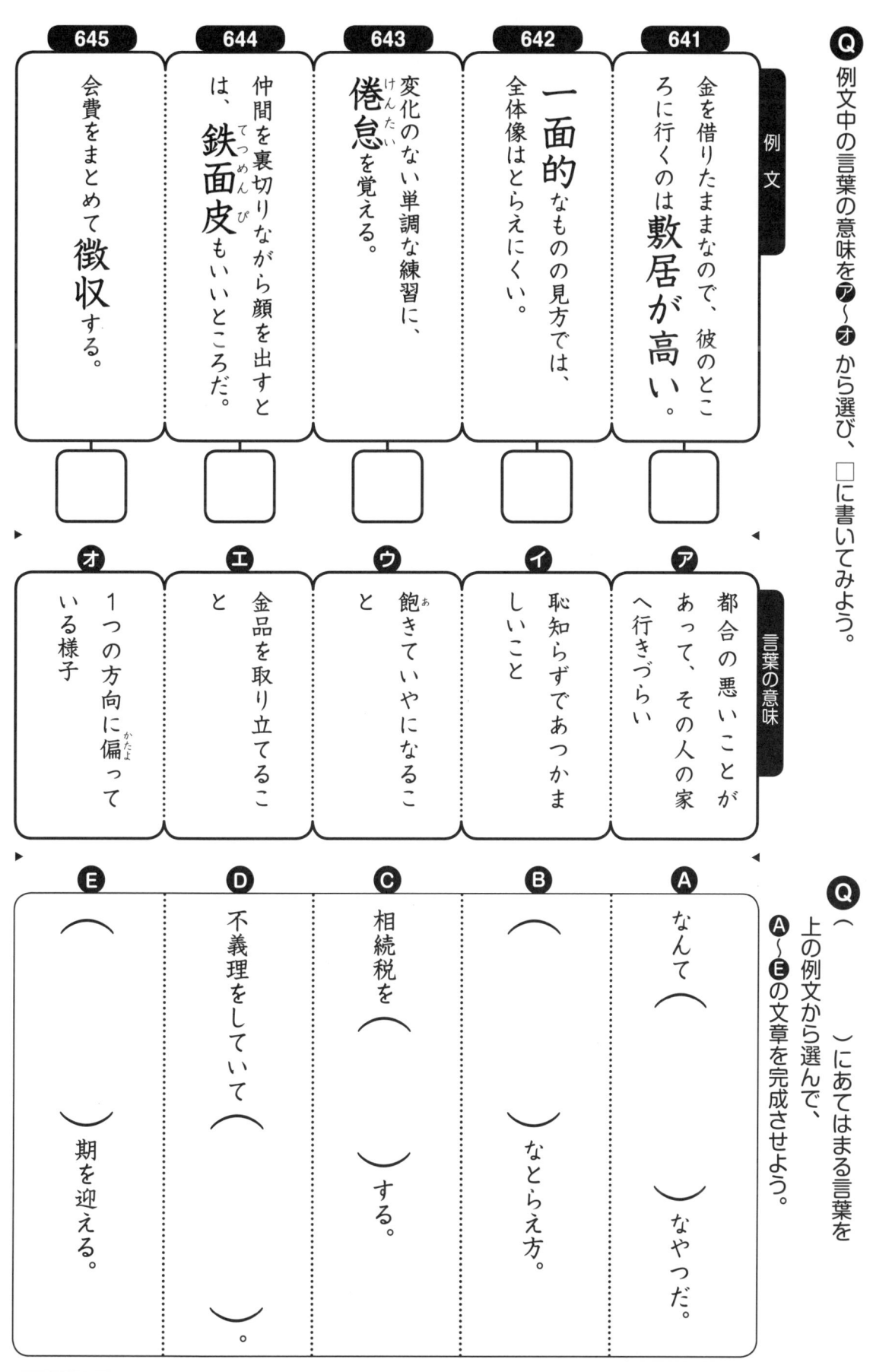

Q 例文中の言葉の意味をア～オから選び、□に書いてみよう。

例文

641 金を借りたままなので、彼のところに行くのは**敷居が高い**。

642 全体像はとらえにくい。**一面的**なものの見方では、

643 変化のない単調な練習に、**倦怠（けんたい）**を覚える。

644 仲間を裏切りながら顔を出すとは、**鉄面皮（てつめんぴ）**もいいところだ。

645 会費をまとめて**徴収**する。

言葉の意味

ア 都合の悪いことがあって、その人の家へ行きづらい

イ 恥知らずであつかましいこと

ウ 飽（あ）きていやになること

エ 金品を取り立てること

オ 1つの方向に偏（かたよ）っている様子

Q （　）にあてはまる言葉をⒶ～Ⓔの文章から選んで、Ⓐ～Ⓔの文章を完成させよう。

Ⓐ なんて（　　　）なやつだ。

Ⓑ （　　　）なとらえ方。

Ⓒ 相続税を（　　　）する。

Ⓓ 不義理をしていて（　　　）。

Ⓔ （　　　）期を迎える。

裏ページの答え
646―イ　647―ア　648―エ　649―ウ　650―オ
(A)手綱を締める　(B)収斂　(C)横着　(D)概念　(E)突飛

Q 例文中の言葉の意味を ア～オ から選び、□に書いてみよう。

例文

646 文学に対する概念は、著しい変貌を遂げている。

647 工事が完成するまで、気を抜かないよう手綱を締める。

648 横着して手抜きをしたまずい料理。

649 薬で血管を収斂させる。

650 彼女の突飛な発言には、いつも驚かされる。

言葉の意味

ア 他の人のゆるんだ気持ちを引き締める

イ 一般的で大まかな意味・内容

ウ ひきしまって縮むこと・いくつものものが一点に集まること

エ ずうずうしく怠けること。またその様子

オ 常識では考えられないほど変わっている様子

Q ( ) にあてはまる言葉を上の例文から選んで、Ⓐ～Ⓔの文章を完成させよう。

Ⓐ 勝手気ままにしないよう( )。

Ⓑ レンズに当たった光が( )する。

Ⓒ なんて( )なやつだ。

Ⓓ ( )的に理解する。

Ⓔ ( )な行動。

裏ページの答え　641－ア　642－オ　643－ウ　644－イ　645－エ
(A)鉄面皮　(B)一面的　(C)徴収　(D)敷居が高い　(E)倦怠

Q 例文中の言葉の意味を㋐〜㋔から選び、□に書いてみよう。

例文

651 この競技には、2年続けて勝った者はいないというジンクスがあるそうだ。

652 有識者をまじえ、緻密(ちみつ)に対策を練り直す。

653 垣間見える(かいまみえる)上層部の紛争は、かなり切迫しているようだ。

654 どんなにもめようと、帰結するところは一つだ。

655 「7時集合」と、忘れないように鸚鵡返し(おうむがえし)に答える。

言葉の意味

㋐ 縁起のよい(悪い)ものやことがら

㋑ すき間からちらりと見える

㋒ ある結論・結果に達すること

㋓ 細かいところまで行き届いている様子

㋔ 相手の言った言葉を、そっくりそのまま返すこと

Q ( )にあてはまる言葉を上の例文から選んで、Ⓐ〜Ⓔの文章を完成させよう。

Ⓐ ( )な頭脳の持ち主。

Ⓑ ( )は破られるためにある。

Ⓒ 彼の言ったことを( )に繰り返す。

Ⓓ 議論の末、最初の案に( )した。

Ⓔ 隣家の居間が( )。

裏ページの答え　656―ア　657―イ　658―オ　659―エ　660―ウ
(A)模倣　(B)代償　(C)宙に浮く　(D)却下　(E)行き違い

Q 例文中の言葉の意味をア〜オから選び、□に書いてみよう。

例文

656 ぼくの小遣い値上げの申請は、あっさり母に**却下**された。

657 友情に**亀裂**が入った。

658 海外進出計画が**宙に浮く**。景気が低迷し、

659 勝利を手にした**代償**に、大切な友人を失った。

660 ゴッホの絵には、歌川広重の浮世絵を**模倣**した作品がある。

言葉の意味

ア 申請・訴えなどをとり上げないで差し戻すこと

イ 一致しないこと。食い違うこと

ウ すでにあるものをまねたり、似せて作ったりすること

エ あることを成し遂げるために払う犠牲や損害

オ 中途半端になる

Q （　）にあてはまる言葉を上の例文から選んで、Ⓐ〜Ⓔの文章を完成させよう。

Ⓐ 巧みに（　　　）する。

Ⓑ 高い（　　　）を払う。

Ⓒ 言いかけた言葉が（　　　）。

Ⓓ 被告の申し立てを（　　　）する。

Ⓔ 二人の話には（　　　）がある。

裏ページの答え　651—ア　652—エ　653—イ　654—ウ　655—オ
(A)緻密　(B)ジンクス　(C)鸚鵡返し　(D)帰結　(E)垣間見える

Q 例文中の言葉の意味をア〜オから選び、□に書いてみよう。

例文

661 いつも**受動的**な態度で指示を待つ人。

662 天候の回復が望めない以上、今日の登山は**断念**する。

663 書籍は電子化への**過渡期**にあるといわれている。

664 奈良の唐招提寺は、鑑真**由来**の古刹である。

665 逃亡者の立ち寄りそうな場所を、**虱潰し**に捜査する。

言葉の意味

ア 物事が移り変わるまでの途中の時期

イ ほかから働きかけられて、受け身で行動する様子

ウ きっぱりとあきらめること

エ 何かを見つけようとして、一つひとつやっていくこと

オ 古くからある物事の起源や歴史

Q （　）にあてはまる言葉を上の例文から選んで、Ⓐ〜Ⓔの文章を完成させよう。

Ⓐ 町名の（　　　）をたずねる。

Ⓑ （　　　）の混乱。

Ⓒ （　　　）を余儀なくされる。

Ⓓ （　　　）な立場に立つ。

Ⓔ 家中（　　　）に探す。

裏ページの答え　666―エ　667―ア　668―イ　669―オ　670―ウ
(A)咎める　(B)虚栄心　(C)とみに　(D)遂行　(E)双璧

Q 例文中の言葉の意味をア〜オから選び、□に書いてみよう。

例文

666 将来、日本画壇の**双璧**となるであろう、ご両人を紹介しよう。

667 何が起ころうとも、計画は予定どおり**遂行**する。

668 細かい作業が多いせいか、最近**とみに**目が疲れる。

669 ここで負けを認めるのは、彼の**虚栄心**が許さない。

670 挙動不審の男を**咎める**警官。

言葉の意味

ア 成し遂げること

イ 急に・にわかに

ウ 非難する。あやしんで問いただす

エ 優劣つけられない、二つの優れたもの

オ 見栄を張りたがる心

Q （　）にあてはまる言葉を上の例文から選んで、Ⓐ〜Ⓔの文章を完成させよう。

Ⓐ 人の過ちを（　　　）。

Ⓑ （　　　）のかたまり。

Ⓒ 近頃（　　　）やる気が失せる。

Ⓓ 任務を（　　　）する。

Ⓔ 学界の（　　　）。

裏ページの答え　661—イ　662—ウ　663—ア　664—オ　665—エ
(A)由来　(B)過渡期　(C)断念　(D)受動的　(E)虱潰し

136

Q 例文中の言葉の意味をア〜オから選び、□に書いてみよう。

例文

671 選手が次々にメジャーを目指すのは、**度外視**できない問題だ。

672 彼にはふるさとを格別**美化**して考えるきらいがある。

673 自然の**恩恵**に浴する生活が、いたる所で失われつつある。

674 古典文学のマンガがきっかけで、原文を**紐解く**ことになった。

675 ライバルとの試合に備えて、日頃から力を**培う**。

言葉の意味

ア 美しいものに変化させること

イ 自然や人から受けるめぐみ

ウ 書物を開いて読む

エ いつか役立てようと養い育てる

オ まったく問題にしないこと

Q （　）にあてはまる言葉を上の例文から選んで、A〜Eの文章を完成させよう。

A 探究心を（　　）。

B 利益を（　　）する。

C 街の（　　）に尽力する。

D 多くの（　　）をこうむる。

E 聖典を（　　）。

裏ページの答え　676ーエ　677ーア　678ーイ　679ーウ　680ーオ
(A)糧　(B)細心　(C)無様　(D)火照る　(E)眼力

Q 例文中の言葉の意味をア～オから選び、□に書いてみよう。

例文

676 心の糧(かて)を得るには、読書が最適だ。

677 無様な負け方をして、観客の嘲笑を買う。

678 ストレートに欠点を指摘され、恥ずかしさに顔が火照(ほて)る。

679 化学実験には、細心の注意を払って臨む。

680 先を見通した彼の眼力(がんりき)には、頭が下がる。

言葉の意味

ア みっともなく見苦しい様子

イ 顔や体が熱くなる

ウ 細かなところまで気を配る様子

エ 生きるために必要なもの

オ 物事のよしあしを見分ける力

Q （　）にあてはまる言葉を上の例文から選んで、Ⓐ～Ⓔの文章を完成させよう。

Ⓐ 日々の（　　）にも事欠く。

Ⓑ パイロットは常に（　　）でなければならない。

Ⓒ （　　）な姿をさらす。

Ⓓ 暖房がききすぎて体中が（　　）。

Ⓔ 真偽を見分ける（　　）。

裏ページの答え
671－オ　672－ア　673－イ　674－ウ　675－エ
(A)培う　(B)度外視　(C)美化　(D)恩恵　(E)紐解く

138

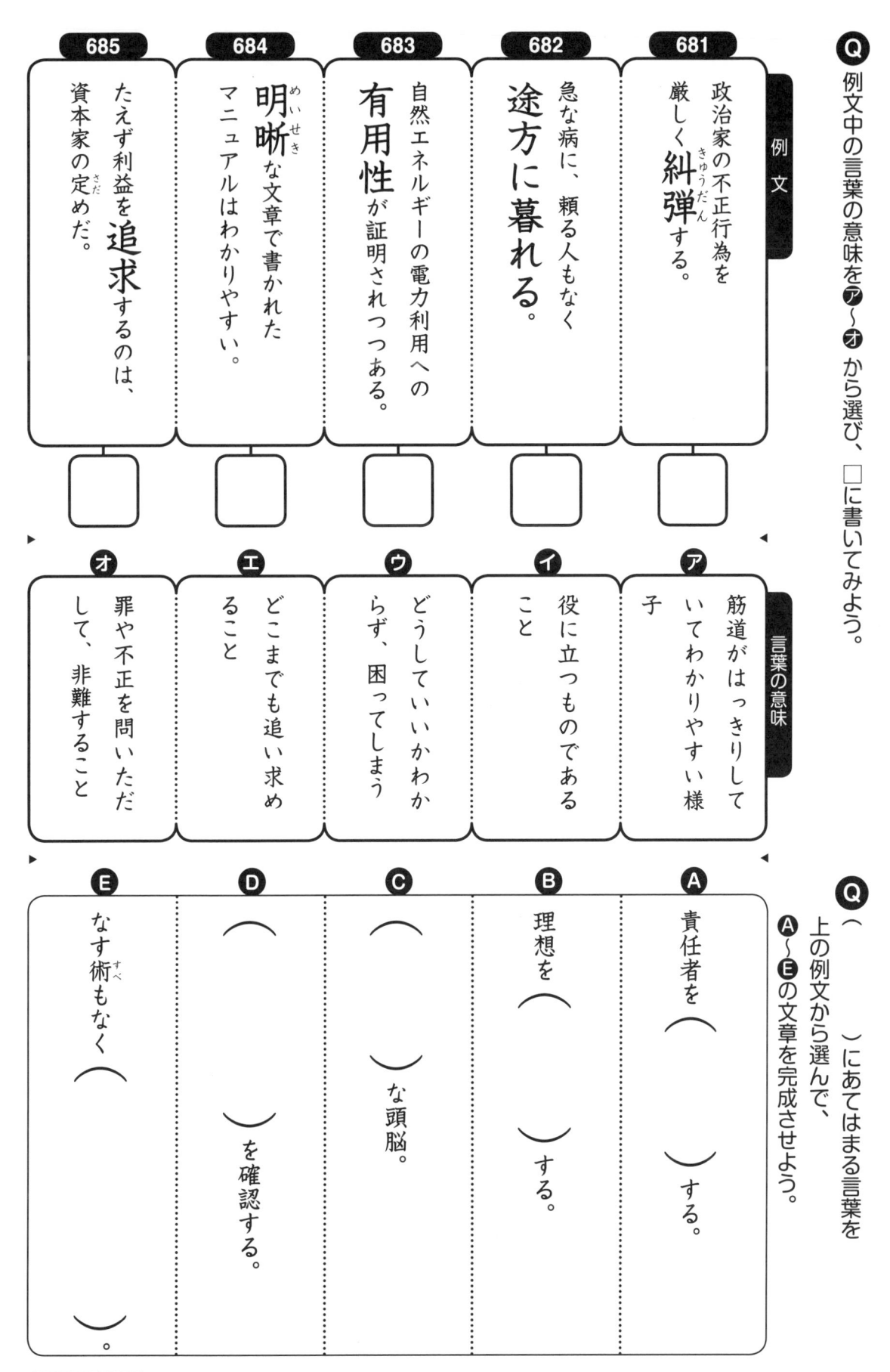

Q 例文中の言葉の意味をア～オから選び、□に書いてみよう。

例文

681 政治家の不正行為を厳しく**糾弾**する。

682 急な病に、頼る人もなく**途方に暮れる**。

683 自然エネルギーの電力利用への**有用性**が証明されつつある。

684 マニュアルはわかりやすい**明晰**な文章で書かれている。

685 たえず利益を**追求**するのは、資本家の定めだ。

言葉の意味

ア 筋道がはっきりしていてわかりやすい様子

イ 役に立つものであること

ウ どうしていいかわからず、困ってしまう

エ どこまでも追い求めること

オ 罪や不正を問いただして、非難すること

Q （　）にあてはまる言葉をA～Eの文章から選んで、A～Eの文章を完成させよう。

A 責任者を（　　）する。

B 理想を（　　）する。

C （　　）な頭脳。

D （　　）を確認する。

E なす術もなく（　　）。

裏ページの答え　686—エ　687—オ　688—ウ　689—イ　690—ア
(A)揺らぎ　(B)手ぐすねひいて　(C)威厳　(D)換算　(E)束縛

Q 例文中の言葉の意味をア〜オから選び、□に書いてみよう。

番号	例文	答え
686	手ぐすねひいて待ちかまえる。	エ
687	威厳があって、近寄りがたい人物。	オ
688	円高のうちに、円をドルに換算する。	ウ
689	古いしきたりに束縛された窮屈な暮らし。	イ
690	土壇場で、決心に揺らぎが生じる。	ア

言葉の意味

ア　不安定になること。ぐらつくこと。
イ　行動を制限して、自由を奪うこと。
ウ　ある数値を別の数値で数え直すこと。
エ　十分に用意して待ちかまえる。
オ　堂々としておごそかな様子。

Q （　）にあてはまる言葉を上の例文から選んで、Ⓐ〜Ⓔの文章を完成させよう。

Ⓐ　（揺らぎ）のない一途な思い。
Ⓑ　敵方の失敗を（手ぐすねひいて）待つ。
Ⓒ　親としての（威厳）を保つ。
Ⓓ　メートルをヤードに（換算）する。
Ⓔ　時間に（束縛）される。

裏ページの答え　681—オ　682—ウ　683—イ　684—ア　685—エ
(A)糾弾　(B)追求　(C)明晰　(D)有用性　(E)途方に暮れる

Q 例文中の言葉の意味をア～オから選び、□に書いてみよう。

例文

691 日々、**肥大化**しつづける情報社会。

692 子どもたちへの指導をとおして、スポーツの発展に**寄与**する。

693 こんなぼろ家でも**住めば都**で、何一つ不自由はない。

694 いじめを**傍観**する者も、その場にいれば当事者だ。

695 差別のない社会を目指して、博愛と平等の精神を**育む**。

言葉の意味

ア どんな場所でも住み慣れると、居心地よく思えてくる

イ 規模が大きな状態になること

ウ 社会や人などの役に立つこと

エ 大切に守り育てる

オ 何もせず、そばで成り行きを見ている

Q （　）にあてはまる言葉を上の例文から選んで、A～Eの文章を完成させよう。

A 社会への（　　）が認められる。

B 組織があまりに（　　）して動きが悪くなる。

C 辺鄙な田舎も（　　）だ。

D 二人の愛を（　　）。

E （　　）に徹する。

裏ページの答え　696―オ　697―イ　698―ア　699―ウ　700―エ
(A)徴候　(B)発露　(C)自己実現　(D)対峙　(E)剣幕

Q 例文中の言葉の意味をア〜オから選び、□に書いてみよう。

例文：
- 696 彼が黙り込むのは、危険な**徴候**だ。
- 697 国境をはさんで**対峙**する両国の警備兵。
- 698 両横綱のにらみ合いは、激しい闘志の**発露**だ。
- 699 人に役立つロボットの開発が、私の**自己実現**への道だ。
- 700 うちの犬が庭を荒らしたと、隣人がものすごい**剣幕**で怒鳴り込んできた。

言葉の意味：
- ア 思っていることが外にあらわれ出ること
- イ 向き合ったまま動かないこと
- ウ 自分の可能性や自分独自の思いを現実のものとすること
- エ ひどく怒った、けわしい顔つきや態度
- オ 何かが起こる前ぶれ

Q （　）にあてはまる言葉を上の例文から選んで、Ⓐ〜Ⓔの文章を完成させよう。

- Ⓐ 景気回復の（　　）が見られる。
- Ⓑ あれは善意の（　　）だったのか。
- Ⓒ （　　）に向けて努力する。
- Ⓓ ２つの山が、川を隔てて（　　）する。
- Ⓔ 大変な（　　）で驚いた。

裏ページの答え　691—イ　692—ウ　693—ア　694—オ　695—エ
(A)寄与　(B)肥大化　(C)住めば都　(D)育む　(E)傍観

142

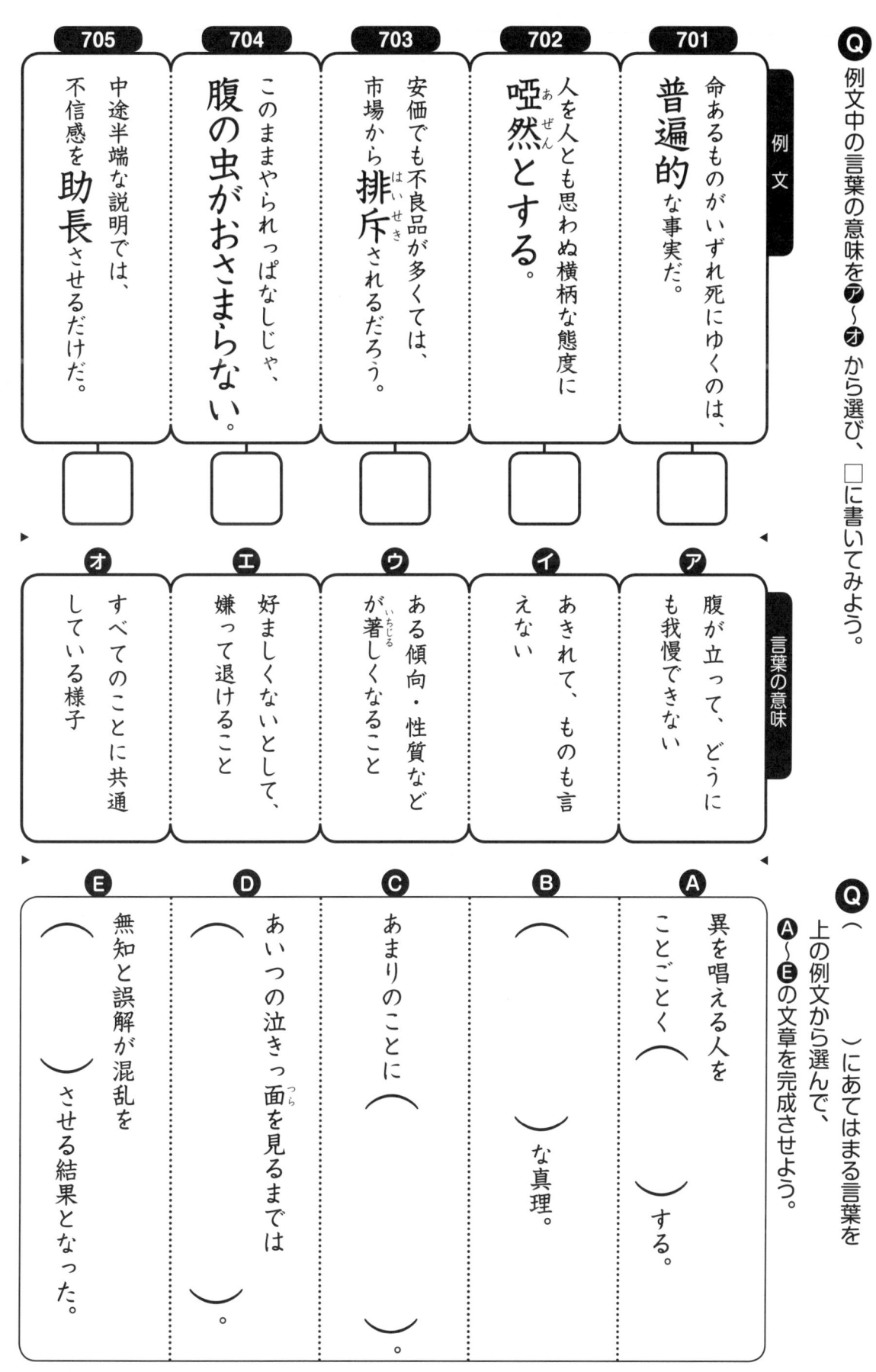

Q 例文中の言葉の意味をア〜オから選び、□に書いてみよう。

例文

701 命あるものがいずれ死にゆくのは、**普遍的**な事実だ。

702 人を人とも思わぬ横柄な態度に**唖然（あぜん）とする**。

703 安価でも不良品が多くては、市場から**排斥（はいせき）**されるだろう。

704 このままやられっぱなしじゃ、**腹の虫がおさまらない**。

705 中途半端な説明では、不信感を**助長**させるだけだ。

言葉の意味

ア 腹が立って、どうにも我慢できない

イ あきれて、ものも言えない

ウ ある傾向・性質などが著（いちじる）しくなること

エ 好ましくないとして、嫌って退けること

オ すべてのことに共通している様子

Q （　）にあてはまる言葉を上の例文から選んで、A〜Eの文章を完成させよう。

A 異を唱える人をことごとく（　　）する。

B （　　）な真理。

C あまりのことに（　　）。

D あいつの泣きっ面を見るまでは（　　）。

E 無知と誤解が混乱を（　　）させる結果となった。

裏ページの答え　706ーエ　707ーイ　708ーア　709ーウ　710ーオ
(A)典型　(B)脈絡　(C)ポスト　(D)世相　(E)唆す

Q 例文中の言葉の意味をア〜オから選び、□に書いてみよう。

例文

706 新しいポストに慣れるのには時間がかかる。

707 校倉造りの典型とされる奈良の正倉院。

708 不安定な世相に影響されて、将来が不安な若者たちがいる。

709 きみの話はすぐわき道にそれて、脈絡がなくなる。

710 イブは蛇が唆すがまま禁断の実を食べてしまった。

言葉の意味

ア 世の中のありさま

イ ある種類の特徴を最もよく表しているもの

ウ つながっている筋道

エ 地位。持ち場

オ その気になるように仕向ける

Q （　）にあてはまる言葉を上の例文から選んで、Ⓐ〜Ⓔの文章を完成させよう。

Ⓐ 彼はなまけ者の（　）だ。

Ⓑ 話に（　）をつける。

Ⓒ 重要な（　）につく。

Ⓓ 暗い（　）。

Ⓔ 塾をさぼろうと（　）悪友。

裏ページの答え　701—オ　702—イ　703—エ　704—ア　705—ウ
(A)排斥　(B)普遍的　(C)唖然とする　(D)腹の虫がおさまらない　(E)助長

144

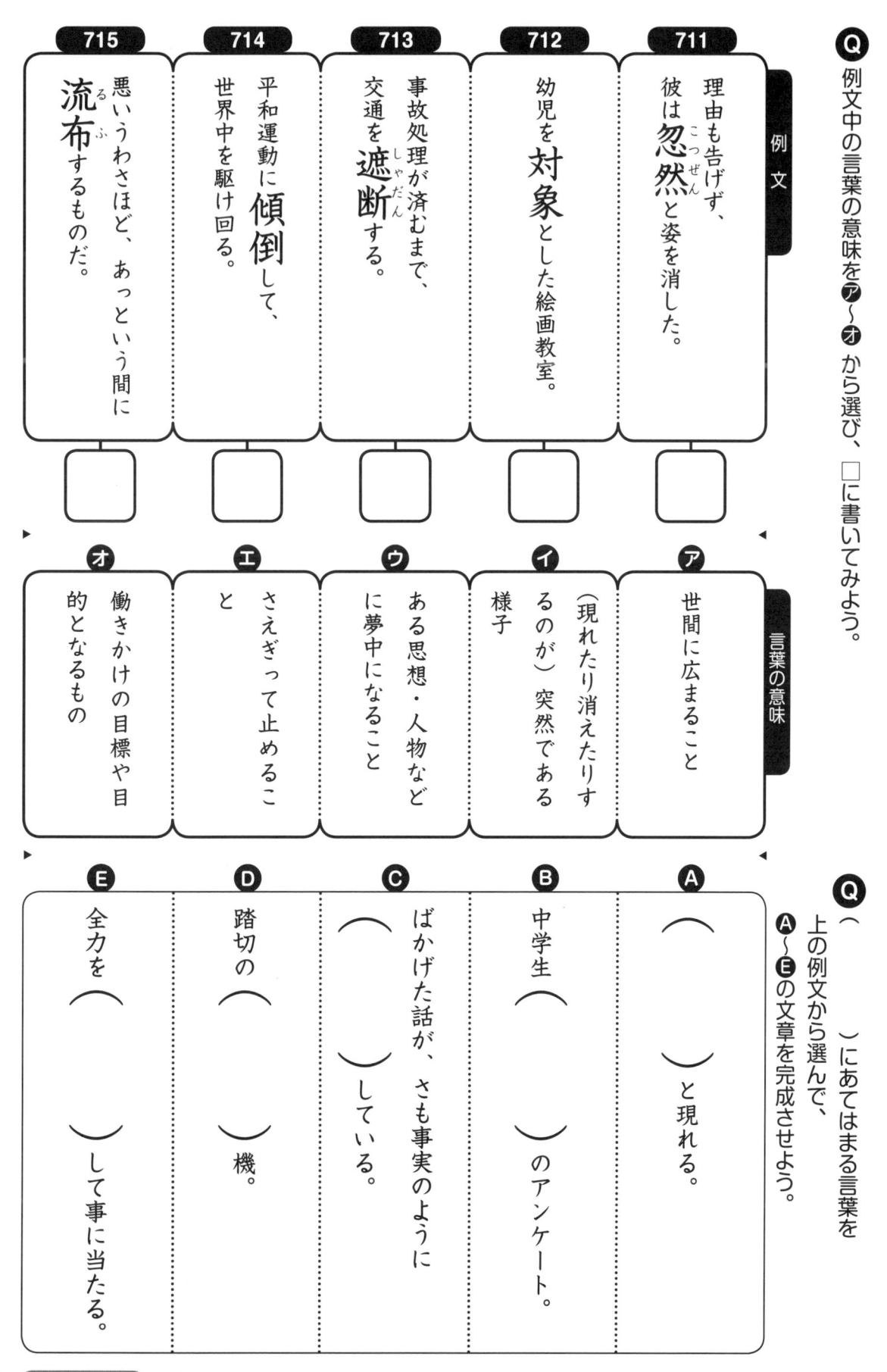

Q 例文中の言葉の意味をア～オから選び、□に書いてみよう。

例文

711 理由も告げず、彼は**忽然**と姿を消した。

712 幼児を**対象**とした絵画教室。

713 事故処理が済むまで、交通を**遮断**する。

714 平和運動に**傾倒**して、世界中を駆け回る。

715 悪いうわさほど、あっという間に**流布**するものだ。

言葉の意味

ア 世間に広まること

イ （現れたり消えたりするのが）突然である様子

ウ ある思想・人物などに夢中になること

エ さえぎって止めること

オ 働きかけの目標や目的となるもの

Q （　）にあてはまる言葉を上の例文から選んで、Ⓐ～Ⓔの文章を完成させよう。

Ⓐ （　　　）と現れる。

Ⓑ 中学生（　　　）のアンケート。

Ⓒ ばかげた話が、さも事実のように（　　　）している。

Ⓓ 踏切の（　　　）機。

Ⓔ 全力を（　　　）して事に当たる。

145　裏ページの答え　716－ア　717－イ　718－オ　719－ウ　720－エ
(A)根絶やし　(B)逆説的　(C)里山　(D)肩身が狭い　(E)パラドックス

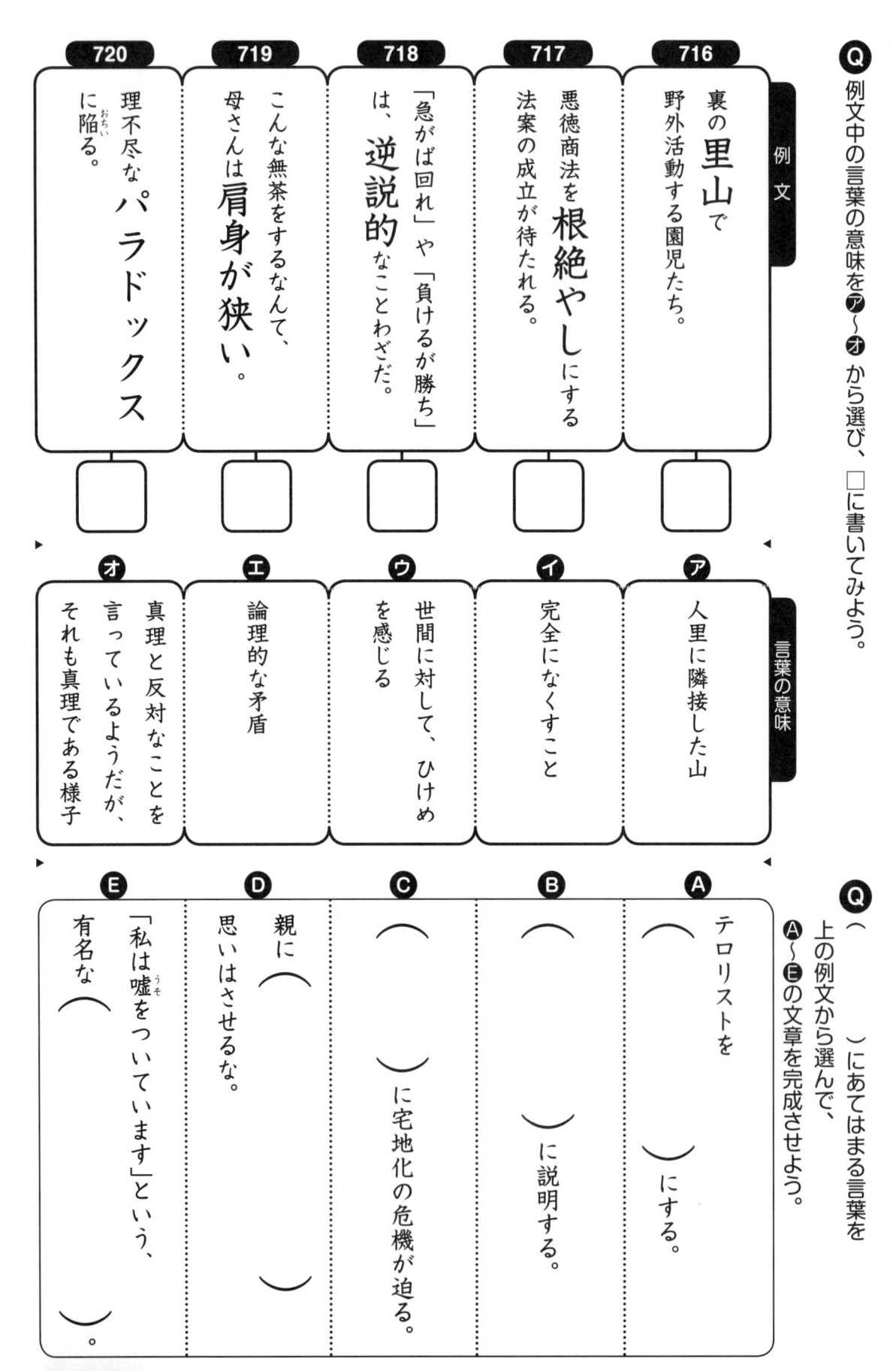

Q 例文中の言葉の意味をア〜オから選び、□に書いてみよう。

例文
- 716 裏の**里山**で野外活動する園児たち。
- 717 悪徳商法を**根絶**やしにする法案の成立が待たれる。
- 718 「急がば回れ」や「負けるが勝ち」は、**逆説的**なことわざだ。
- 719 こんな無茶をするなんて、母さんは**肩身が狭い**。
- 720 理不尽な**パラドックス**に陥る。

言葉の意味
- ア 人里に隣接した山
- イ 完全になくすこと
- ウ 世間に対して、ひけめを感じる
- エ 論理的な矛盾
- オ 真理と反対なことを言っているようだが、それも真理である様子

Q （ ）にあてはまる言葉を上の例文から選んで、Ⓐ〜Ⓔの文章を完成させよう。

- Ⓐ テロリストを（　　）にする。
- Ⓑ （　　）に説明する。
- Ⓒ （　　）に宅地化の危機が迫る。
- Ⓓ 親に（　　）思いはさせるな。
- Ⓔ 「私は嘘をついています」という、有名な（　　）。

裏ページの答え 711—イ 712—オ 713—エ 714—ウ 715—ア
(A)忽然　(B)対象　(C)流布　(D)遮断　(E)傾倒

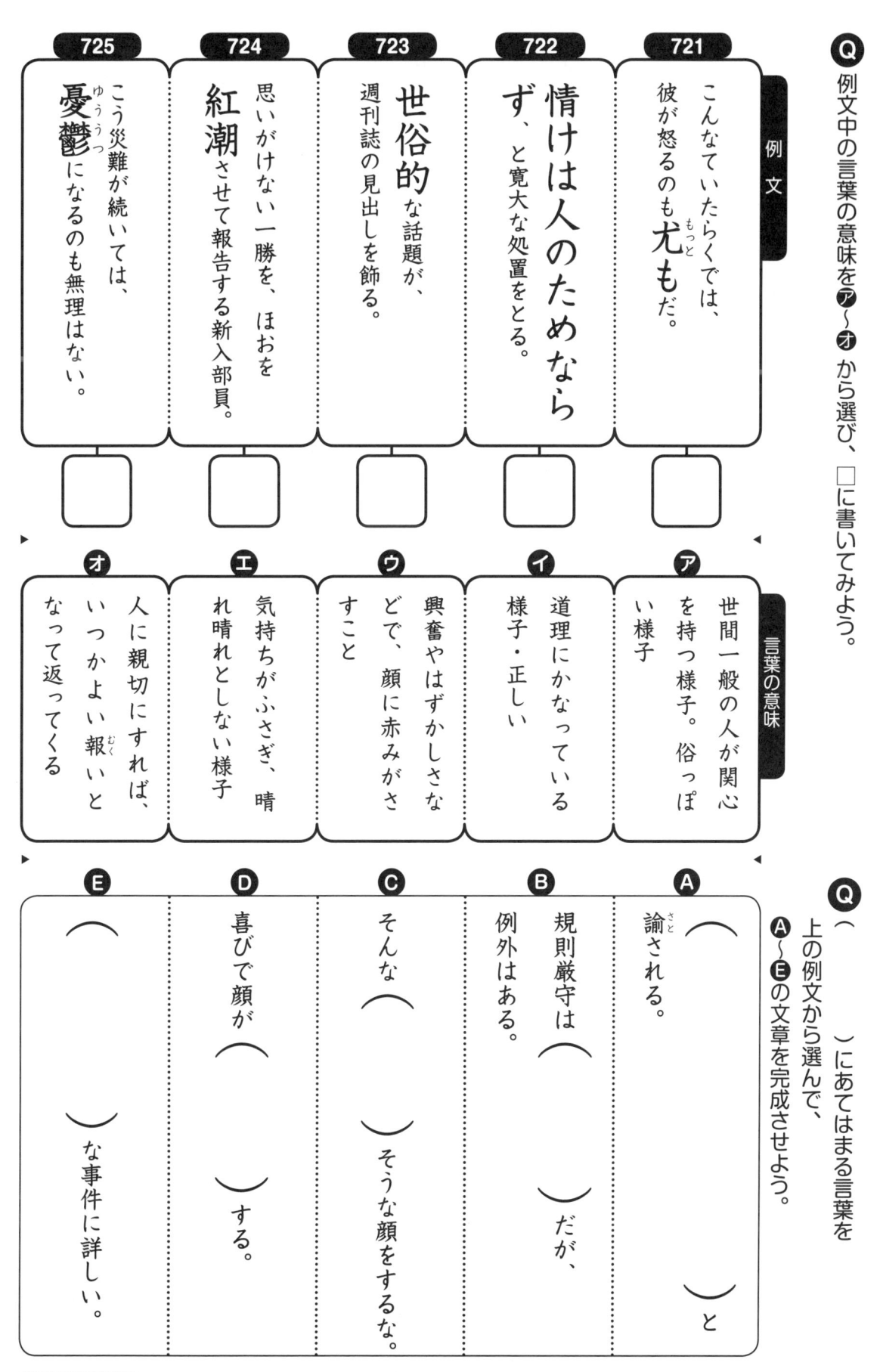

Q 例文中の言葉の意味をア～オから選び、□に書いてみよう。

例文

721 こんなていたらくでは、彼が怒るのも尤もだ。

722 情けは人のためならず、と寛大な処置をとる。

723 世俗的な話題が、週刊誌の見出しを飾る。

724 思いがけない一勝を、ほおを紅潮させて報告する新入部員。

725 こう災難が続いては、憂鬱になるのも無理はない。

言葉の意味

ア 世間一般の人が関心を持つ様子。俗っぽい様子

イ 道理にかなっている様子・正しい

ウ 興奮やはずかしさなどで、顔に赤みがさすこと

エ 気持ちがふさぎ、晴れ晴れとしない様子

オ 人に親切にすれば、いつかよい報いとなって返ってくる

Q ❹～❺の文章を完成させよう。（　）にあてはまる言葉を上の例文から選んで、

Ⓐ（　　）と諭される。

Ⓑ 規則厳守は（　　）だが、例外はある。

Ⓒ そんな（　　）そうな顔をするな。

Ⓓ 喜びで顔が（　　）する。

Ⓔ（　　）な事件に詳しい。

147　裏ページの答え　726－オ　727－ア　728－ウ　729－イ　730－エ
(A)唐突　(B)矛盾　(C)含蓄　(D)矮小　(E)懸案

Q 例文中の言葉の意味をア〜オから選び、□に書いてみよう。

例文

- 726 君の話は**矛盾**だらけで、聞くに耐えない。
- 727 **含蓄（がんちく）**に富む話に、じっと耳を傾ける。
- 728 そんな**矮小（わいしょう）**な考え方では、新しいものは生み出せない。
- 729 そんなことを**唐突**に聞かれても、返事に困る。
- 730 かねてより**懸案（けんあん）**となっていた問題が、ようやく解決した。

言葉の意味

- ア 深い意味・味わいがあること
- イ 突然で思いがけない様子
- ウ 丈が低く小さい・ちっぽけであること
- エ 前から問題とされながら、まだ解決していない事柄
- オ 物事のつじつまが合わないこと

726 — オ　727 — ア　728 — ウ　729 — イ　730 — エ

Q （　）にあてはまる言葉を上の例文から選んで、Ⓐ〜Ⓔの文章を完成させよう。

- Ⓐ （唐突）に言い出す。
- Ⓑ （矛盾）に満ちた社会。
- Ⓒ （含蓄）のある表現。
- Ⓓ 問題が（矮小）化されてしまう。
- Ⓔ （懸案）事項。

裏ページの答え　721—イ　722—オ　723—ア　724—ウ　725—エ
(A)情けは人のためならず　(B)尤も　(C)憂鬱　(D)紅潮　(E)世俗的

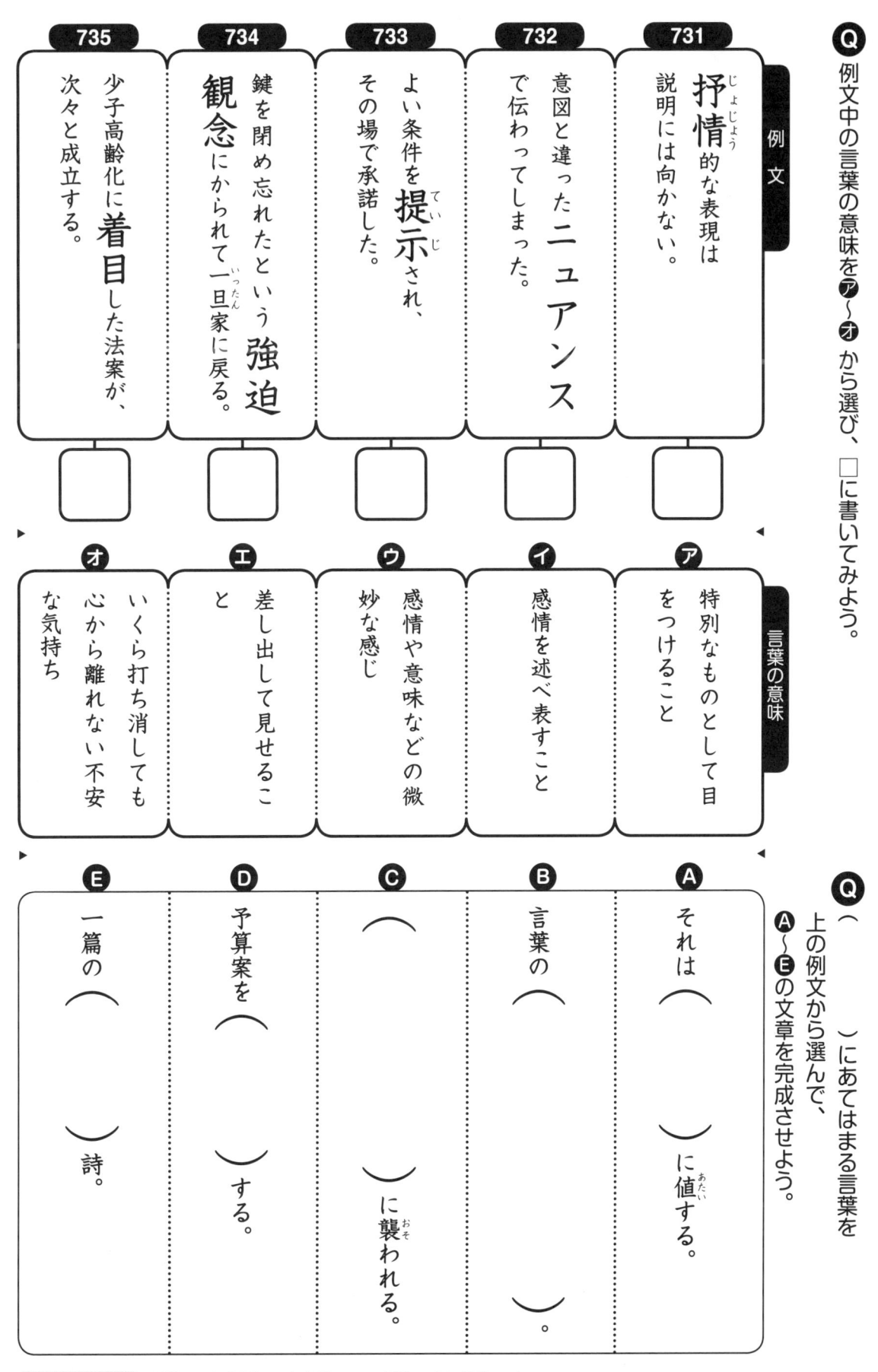

Q 例文中の言葉の意味をア〜オから選び、□に書いてみよう。

例文

731 抒情(じょじょう)的な表現は説明には向かない。

732 意図と違ったニュアンスで伝わってしまった。

733 よい条件を提示(ていじ)され、その場で承諾した。

734 鍵を閉め忘れたという観念にかられて一旦(いったん)家に戻る。

735 少子高齢化に着目した法案が、次々と成立する。

言葉の意味

ア 特別なものとして目をつけること

イ 感情を述べ表すこと

ウ 感情や意味などの微妙な感じ

エ 差し出して見せること

オ いくら打ち消しても心から離れない不安な気持ち

Q ( )にあてはまる言葉を上の例文から選んで、A〜Eの文章を完成させよう。

A それは( )に値(あたい)する。

B 言葉の( )。

C ( )に襲(おそ)われる。

D 予算案を( )する。

E 一篇の( )詩。

裏ページの答え　736—オ　737—イ　738—エ　739—ア　740—ウ
(A)やむを得ない　(B)不明　(C)交錯　(D)衣食住　(E)見くびる

Q 例文中の言葉の意味をア〜オから選び、□に書いてみよう。

例文

736 不明な箇所が多すぎて、役に立たない報告書。

737 衣食住はまかなえない。見習いの身では、当分、

738 期待と不安が交錯した心境で、発表を待つ。

739 そういう事情では、やむを得ないだろう。

740 対戦相手を初心者だと見くびるから負けるんだ。

言葉の意味

ア 仕方がない

イ 毎日の生活・暮らし

ウ 大したことはないと考え、あなどる

エ いくつかのものが複雑に入りまじること

オ はっきりとわからない様子。また、物事を見抜く力がないこと

Q （　）にあてはまる言葉を上の例文から選んで、Ⓐ〜Ⓔの文章を完成させよう。

Ⓐ （　　　　）わけがある。

Ⓑ わが身の（　　　　）を恥じるのみだ。

Ⓒ 夢と現実が（　　　　）する。

Ⓓ 親と同居で（　　　　）には困らない。

Ⓔ 子どもだと思って（　　　　）なよ。

裏ページの答え　731-イ　732-ウ　733-エ　734-オ　735-ア
(A)着目　(B)ニュアンス　(C)強迫観念　(D)提示　(E)抒情

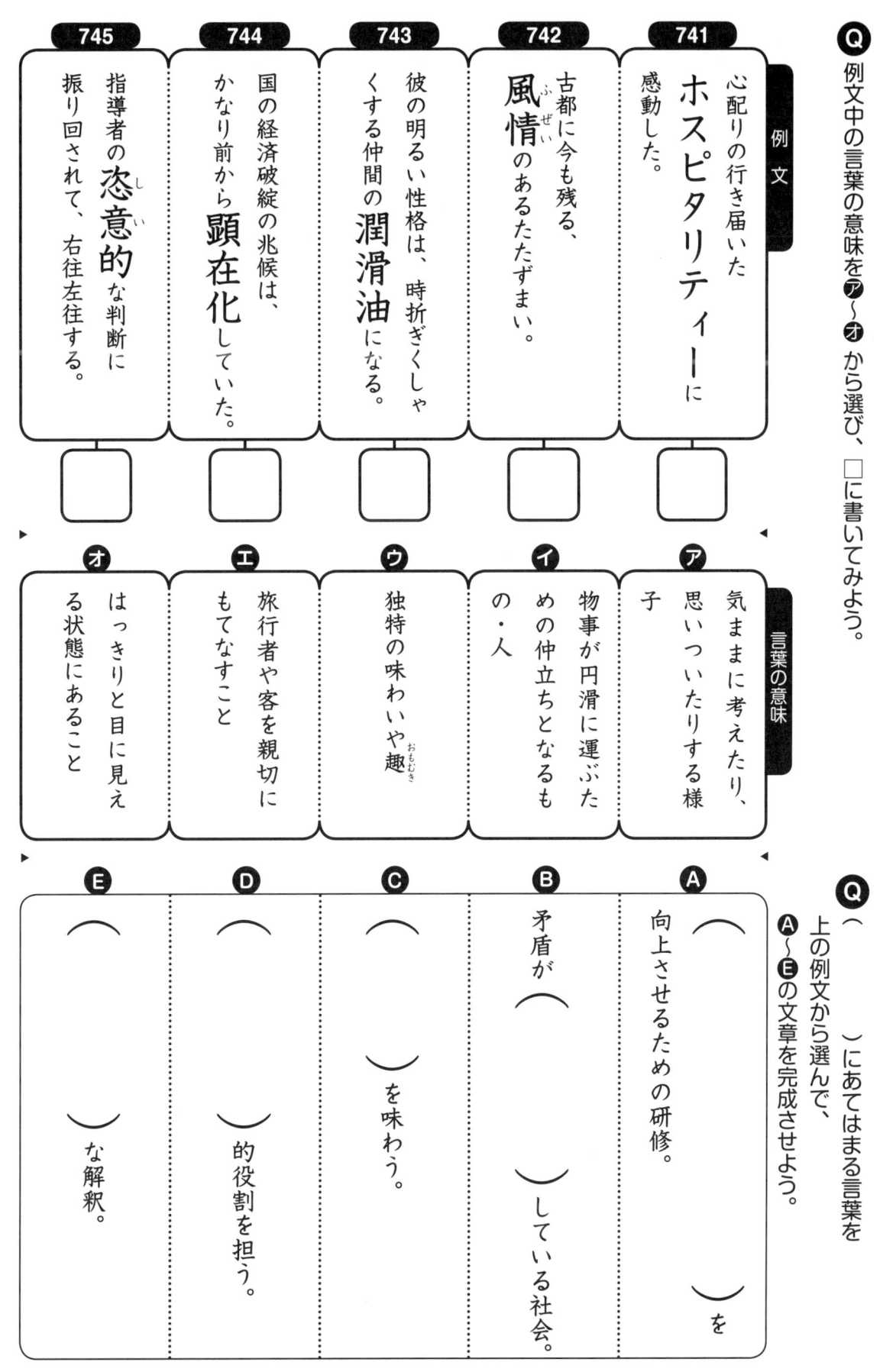

Q 例文中の言葉の意味をア〜オから選び、□に書いてみよう。

例文

741 ホスピタリティーに感動した。心配りの行き届いた

742 風情(ふぜい)のあるたたずまい。古都に今も残る、

743 潤滑油になる。彼の明るい性格は、時折ぎくしゃくする仲間の

744 顕在化していた。国の経済破綻の兆候は、かなり前から

745 恣意(しい)的な判断に振り回されて、指導者の右往左往する。

言葉の意味

ア 気ままに考えたり、思いついたりする様子

イ 物事が円滑に運ぶための仲立ちとなるもの・人

ウ 独特の味わいや趣(おもむき)

エ 旅行者や客を親切にもてなすこと

オ はっきりと目に見える状態にあること

Q Ⓐ〜Ⓔの文章を完成させよう。( )にあてはまる言葉を上の例文から選んで、

Ⓐ ( )を向上させるための研修。

Ⓑ 矛盾が( )している社会。

Ⓒ ( )を味わう。

Ⓓ ( )的役割を担う。

Ⓔ ( )な解釈。

151 裏ページの答え 746ーウ 747ーア 748ーイ 749ーオ 750ーエ
(A)ポジティブ (B)享受 (C)スパイス (D)ナイーブ (E)過度

Q 例文中の言葉の意味を㋐〜㋔から選び、□に書いてみよう。

例文

746 過度の期待はプレッシャーになる。

747 いつでもポジティブな性格は、親ゆずりだ。

748 ちくりとスパイスをきかせた皮肉を言う。

749 とてもナイーブな性格の彼には、軽々しく冗談も言えない。

750 自然の恵みを享受する田舎暮らし。

言葉の意味

㋐ 積極的（な様子）

㋑ 香辛料

㋒ 程度が過ぎること

㋓ 受け入れて、それを味わい楽しむこと

㋔ 性格が素直で純真な様子

Q （　）にあてはまる言葉を上の例文から選んで、Ⓐ〜Ⓔの文章を完成させよう。

Ⓐ （　　　）な態度をとる。

Ⓑ 自由を（　　　）する生活。

Ⓒ （　　　）が強烈だ。

Ⓓ 意外と（　　　）な面もあるようだ。

Ⓔ （　　　）の運動は体に悪い。

裏ページの答え 741－エ 742－ウ 743－イ 744－オ 745－ア
(A)ホスピタリティー (B)顕在化 (C)風情 (D)潤滑油 (E)恣意的

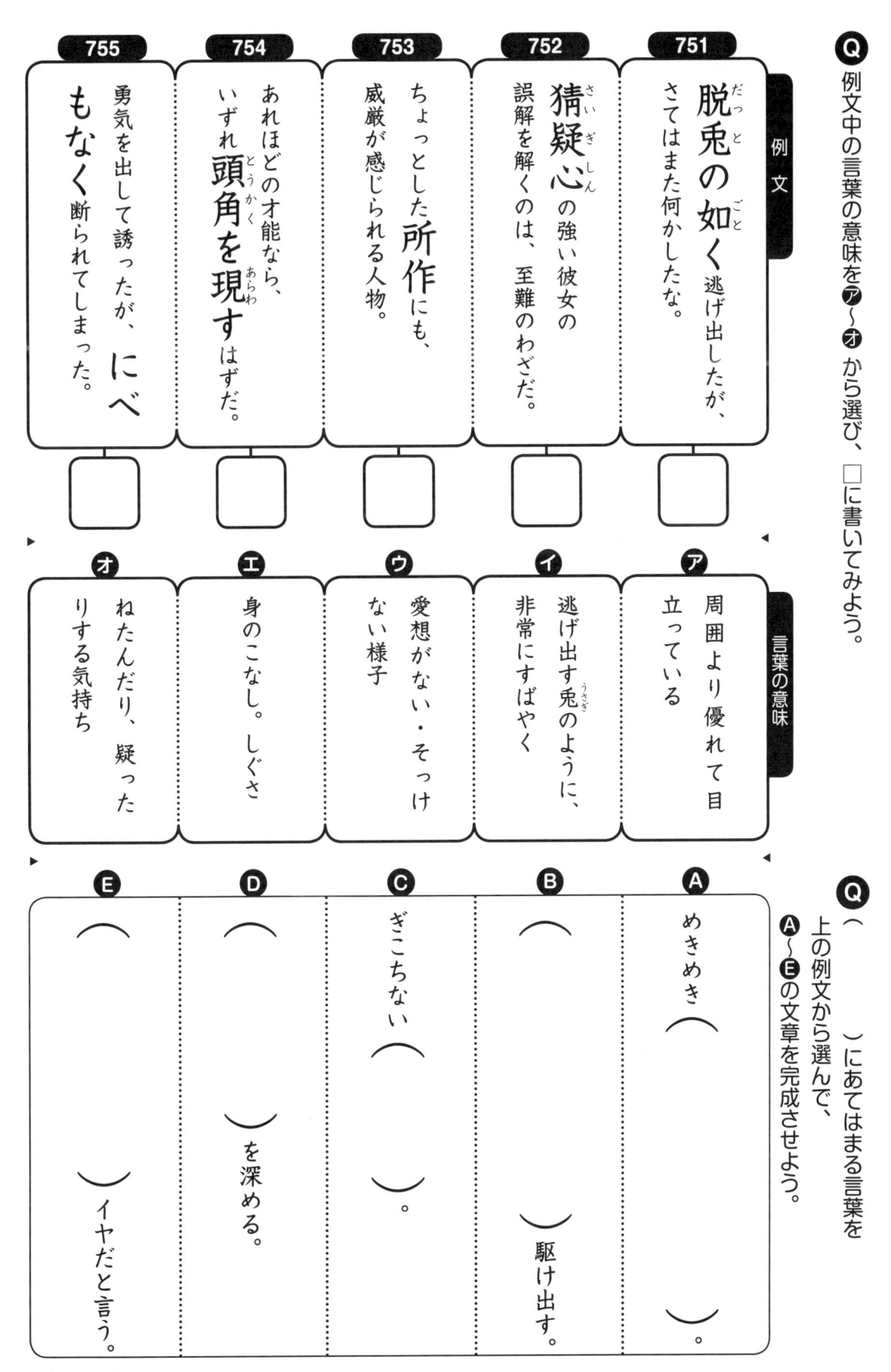

Q 例文中の言葉の意味をア～オから選び、□に書いてみよう。

例文

751 脱兎の如く逃げ出したが、さてはまた何かしたな。

752 猜疑心の強い彼女の誤解を解くのは、至難のわざだ。

753 ちょっとした所作にも、威厳が感じられる人物。

754 あれほどの才能なら、いずれ頭角を現すはずだ。

755 勇気を出して誘ったが、にべもなく断られてしまった。

言葉の意味

ア 周囲より優れて目立っている

イ 逃げ出す兎のように、非常にすばやく

ウ 愛想がない・そっけない様子

エ 身のこなし。しぐさ

オ ねたんだり、疑ったりする気持ち

Q （　）にあてはまる言葉を上の例文から選んで、Ⓐ～Ⓔの文章を完成させよう。

Ⓐ めきめき（　　）。

Ⓑ （　　）駆け出す。

Ⓒ ぎこちない（　　）。

Ⓓ （　　）を深める。

Ⓔ （　　）イヤだと言う。

153　裏ページの答え　756―オ　757―エ　758―ウ　759―ア　760―イ
(A)心許ない　(B)端的　(C)虚飾　(D)踵を返す　(E)肩肘張る

Q 例文中の言葉の意味を㋐〜㋙から選び、□に書いてみよう。

例文

756 彼の**虚飾**のない素朴な人柄にひかれる。

757 いつまでも**肩肘張る**のは、すねているようで見苦しい。

758 **端的**に言えば、この計画には反対だ。

759 不利とみた途端に**踵を返す**とは情けない。

760 これっぽちの資金では、何をするにも**心許ない**。

言葉の意味

㋐ 後戻りする。引き返す

㋑ 頼りなく不安に思う様子

㋒ はっきりしていて、手っ取り早い様子

㋓ 気負って、頑固な態度をとる

㋔ うわべだけを飾ること

Q （　）にあてはまる言葉を上の例文から選んで、Ⓐ〜Ⓔの文章を完成させよう。

Ⓐ 子どもだけでは（　　　）。

Ⓑ 簡潔で（　　　）な表現。

Ⓒ （　　　）に満ちた人生。

Ⓓ 緊急の用件で、急遽（　　　）。

Ⓔ もう（　　　）のはやめよう。

裏ページの答え　751―イ　752―オ　753―エ　754―ア　755―ウ
(A)頭角を現す　(B)脱兎の如く　(C)所作　(D)猜疑心　(E)にべもなく

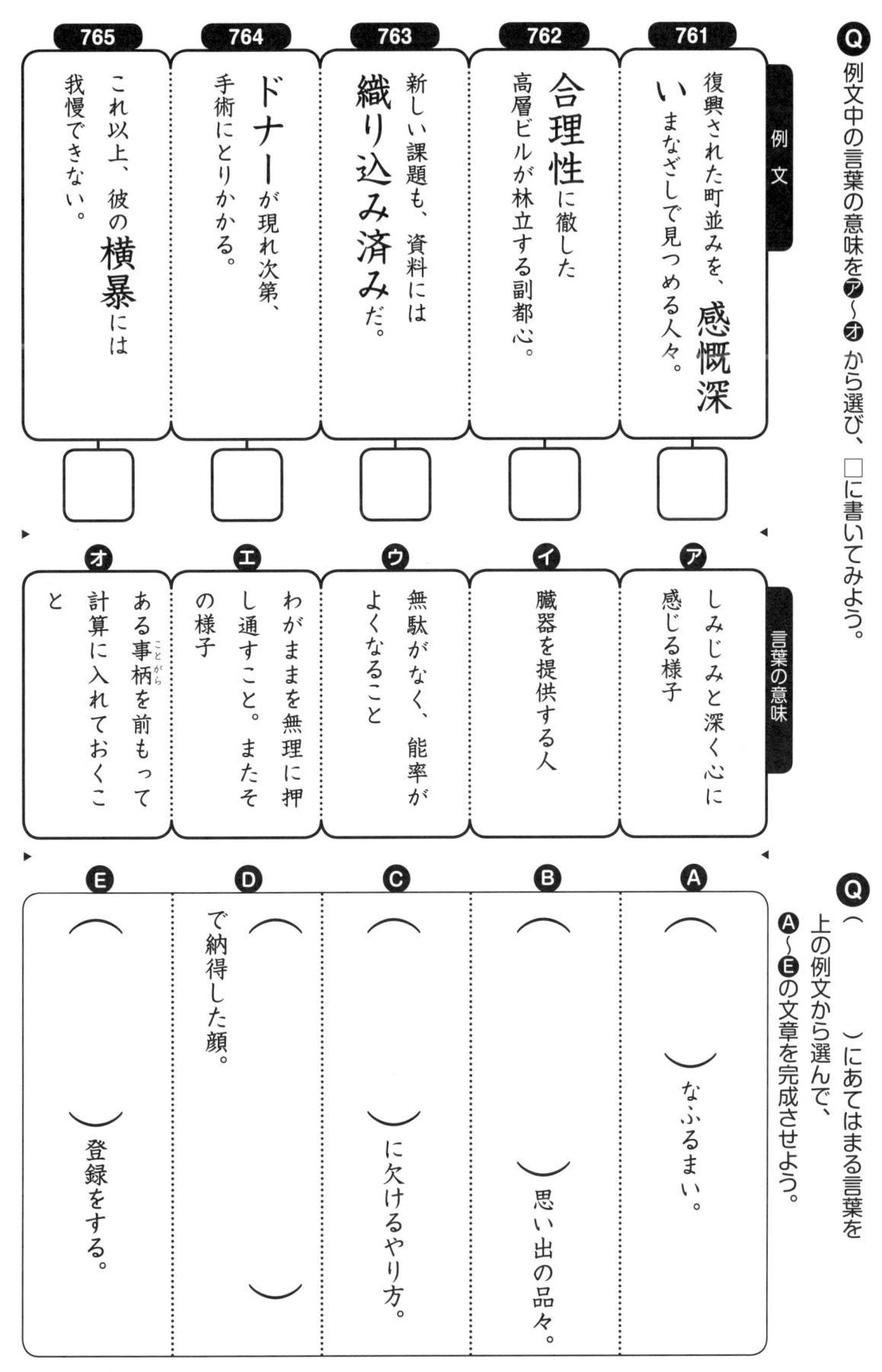

Q 例文中の言葉の意味をア〜オから選び、□に書いてみよう。

例文

761 復興された町並みを、いまなざしで見つめる人々。**感慨深**

762 高層ビルが林立する副都心。**合理性**に徹した

763 新しい課題も、資料には**織り込み済み**だ。

764 **ドナー**が現れ次第、手術にとりかかる。

765 これ以上、彼の**横暴**には我慢できない。

言葉の意味

ア しみじみと深く心に感じる様子

イ 臓器を提供する人

ウ 無駄がなく、能率がよくなること

エ わがままを無理に押し通すこと。またそうの様子

オ ある事柄(ことがら)を前もって計算に入れておくこと

Q ( )にあてはまる言葉を上の例文から選んで、Ⓐ〜Ⓔの文章を完成させよう。

Ⓐ ( )なふるまい。

Ⓑ ( )思い出の品々。

Ⓒ ( )に欠けるやり方。

Ⓓ ( )で納得した顔。

Ⓔ ( )登録をする。

裏ページの答え　766—オ　767—エ　768—イ　769—ア　770—ウ
(A)享楽的　(B)手垢のついた　(C)脳裏　(D)踏襲　(E)バックボーン

例文の言葉の意味

Q 例文中の言葉の意味をア〜オから選び、□に書いてみよう。

- 766 こんな**手垢のついた**テーマでは、やる気も出ない。 → オ
- 767 従来のやり方を**踏襲**するだけでは、進歩がない。 → エ
- 768 **脳裏**に浮かぶ数々の楽しい思い出。 → イ
- 769 彼の**享楽的**な人生観には、同調できない。 → ア
- 770 確かな**バックボーン**に基づいた話は、傾聴に値する。 → ウ

言葉の意味

- ア 欲望にまかせて、遊び楽しもうとする様子
- イ 頭の中。心の中
- ウ 思想や行動の支えとなるもの・柱
- エ それまでのやり方・方針などを、そのまま受け継いでいくこと
- オ 先に何度か行われており、新鮮みがない様子

Q ( ) にあてはまる言葉を上の例文から選んで、Ⓐ〜Ⓔの文章を完成させよう。

- Ⓐ (享楽的) な人物。
- Ⓑ (手垢のついた) では面白みがない。趣向
- Ⓒ (脳裏) に焼きつく。
- Ⓓ 先例をそのまま (踏襲) する。
- Ⓔ (バックボーン) をもった人。

裏ページの答え　761－ア　762－ウ　763－オ　764－イ　765－エ
(A)横暴　(B)感慨深い　(C)合理性　(D)織り込み済み　(E)ドナー

Q 例文中の言葉の意味をア～オから選び、□に書いてみよう。

例文

- 771 ダイエット中の彼女の前で、食べ物の話は**タブー**だ。
- 772 いい物を作るという、なこだわりはなくしたくない。**原初的**
- 773 エンジンの**欠陥**が指摘され、回収された新型車。
- 774 ピッチャーのコントロールが乱れ、ナインに**動揺**が走る。
- 775 一つの目標に向かって、全員の意識を**凝縮**する。

言葉の意味

- ア 言ったり、してはならないと禁じられていること
- イ 機能・構造などの不十分なところ
- ウ 不安で落ち着きをなくすこと
- エ 物事の起こったはじめに即した様子
- オ ばらばらなものを一つにまとめること

Q （　）にあてはまる言葉を上の例文から選んで、A～Eの文章を完成させよう。

- A （　　　）住宅。
- B 五七五に（　　　）された俳句の世界。
- C （　　　）の色が濃い。
- D 祝いの席で（　　　）とされる言葉。
- E （　　　）な問題に立ち返る。

裏ページの答え
776―オ 777―イ 778―エ 779―ウ 780―ア
(A)プログラム　(B)平素　(C)プライバシー　(D)クリエイティブ　(E)罵倒

Q 例文中の言葉の意味を㋐〜㋔から選び、□に書いてみよう。

例文

- 776　来年の計画は、すでにプログラムされている。
- 777　平素からご愛顧いただき、ありがとうございます。
- 778　将来、クリエイティブな仕事がしたい。
- 779　泥沼の連敗に、容赦のない罵倒を浴びせるサポーター。
- 780　他人のプライバシーに立ち入ることは慎みたい。

言葉の意味

- ㋐ 個人の私生活に関すること、権利
- ㋑ ふだん、いつも
- ㋒ 大声で激しく相手をののしること
- ㋓ 創造的、独創的である様子
- ㋔ 計画、予定、組み合わせ

Q （　）にあてはまる言葉を上の例文から選んで、Ⓐ〜Ⓔの文章を完成させよう。

- Ⓐ 研究の（　　）を組む。
- Ⓑ （　　）の心がけが大事。
- Ⓒ （　　）の侵害。
- Ⓓ （　　）な考え方。
- Ⓔ 口汚く（　　）する。

裏ページの答え　771—ア　772—エ　773—イ　774—ウ　775—オ
(A)欠陥　(B)凝縮　(C)動揺　(D)タブー　(E)原初的

158

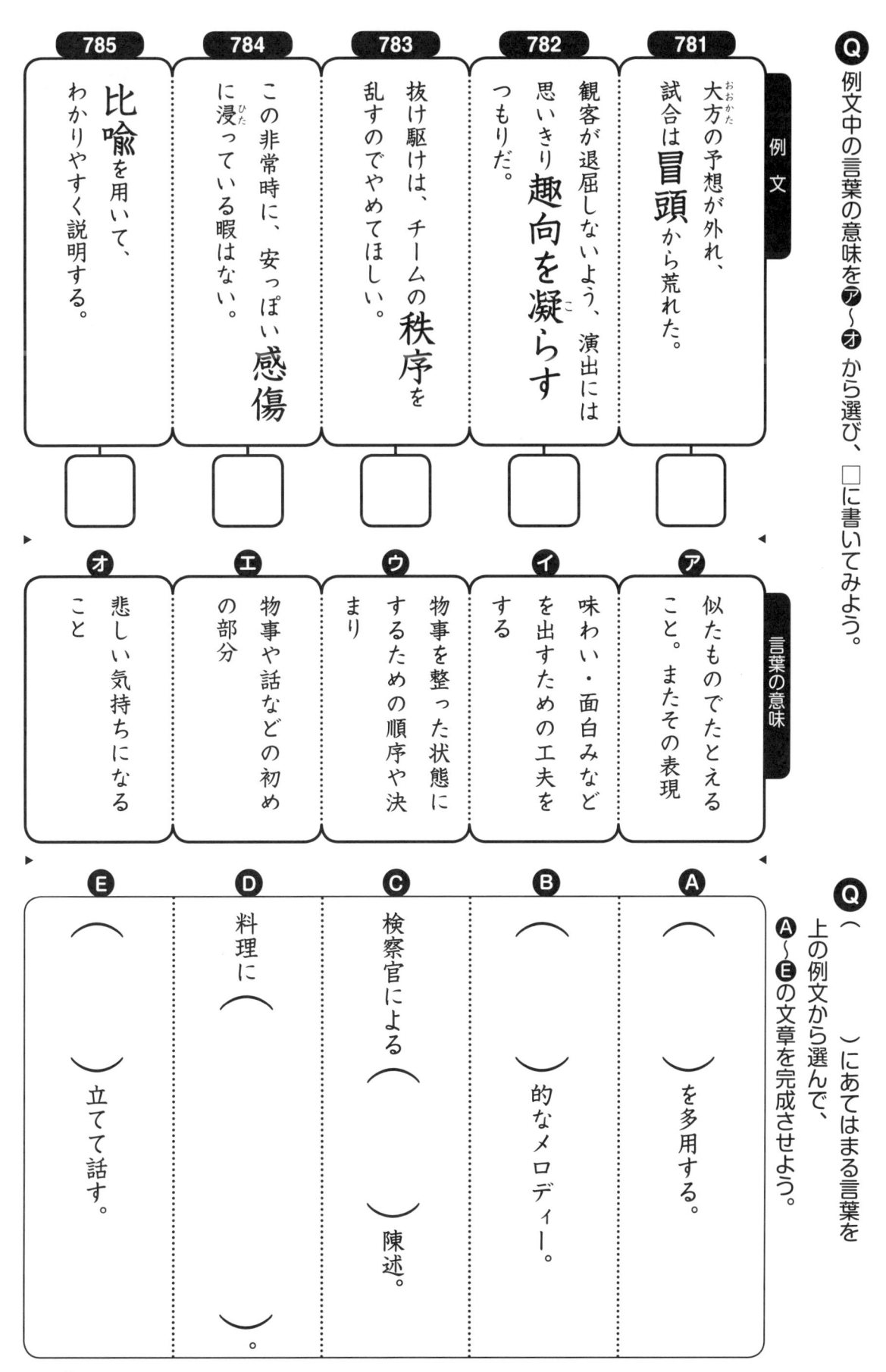

Q 例文中の言葉の意味を㋐～㋕から選び、□に書いてみよう。

例文

781 試合は**冒頭**から荒れた。

782 大方（おおかた）の予想が外れ、思いきり**趣向を凝（こ）らす**つもりだ。観客が退屈しないよう、演出には

783 抜け駆けは、チームの**秩序**を乱すのでやめてほしい。

784 この非常時に、安っぽい**感傷**に浸（ひた）っている暇はない。

785 **比喩**を用いて、わかりやすく説明する。

言葉の意味

㋐ 似たものでたとえること。またその表現

㋑ 味わい・面白みなどを出すための工夫をする

㋒ 物事を整った状態にするための順序や決まり

㋓ 物事や話などの初めの部分

㋔ 悲しい気持ちになること

Q （　）にあてはまる言葉を上の例文から選んで、Ⓐ～Ⓔの文章を完成させよう。

Ⓐ （　　　）を多用する。

Ⓑ （　　　）的なメロディー。

Ⓒ 検察官による（　　　）陳述。

Ⓓ 料理に（　　　）。

Ⓔ （　　　）立てて話す。

裏ページの答え　786－オ　787－エ　788－ウ　789－ア　790－イ
(A)淡々と　(B)変容　(C)疲弊　(D)云々　(E)駆逐

Q 例文中の言葉の意味をア〜オから選び、□に書いてみよう。

例文

786 凶作で農村の財政が**疲弊**しはじめている。

787 農作物に被害を与える害獣を**駆逐**する。

788 ここ数年の街の**変容**には、目を見張るものがある。

789 過ぎたことを今さら**云々**言ってもはじまらない。

790 人々の心象風景を**淡々と**描写した名作。

言葉の意味

ア あれこれ言うこと

イ こだわりがなく、あっさりしている様子

ウ 姿・様子が変わること

エ 追い払うこと

オ 疲れ弱ること。特に経済力が弱まること

Q （　）にあてはまる言葉を上の例文から選んで、A〜Eの文章を完成させよう。

A 今の心境を（　　　）語る。

B 鮮やかな（　　　）を遂げる。

C 気遣いで神経が（　　　）する。

D 廃部（　　　）のうわさは本当だろうか。

E 悪貨は良貨を（　　　）する。

裏ページの答え　781―エ　782―イ　783―ウ　784―オ　785―ア
(A)比喩　(B)感傷　(C)冒頭　(D)趣向を凝らす　(E)秩序

160

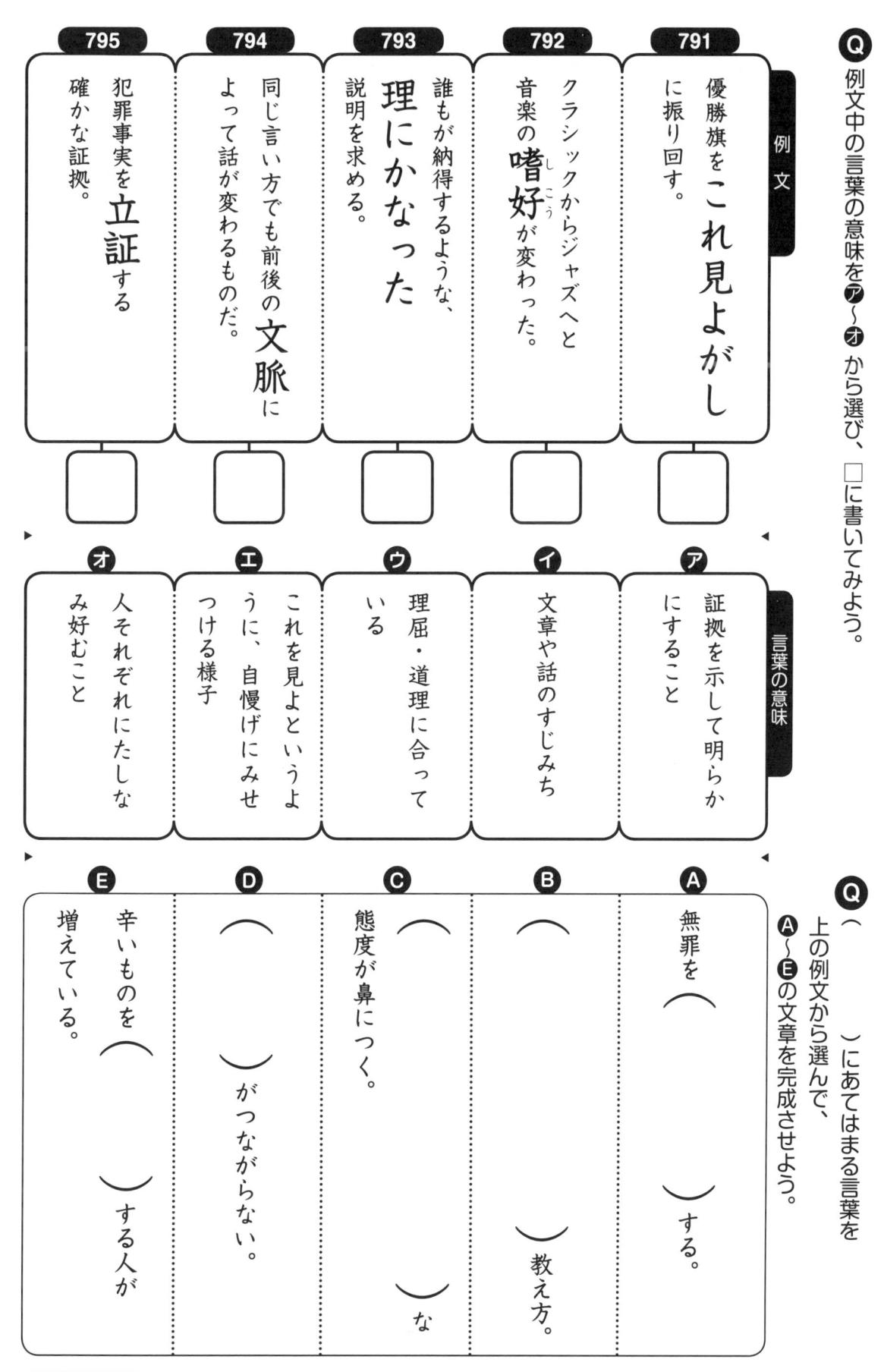

Q 例文中の言葉の意味をア～オから選び、□に書いてみよう。

例文

- 791　優勝旗をこれ見よがしに振り回す。
- 792　クラシックからジャズへと音楽の嗜好(しこう)が変わった。
- 793　誰もが納得するような、理にかなった説明を求める。
- 794　同じ言い方でも前後の文脈によって話が変わるものだ。
- 795　犯罪事実を立証する確かな証拠。

言葉の意味

- ア　証拠を示して明らかにすること
- イ　文章や話のすじみち
- ウ　理屈・道理に合っている
- エ　これを見よというように、自慢げにみせつける様子
- オ　人それぞれにたしなみ好むこと

Q （　）にあてはまる言葉を上の例文から選んで、A～Eの文章を完成させよう。

- Ⓐ　無罪を（　　）する。
- Ⓑ　（　　）教え方。
- Ⓒ　（　　）な態度が鼻につく。
- Ⓓ　（　　）がつながらない。
- Ⓔ　辛いものを（　　）する人が増えている。

裏ページの答え
796－イ　797－エ　798－ウ　799－オ　800－ア
(A)反映　(B)威圧感　(C)チャリティー　(D)おざなり　(E)ぞっとしない

Q 例文中の言葉の意味を ア〜オ から選び、□に書いてみよう。

例文

796 忙しいからといって、おざなりな仕事をしてはいけない。

797 不安定な世相を反映した、やりきれない事故が頻発(ひんぱつ)している。

798 相手のトラウマを抉(えぐ)るなんて、ぞっとしないやり方だ。

799 威圧感があって、近寄りがたい人物。

800 チャリティーオークションが開催される。

言葉の意味

ア 思いやりの気持ちをもって行う活動・慈善活動

イ 間に合わせで、いいかげんな様子

ウ あまり感心しない

エ ある物事の影響がほかのものに現れること

オ おどして圧倒するような感じ

Q （　）にあてはまる言葉を上の例文から選んで、A〜Eの文章を完成させよう。

Ⓐ 民意が（　　　）された改革案。

Ⓑ （　　　）を与えるふるまい。

Ⓒ （　　　）に参加する。

Ⓓ （　　　）なあいさつ。

Ⓔ （　　　）趣向。

裏ページの答え
791－エ　792－オ　793－ウ　794－イ　795－ア
(A)立証　(B)理にかなった　(C)これ見よがし　(D)文脈　(E)嗜好

Q 例文中の言葉の意味を㋐～㋒から選び、□に書いてみよう。

例文

801 どんな誘いにも動じない、君の強情さには**脱帽**するよ。

802 陰と陽という、**対照的**な性格の二人。

803 何が何でもやり抜こうという**気概**が快挙を生んだ。

804 いかつい**風貌**からは想像もしないほど繊細な人。

805 主人公のあのセリフには、**必然性**が無くて不自然だ。

言葉の意味

㋐ すぐれていると認めて、敬意を表すこと

㋑ 必ずそうであるべきこと

㋒ 二つの物事の違いがきわだっている様子

㋓ どんな困難にも屈しない強い意気込み

㋔ 顔つきや身なりなどの様子

Q ( )にあてはまる言葉を上の例文から選んで、Ⓐ～Ⓔの文章を完成させよう。

Ⓐ 怪しげな( )。

Ⓑ ( )な考え方。

Ⓒ 彼の博識には( )だ。

Ⓓ ( )が認められない。

Ⓔ 並み並みならぬ( )を見せる。

裏ページの答え　806―オ　807―イ　808―ア　809―エ　810―ウ
(A)やおら　(B)紛糾　(C)蔓延　(D)顔向け　(E)レトリック

Q 例文中の言葉の意味をア～オから選び、□に書いてみよう。

例文

806　予算の配分で、会議の**紛糾**が予想される。

807　あの作家の**レトリック**を利かした文章は、卓越している。

808　悲観的な考えが**蔓延**する背景には、不安定な社会情勢がある。

809　彼は長い沈黙のあと、**やおら**口を開いた。

810　あんな不始末をしては、もう世間に**顔向け**できないだろう。

言葉の意味

ア　良くないことが広がること

イ　言葉を巧みに使って、効果的に表現すること

ウ　人と顔を合わせること

エ　あわてずに、ゆっくり動作を始める様子。おもむろに

オ　物事がうまくまとまらず、もめること

Q （　）にあてはまる言葉を上の例文から選んで、Ⓐ～Ⓔの文章を完成させよう。

Ⓐ　（　　　）席を立つ。

Ⓑ　（　　　）した事態を収拾する。

Ⓒ　伝染病の（　　　）をくいとめる。

Ⓓ　恥ずかしくて（　　　）がならない。

Ⓔ　（　　　）にごまかされる。

裏ページの答え　801－ア　802－ウ　803－エ　804－オ　805－イ
(A)風貌　(B)対照的　(C)脱帽　(D)必然性　(E)気概

164

Q 例文中の言葉の意味をア〜オから選び、□に書いてみよう。

例文

811 彼がキャプテンに立候補するよう、みんなで焚(た)きつける。

812 子どもの通学路に、ガードレールを設置するよう嘆願する。

813 彼が首を大きく振ったら、だめだというシグナルだ。

814 時間の都合で、この件は割愛(かつあい)します。

815 瓢箪(ひょうたん)から駒(こま)で、相手が本気でこの話に乗ってきた。

言葉の意味

ア その気になるように仕向ける。そそのかす

イ 冗談で言ったことが現実になること

ウ 事情を説明して、心から願うこと

エ 合図・しるし

オ 惜しいと思いながら、切り捨てること

Q （　）にあてはまる言葉を上の例文から選んで、Ａ〜Ｅの文章を完成させよう。

Ａ 飛び入り参加なのに優勝してしまうとはこれこそ（　　）だ。

Ｂ （　　）書を提出する。

Ｃ けんかさせようと二人を（　　）。

Ｄ 紙幅の都合で詳細は（　　）させていただきます。

Ｅ 虐待の（　　）を見逃すな。

裏ページの答え　816―エ　817―オ　818―ア　819―ウ　820―イ
(A)世知辛い　(B)傍目　(C)一貫性　(D)太刀打ち　(E)名状しがたい

Q 例文中の言葉の意味をア〜オから選び、□に書いてみよう。

例文

816 傍目（はため）を気にして言いたいことも言わないなんて君らしくない。

817 事件の予想外の展開に、名状（めいじょう）しがたい不安が襲（おそ）う。

818 彼の主張には一貫性がなく、簡単に周囲の状況に左右される。

819 真正面から太刀（たち）打ちしたらとうてい勝てる相手ではない。

820 何が原因で、こんな世知辛（せちがら）い世の中になったのだろう。

言葉の意味

ア はじめから終わりまで1つのことを貫（つらぬ）く様子

イ 損得に抜け目がなく、人情がうすく、暮らしにくい様子

ウ まともに張り合って勝負すること

エ 余所（よそ）の人から見た感じ

オ ありさまを言い表すことができない

Q （　）にあてはまる言葉を上の例文から選んで、Ⓐ〜Ⓔの文章を完成させよう。

Ⓐ 何をやるにも金がかかるとは（　　　）ものだ。

Ⓑ （　　　）にも気の毒な痛々しい姿。

Ⓒ （　　　）に欠ける。

Ⓓ とても（　　　）できない。

Ⓔ （　　　）惨状。

裏ページの答え　811－ア　812－ウ　813－エ　814－オ　815－イ
(A)瓢箪から駒　(B)嘆願　(C)焚きつける　(D)割愛　(E)シグナル

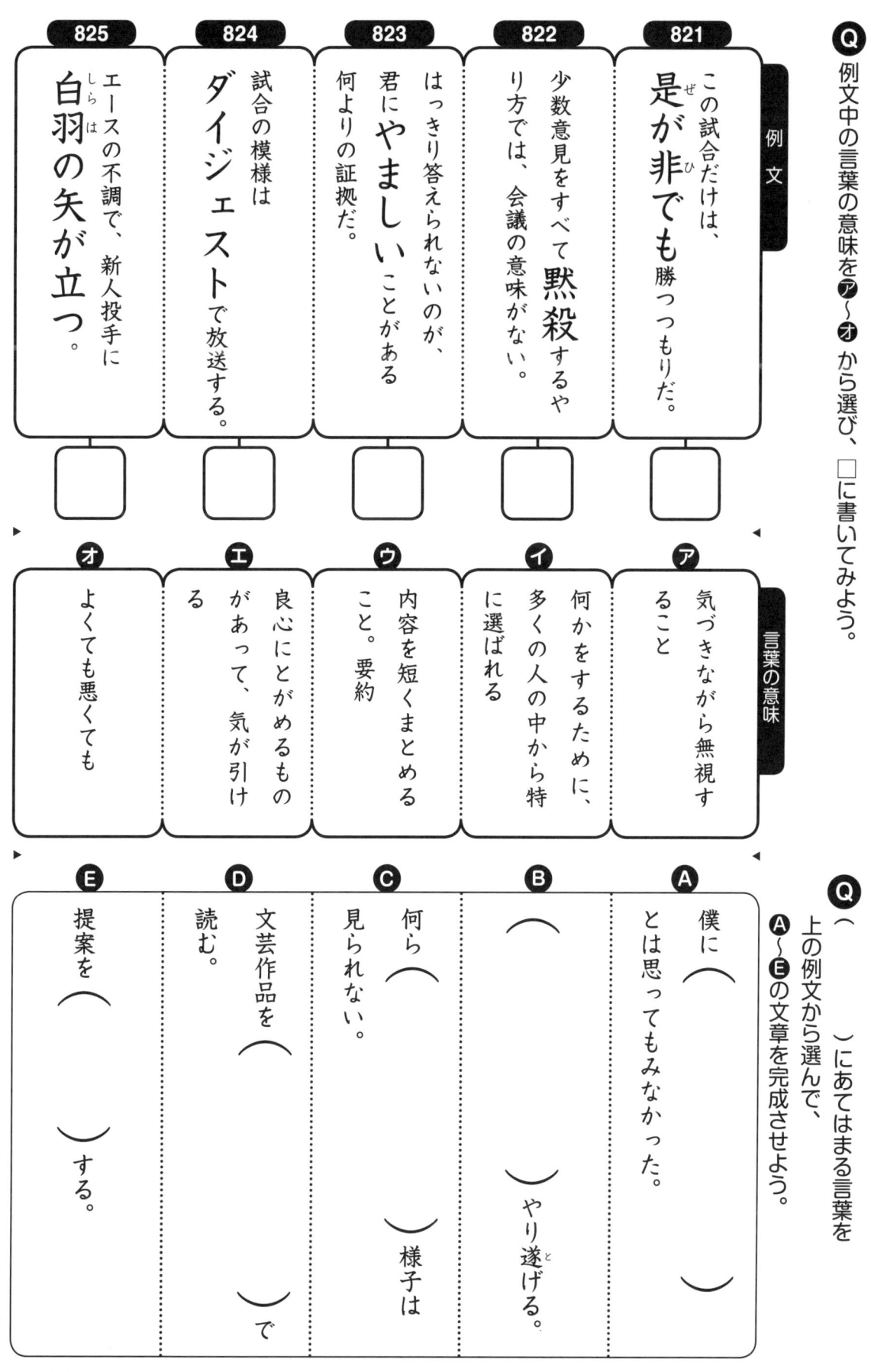

Q 例文中の言葉の意味を ア〜オ から選び、□ に書いてみよう。

例文

821 この試合だけは、是（ぜ）が非（ひ）でも勝つつもりだ。

822 少数意見をすべて**黙殺**するやり方では、会議の意味がない。

823 はっきり答えられないのが、何よりの証拠だ。君に**やましい**ことがある

824 試合の模様は**ダイジェスト**で放送する。

825 エースの不調で、新人投手に**白羽（しらは）の矢が立つ**。

言葉の意味

ア 気づきながら無視すること

イ 何かをするために、多くの人の中から特に選ばれる

ウ 内容を短くまとめること。要約

エ 良心にとがめるものがあって、気が引ける

オ よくても悪くても

Q （　）にあてはまる言葉を **A**〜**E** の例文から選んで、**A**〜**E** の文章を完成させよう。

A 僕に（　　）とは思ってもみなかった。

B （　　）やり遂（と）げる。

C 何ら（　　）様子は見られない。

D 文芸作品を（　　）で読む。

E 提案を（　　）する。

裏ページの答え　826―ウ　827―イ　828―オ　829―ア　830―エ
(A)機先を制す　(B)反故にする　(C)筆頭　(D)布石　(E)尻馬に乗る

Q 例文中の言葉の意味をア〜オから選び、□に書いてみよう。

例文

826　あまりに嘘が多すぎるので、君たちとの契約は**反故にする**。

827　若いうちの失敗は、将来への**布石**と考えれば安い物だ。

828　次期生徒会長候補の**筆頭**に、彼の名前があった。

829　先頭打者の豪快なホームランで**機先を制す**。

830　こんな結果になるのなら、彼らの**尻馬に乗る**んじゃなかった。

言葉の意味

ア　相手よりも先に行動して、自分のほうを有利にする

イ　将来のためにする準備

ウ　無いものとする

エ　よく考えもせずに、他人の行動に便乗する

オ　名前を書き並べたり、序列をつけるときの一番はじめ

Q （　）にあてはまる言葉を上の例文から選んで、Ⓐ〜Ⓔの文章を完成させよう。

Ⓐ　先制攻撃で（　　　）。

Ⓑ　約束を（　　　）。

Ⓒ　戸籍の（　　　）者。

Ⓓ　次期選挙への（　　　）とする。

Ⓔ　ついついつられて（　　　）。

裏ページの答え
821－オ　822－ア　823－エ　824－ウ　825－イ
(A)白羽の矢が立つ　(B)是が非でも　(C)やましい　(D)ダイジェスト　(E)黙殺

168

Q 例文中の言葉の意味をア〜オから選び、□に書いてみよう。

例文

831 あちこち詮索（せんさく）して、面白い情報をつかんできた。

832 新参者が組織全体を牛耳る（ぎゅうじる）というのは、納得できない。

833 何ごとも思うようにならず、心が荒む（すさむ）日々。

834 事件のほとぼりが冷めるまで、見知らぬ土地で暮らす。

835 ストレスのはけ口（ぐち）を求めてジョギングを始めた。

言葉の意味

ア たまっているエネルギーや感情などを発散させるもの

イ 事件などが終わった後まで残る、人々の関心

ウ 心や生活にうるおいがなくなり、荒れる

エ 細かいところまで探り調べること

オ 集団・組織などを自分の思いのままに動かす

Q （　）にあてはまる言葉を上の例文から選んで、Ⓐ〜Ⓔの文章を完成させよう。

Ⓐ 不満の（　　　）で八つ当たりされる。

Ⓑ あまり深く（　　　）するな。

Ⓒ 人気におぼれ、生活が（　　　）。

Ⓓ （　　　）が冷めるまで身を隠す。

Ⓔ 組織の活動を（　　　）。

裏ページの答え　836—ア　837—ウ　838—イ　839—オ　840—エ
(A)生半可　(B)二の足を踏む　(C)紅一点　(D)ローカル　(E)わきまえて

例文 / 言葉の意味

- 836: 郷里での同窓会は、いつもローカルな話題で盛り上がる。 → **ア**
- 837: 生半可な練習では、あのチームには勝てない。 → **ウ**
- 838: 欲しかったが、あまりの高値に二の足を踏む。 → **イ**
- 839: チームの紅一点（こういってん）の彼女が、試合で男子顔負けの働きをする。 → **オ**
- 840: 血気盛んな彼らに、立場をわきまえて行動しろと諭（さと）す。 → **エ**

言葉の意味
- ア　ある地方・地域に限られていること
- イ　ためらう。尻込みする
- ウ　中途半端な様子。不十分である様子
- エ　物事の道理・あり方などを心得て何かをする様子
- オ　多くの男性の中に混じっているただ一人の女性

Q　（　）にあてはまる言葉を上の例文から選んで、A〜Eの文章を完成させよう。

- Ⓐ （　　　）な知識では通用しない。
- Ⓑ ここで（　　　）やつがあるか。
- Ⓒ クラブの中の（　　　）。
- Ⓓ のどかな田園地帯を走る（　　　）線。
- Ⓔ 時と場所を（　　　）言え。

裏ページの答え　831—エ　832—オ　833—ウ　834—イ　835—ア
(A)はけ口　(B)詮索　(C)荒む　(D)ほとぼり　(E)牛耳る

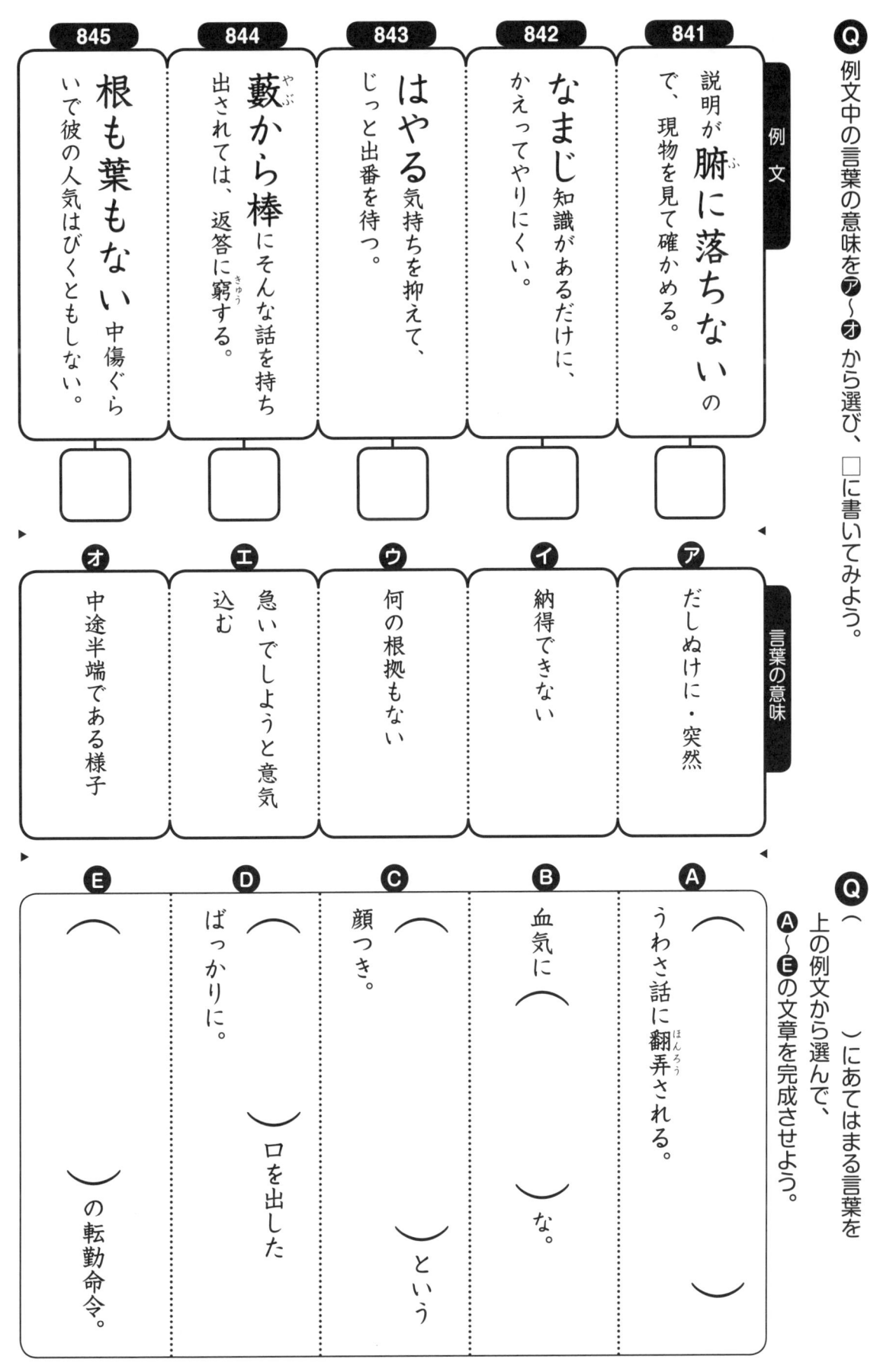

Q 例文中の言葉の意味をア〜オから選び、□に書いてみよう。

例文

841 説明が腑に落ちないので、現物を見て確かめる。

842 なまじ知識があるだけに、かえってやりにくい。

843 はやる気持ちを抑えて、じっと出番を待つ。

844 藪から棒にそんな話を持ち出されては、返答に窮する。

845 根も葉もない中傷ぐらいで彼の人気はびくともしない。

言葉の意味

ア だしぬけに・突然

イ 納得できない

ウ 何の根拠もない

エ 急いでしようと意気込む

オ 中途半端である様子

Q （ ）にあてはまる言葉を上の例文から選んで、Ⓐ〜Ⓔの文章を完成させよう。

Ⓐ （ ）うわさ話に翻弄される。

Ⓑ 血気に（ ）な。

Ⓒ （ ）という顔つき。

Ⓓ （ ）口を出したばっかりに。

Ⓔ （ ）の転勤命令。

---

171 裏ページの答え　846—エ　847—オ　848—ア　849—イ　850—ウ
(A)白日の下に晒す　(B)ライフライン　(C)メジャー　(D)負い目　(E)やむにやまれぬ

Q 例文中の言葉の意味を㋐～㋔から選び、□に書いてみよう。

例文

846 電気やガスは、都市生活に欠かせないライフラインだ。

847 辛い目にあわせた負い目があるから、強くは言えない。

848 政界と財界の癒着を白日の下に晒す。

849 世界的に見れば、野球よりサッカーのほうがメジャーだ。

850 やむにやまれぬ事情から、監督を辞任することにした。

言葉の意味

㋐ 隠れていたことを公にする

㋑ 一流であること。有名であること

㋒ そうするよりほかない

㋓ 都市で生活するための命綱・生命線

㋔ 申し訳ないという、相手に対して気がひける感じ

Q （ ）にあてはまる言葉を㊀～㊄の文章から選んで、上の例文から選んで、㊀～㊄の文章を完成させよう。

㊀ 事件の真相を（　　）。

㊁ （　　）を確保する。

㊂ （　　）リーグで活躍する。

㊃ 一生（　　）を負う。

㊄ （　　）理由がある。

裏ページの答え　841―イ　842―オ　843―エ　844―ア　845―ウ
(A)根も葉もない　(B)はやる　(C)腑に落ちない　(D)なまじ　(E)藪から棒

Q 例文中の言葉の意味をア〜オから選び、□に書いてみよう。

例文

851 卓越した記憶力を発揮して、難問を次々とこなす解答者。

852 責任を問われ、針の筵（むしろ）に座る心地がした。

853 作業コストを考えると、この仕事は割に合わない。

854 国民の感情を逆撫（さかな）でするような、政治家の無神経な発言。

855 わが社は、「環境に優しいものづくり」がモットーだ。

言葉の意味

ア 費用。物の値段

イ 行動や努力の目標とする事柄・言葉

ウ 非難や敵意のなかで、常に心が休まらない状態のたとえ

エ ずば抜けて優れていること

オ わざわざ相手の気に障（さわ）ることを言ったり、したりすること

Q （　）にあてはまる言葉を上の例文から選んで、A〜Eの文章を完成させよう。

A （　　　）がかかりすぎる。

B 神経を（　　　）する一言。

C （　　　）に座っているような思い。

D （　　　）した才能の持ち主。

E 勤勉が（　　　）だ。

裏ページの答え
856—イ　857—オ　858—ア　859—ウ　860—エ
(A)横槍　(B)もっけの幸い　(C)腹を探る　(D)埒があかない　(E)見かねて

Q 例文中の言葉の意味をア〜オから選び、□に書いてみよう。

例文

856 親への不意の来客を手伝いをやめて遊びにいった**もっけの幸い**と、

857 あまりの不器用さを**見かねて**手助けをした。

858 ニコニコしながら人の**腹を探る**とは、油断のならない奴だ。

859 あと一歩というところで**横槍**（よこやり）が入り、話がまとまらなかった。

860 低迷する景気の先行きは、一向に**埒**（らち）**があかない**。

言葉の意味

ア 人の心の中を探り出そうとする

イ 思いがけない幸運

ウ 関係のない人がわきから口を出して、文句を言うこと

エ 物事の決着がつかない

オ とても平気で見ていることができない

Q （　）にあてはまる言葉を上の例文から選んで、Ⓐ〜Ⓔの文章を完成させよう。

Ⓐ あの人は何かと（　　　）を入れる。

Ⓑ （　　　）とばかりに逃げ出す。

Ⓒ 互いに相手の（　　　）。

Ⓓ こんなやり方では（　　　）。

Ⓔ 見るに（　　　）手を貸す。

裏ページの答え　851—エ　852—ウ　853—ア　854—オ　855—イ
(A)コスト　(B)逆撫で　(C)針の筵　(D)卓越　(E)モットー

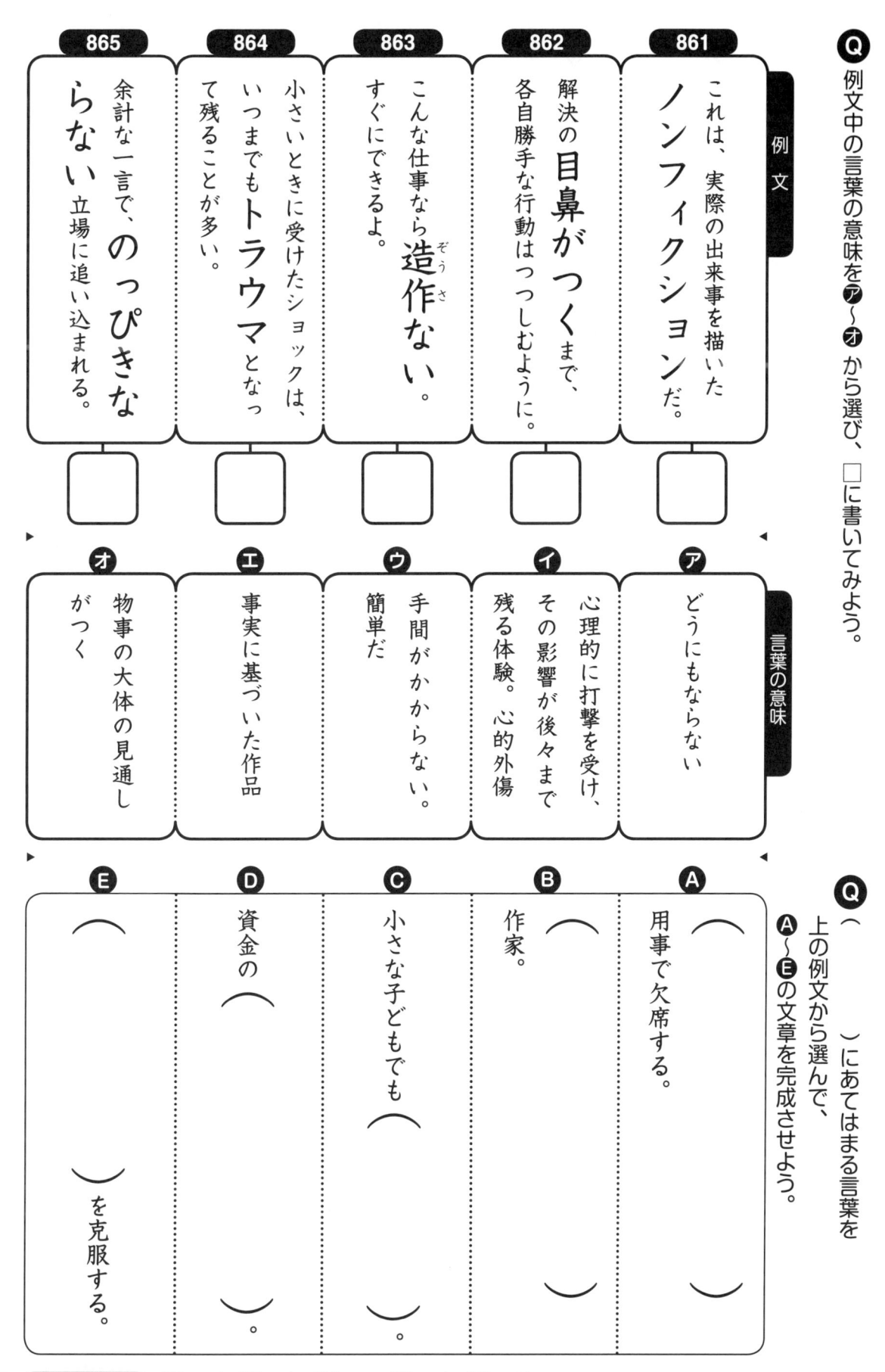

Q 例文中の言葉の意味を ア〜オ から選び、□に書いてみよう。

例文

861 これは、実際の出来事を描いた**ノンフィクション**だ。

862 解決の**目鼻がつく**まで、各自勝手な行動はつつしむように。

863 こんな仕事なら**造作(ぞうさ)ない**。すぐにできるよ。

864 小さいときに受けたショックは、いつまでも**トラウマ**となって残ることが多い。

865 余計な一言で、**のっぴきならない**立場に追い込まれる。

言葉の意味

ア どうにもならない

イ 心理的に打撃を受け、その影響が後々まで残る体験。心的外傷

ウ 手間がかからない。簡単だ

エ 事実に基づいた作品

オ 物事の大体の見通しがつく

Q （　）にあてはまる言葉を上の例文から選んで、A〜Eの文章を完成させよう。

A （　　　）用事で欠席する。

B （　　　）作家。

C 小さな子どもでも（　　　）。

D 資金の（　　　）。

E （　　　）を克服する。

裏ページの答え　866―イ　867―ウ　868―エ　869―オ　870―ア
(A)抜粋　(B)吹聴　(C)おぞましい　(D)ベーシック　(E)高じて

Q 例文中の言葉の意味を㋐〜㋔から選び、□に書いてみよう。

例文

866 こちらの失敗をわざわざ**吹聴**（ふいちょう）して回るなんて、嫌みなやつだ。

867 幼児虐待の**おぞましい**事件に、胸が痛む。

868 彼はうぬぼれが**高じて**、クラス中の嫌われ者になった。

869 今日は会社訪問なので、**ベーシック**な黒のスーツを着る。

870 時間がないから要点だけ**抜粋**（ばっすい）して手短に話す。

言葉の意味

㋐ 必要な部分を抜き出すこと

㋑ 言いふらすこと

㋒ ぞっとするほど嫌な感じがする様子

㋓ はなはだしくなって、ますますひどくなって

㋔ 基本的・基礎的

Q （　）にあてはまる言葉を上の例文から選んで、Ⓐ〜Ⓔの文章を完成させよう。

Ⓐ 関係論文から（　　）する。

Ⓑ 自慢話を（　　）する。

Ⓒ 聞くだけでも（　　）。

Ⓓ 学習から（　　）なやり直す。

Ⓔ 趣味が（　　）天職になる。

裏ページの答え　861－エ　862－オ　863－ウ　864－イ　865－ア
(A)のっぴきならない　(B)ノンフィクション　(C)造作ない　(D)目鼻がつく　(E)トラウマ

Q 例文中の言葉の意味を㋐〜㋔から選び、□に書いてみよう。

例文

871 優勝候補が無名選手に負けるなんて、とんだ**番狂わせ**だ。

872 彼はタイプの女性にだけ、フェミニストぶりを発揮する。

873 彼は最後の試合に勝って、**有終の美**を飾ることができた。

874 あの歌手はデビューするやいなや、**矢継ぎ早**にヒット曲を世に出した。

875 この計画は**コンセプト**が決まりしだい、すぐにも着手する。

言葉の意味

㋐ 企画・商品などの基本になる考え方

㋑ 物事を最後まで立派にやり遂げること

㋒ 次から次へと続けさまに行う様子

㋓ 女性を大切にする男性

㋔ 予想外なことが起こって、順序や結果が狂うこと

Q ( )にあてはまる言葉を上の例文から選んで、Ⓐ〜Ⓔの文章を完成させよう。

Ⓐ 本物の( )などめったにいない。

Ⓑ 最後までちゃんとやり抜いて( )。

Ⓒ ( )に質問を浴びせかける。

Ⓓ ( )のよくわからない作品。

Ⓔ ( )の初戦敗退。

---

177 **裏ページの答え** 876—エ 877—ウ 878—ア 879—オ 880—イ
(A)宝の持ち腐れ (B)ボイコット (C)藁にもすがる (D)ワンマン (E)会心

Q 例文中の言葉の意味をア～オから選び、□に書いてみよう。

例文

876 ボスは無類のワンマンで、決して部下にノーと言わせない。

877 野党が審議をボイコットしたため、法案の成立が難航した。

878 優れた才能を、宝の持ち腐れにするのはもったいない。

879 予想以上のできばえに、思わず会心（かいしん）の笑みが浮かぶ。

880 通りがかりの子どもに、藁（わら）にもすがる思いで助けを求めた。

言葉の意味

ア 役に立つものや才能を持ちながら、それを活用しないこと

イ 本当に困ったときは頼りないものまで頼りたくなること

ウ 集まりなどへの参加を拒否すること

エ 他人の意見を聞かず、自分の思うままにふるまうこと

オ 満足すること

Q （　）にあてはまる言葉を上の例文から選んで、Ⓐ～Ⓔの文章を完成させよう。

Ⓐ 資格を（　　　）にするな。

Ⓑ 授業を（　　　）する。

Ⓒ 切羽（せっぱ）詰まって（　　　）思いだ。

Ⓓ （　　　）社長。

Ⓔ （　　　）の作。

裏ページの答え　871－オ　872－エ　873－イ　874－ウ　875－ア
(A)フェミニスト　(B)有終の美を飾る　(C)矢継ぎ早　(D)コンセプト　(E)番狂わせ

178

Q 例文中の言葉の意味を ア〜オ から選び、□に書いてみよう。

例文

881 意見の一致が見られないまま **見切り発車** で決定された。 → エ

882 夜空に **燦然（さんぜん）** と輝く宵（よい）の明星（みょうじょう）。 → オ

883 コーチの叱責（しっせき）に **便乗** して、君まで文句を言うとは。 → イ

884 自分のギターが欲しいが **値（ね）が張る** のでなかなか手が出ない。 → ウ

885 君の意見は、現実から目をそらした **机上（きじょう）の空論** にすぎない。 → ア

言葉の意味

ア 頭の中だけで考えた、実際には役に立たない案や意見

イ 巧（たく）みに機会をとらえて、うまく利用すること

ウ 値段が高い

エ 十分に検討がされないまま、実行に移されること

オ きらきらと美しく輝く様子

Q （　）にあてはまる言葉を上の例文から選んで、Ⓐ〜Ⓔの文章を完成させよう。

Ⓐ （　　　）値上げに抗議する。

Ⓑ （　　　）を聞いているほど暇（ひま）ではない。

Ⓒ （　　　）光を放つダイヤモンド。

Ⓓ （　　　）品物。

Ⓔ 結論が出ないまま（　　　）する。

裏ページの答え　886－イ　887－エ　888－ア　889－オ　890－ウ
（A）手前味噌　（B）風前の灯　（C）スタンス　（D）辟易　（E）気運

Q 例文中の言葉の意味をア〜オから選び、□に書いてみよう。

例文

886　国民の支持率低下で、政権交代の**気運**が高まってきた。

887　彼の愚痴には、いいかげん**辟易**（へきえき）した。

888　各自、仕事に対する**スタンス**をはっきり自覚しなさい。

889　**手前味噌**になるが、これをできるのは僕くらいだろう。

890　あの暴露記事で、彼の人気も今や**風前の灯**（ともしび）だ。

言葉の意味

ア　立場

イ　世の中の成り行き

ウ　危険が迫って、今にもだめになりそうな様子

エ　しつこくてうんざりすること

オ　自分で自分のことをほめること

Q （　）にあてはまる言葉を上の例文から選んで、Ⓐ〜Ⓔの文章を完成させよう。

Ⓐ　（　　）を並べる。

Ⓑ　政治生命が（　　）となる。

Ⓒ　（　　）を明確にする。

Ⓓ　自慢話はもう（　　）した。

Ⓔ　復興の（　　）が高まる。

裏ページの答え　881－エ　882－オ　883－イ　884－ウ　885－ア
(A)便乗　(B)机上の空論　(C)燦然と　(D)値が張る　(E)見切り発車

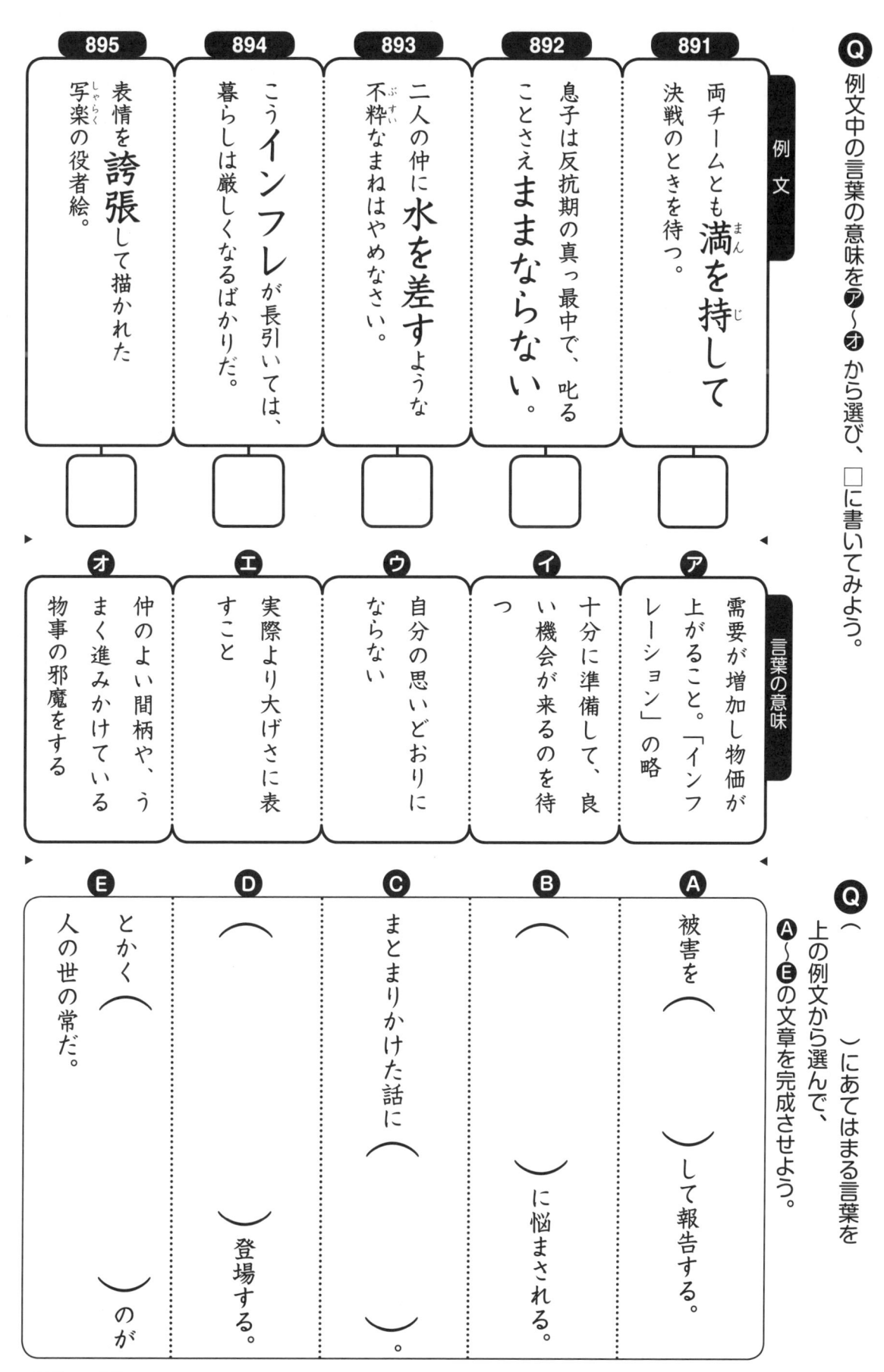

Q 例文中の言葉の意味を㋐〜㋔から選び、□に書いてみよう。

例文

891 両チームとも決戦のときを待つ。満を持して

892 息子は反抗期の真っ最中で、叱ることさえままならない。

893 二人の仲に水を差すような不粋なまねはやめなさい。

894 こうインフレが長引いては、暮らしは厳しくなるばかりだ。

895 表情を誇張して描かれた写楽の役者絵。

言葉の意味

㋐ 需要が増加し物価が上がること。「インフレーション」の略

㋑ 十分に準備して、良い機会が来るのを待つ

㋒ 自分の思いどおりにならない

㋓ 実際より大げさに表すこと

㋔ 仲のよい間柄や、うまく進みかけている物事の邪魔をする

Q （　）にあてはまる言葉を上の例文から選んで、Ⓐ〜Ⓔの文章を完成させよう。

Ⓐ 被害を（　　　）して報告する。

Ⓑ （　　　）に悩まされる。

Ⓒ まとまりかけた話に（　　　）。

Ⓓ （　　　）登場する。

Ⓔ とかく（　　　）のが人の世の常だ。

裏ページの答え　896―オ　897―イ　898―エ　899―ウ　900―ア
(A)目論む　(B)音を上げる　(C)藪蛇　(D)クローズアップ　(E)デフレ

Q 例文中の言葉の意味をア〜オから選び、□に書いてみよう。

例文

896 これくらいの勉強で音を上げるようでは、合格は難しい。

897 黙っていればよかったのに、あの一言は藪蛇だった。

898 宝くじで一攫千金を目論むとは、なんてわかりやすいやつだ。

899 メディアは、被災地の現状をもっとクローズアップすべきだ。

900 デフレの影響で、失業者が増加しているようだ。

言葉の意味

ア 需要が減って物価が下がること。「デフレーション」の略

イ よけいなことをして、かえって災難を招くこと

ウ 世間が何かを大きくとり上げること

エ 心の中であれこれ計画を立てる。企てる

オ もう耐えられないと弱音を吐く

Q （　）にあてはまる言葉を上の例文から選んで、Ⓐ〜Ⓔの文章を完成させよう。

Ⓐ 会社乗っ取りを（　　　）。

Ⓑ きつい練習に（　　　）。

Ⓒ 下手に質問したら（　　　）になる。

Ⓓ にわかに（　　　）された問題。

Ⓔ （　　　）対策が必要だ。

裏ページの答え　891―イ　892―ウ　893―オ　894―ア　895―エ
(A)誇張　(B)インフレ　(C)水を差す　(D)満を持して　(E)ままならない

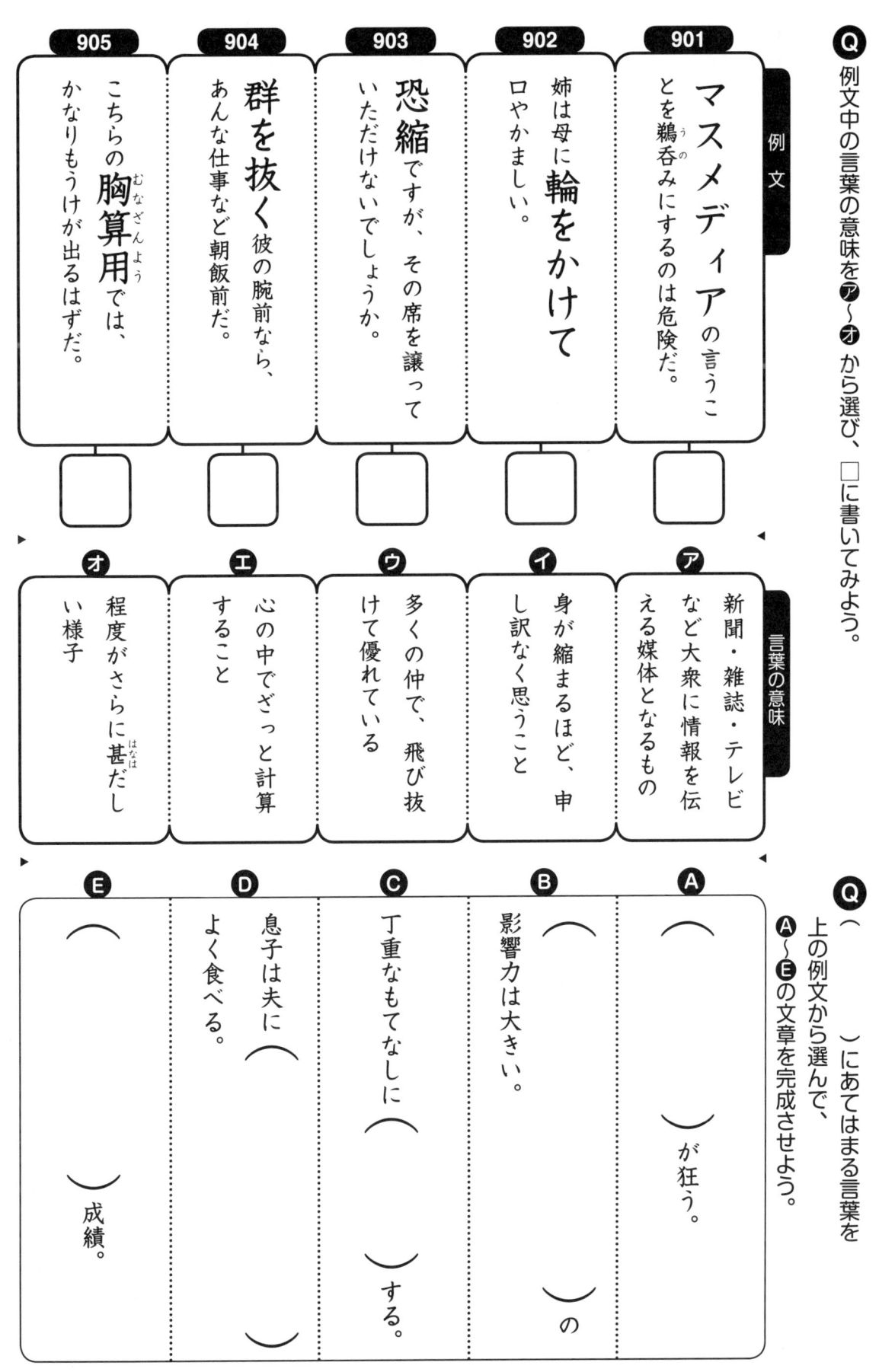

Q 例文中の言葉の意味をア〜オから選び、□に書いてみよう。

例文

901 マスメディアの言うことを鵜呑みにするのは危険だ。

902 姉は母に輪をかけて口やかましい。

903 恐縮ですが、その席を譲っていただけないでしょうか。

904 群を抜く彼の腕前なら、あんな仕事など朝飯前だ。

905 こちらの胸算用では、かなりもうけが出るはずだ。

言葉の意味

ア 新聞・雑誌・テレビなど大衆に情報を伝える媒体となるもの

イ 身が縮まるほど、申し訳なく思うこと

ウ 多くの仲で、飛び抜けて優れている

エ 心の中でざっと計算すること

オ 程度がさらに甚だしい様子

Q （ ）にあてはまる言葉をⒶ〜Ⓔの文章を完成させよう。

Ⓐ （　　）が狂う。

Ⓑ （　　）の影響力は大きい。

Ⓒ 丁重なもてなしに（　　）する。

Ⓓ 息子は夫に（　　）よく食べる。

Ⓔ （　　）成績。

183　裏ページの答え　906－オ　907－エ　908－ウ　909－ア　910－イ
(A)興醒め　(B)不承不承　(C)無論　(D)どこ吹く風　(E)概して

Q 例文中の言葉の意味をア〜オから選び、□に書いてみよう。

例文

906 そんな話を聞かされては、イメージと違って**興醒**めする。

907 ぼくもこの計画には大賛成だ。彼は**無論**のこと、

908 この地域の住民は、**概**（がい）**して**祭りが好きだ。

909 試験などどこ**吹く風**で、勉強せずにゲームをしている。

910 いやな役目だが、**不承不承**（ふしょうぶしょう）引き受けた。

言葉の意味

ア 自分には関係がないという態度をとる

イ いやいやながら、仕方なくする様子

ウ 大体において

エ もちろん。言うまでもなく

オ 興味がなくなること。面白みがなくなること

Q （　）にあてはまる言葉を上の例文から選んで、Ⓐ〜Ⓔの文章を完成させよう。

Ⓐ 何と（　　）な話だ。

Ⓑ （　　）従う。

Ⓒ （　　）そのとおりだ。

Ⓓ 不景気など（　　）の活気のある店。

Ⓔ （　　）若者は流行に敏感だ。

裏ページの答え　901—ア　902—オ　903—イ　904—ウ　905—エ
(A)胸算用　(B)マスメディア　(C)恐縮　(D)輪をかけて　(E)群を抜く

Q 例文中の言葉の意味をア〜オから選び、□に書いてみよう。

例文

911 やっとギプスもとれ、明日からは**リハビリ**に取り組む。

912 君とぼくの仲ではないか。もう少し**融通**をきかせてくれよ。

913 これまでの苦労をみすみす**水泡に帰す**のは忍びない。

914 犬を飼いたかったので、ペットショップを**物色**して回った。

915 停職ならまだしも、退職処分になるなんて最悪だ。

言葉の意味

ア 良いとは言えないものの、まだましだが

イ 病気やけがなどで療養していた人が、復帰のために行う訓練

ウ その場に応じて、うまく処理すること

エ 努力したことが無駄になる

オ 多くのものの中から、適当なものを探し出すこと

Q (　)にあてはまる言葉を上の例文から選んで、Ⓐ〜Ⓔの文章を完成させよう。

Ⓐ 適任者を（　　）する。

Ⓑ 骨折後の（　　）。

Ⓒ 一度なら（　　）、二度目は許せない。

Ⓓ 努力がことごとく（　　）。

Ⓔ 金を（　　）する。

裏ページの答え　916—エ　917—イ　918—ア　919—オ　920—ウ
(A)手心　(B)魔が差した　(C)手腕　(D)真っ当な　(E)耳打ち

Q 例文中の言葉の意味をア〜オから選び、□に書いてみよう。

例文

916 周りの隙を見て、そっと一言**耳打ち**する。

917 検査に**手心**を加えては、事故につながる恐れがある。

918 彼がカンニングするなんて、**魔が差した**としか思えない。

919 この計画の成功は、ひとえに君の**手腕**にかかっている。

920 夜遅くまで繁華街をうろつき回るなんて、**真っ当**な学生のすることではない。

言葉の意味

ア ふと悪い考えや出来心を起こす

イ 手加減

ウ まじめで正しい様子

エ 相手の耳へ口を近づけて、小声で知らせること

オ 物事を成し遂げる優れた腕前

Q （ ）にあてはまる言葉を上の例文から選んで、Ⓐ〜Ⓔの文章を完成させよう。

Ⓐ （　　　）は無用だ。

Ⓑ 誘惑に負けて（　　　）。

Ⓒ （　　　）を認められる。

Ⓓ （　　　）返事が返ってくる。

Ⓔ （　　　）して教える。

裏ページの答え　911ーイ　912ーウ　913ーエ　914ーオ　915ーア
(A)融通　(B)リハビリ　(C)まだしも　(D)水泡に帰す　(E)物色

Q 例文中の言葉の意味をア〜オから選び、□に書いてみよう。

例文

- 921: 二つの案を**折衷**して、来年度の計画を立てる。
- 922: 明日から、この仕事に**腰を据**えて取り組むつもりだ。
- 923: この分野は**門外漢**だから、さっぱりわからない。
- 924: 父はぼくたち兄弟のほかに、年取った両親を**扶養**している。
- 925: あんな釈明では、世間の**誹**りは免れない。

言葉の意味

- ア 生活を世話して養うこと
- イ いくつかの異なる考えの良いところをとってまとめること
- ウ 他人のことを悪く言うこと
- エ そのことについて専門でない人。そのことに関係のない人
- オ どっしりと構えて物事をする様子

Q （　）にあてはまる言葉を上の例文から選んで、Ⓐ〜Ⓔの文章を完成させよう。

- Ⓐ（　　　）家族が多い。
- Ⓑ 軽率だとの（　　　）を受ける。
- Ⓒ（　　　）は口を出すな。
- Ⓓ（　　　）受験勉強に励む。
- Ⓔ 和洋（　　　）の家。

187　裏ページの答え
926—オ　927—ア　928—エ　929—ウ　930—イ
(A)綿密　(B)バリエーション　(C)あがったり　(D)尻尾を出す　(E)草分け

Q 例文中の言葉の意味を ア～オ から選び、□に書いてみよう。

例文

926 バリエーションに富む役柄を、見事にこなす名脇役。

927 業界の**草分け**である氏には、後進の指導をお願いしたい。

928 近くに大型スーパーができて以来、商売**あがったり**だ。

929 そのうち**尻尾を出す**から、こっそり見張っていよう。

930 不測の事態に備えて、機械の点検を**綿密**に行う。

言葉の意味

ア 他に先駆けて、ある物事を初めてすること

イ 細部にわたりよく考えられていて、手落ちがない様子

ウ 隠していたことが明らかになる

エ 商売などがうまくいかず、どうしようもなくなること

オ 変化・変動

Q （　）にあてはまる言葉を上の例文から選んで、A～Eの文章を完成させよう。

A （　　　）に計画を練る。

B 料理の（　　　）を増やす。

C こうも不景気では、商売も（　　　）だ。

D 問い詰められて（　　　）。

E 野球界の（　　　）的存在。

裏ページの答え　921—イ　922—オ　923—エ　924—ア　925—ウ
(A)扶養　(B)謗り　(C)門外漢　(D)腰を据えて　(E)折衷

188

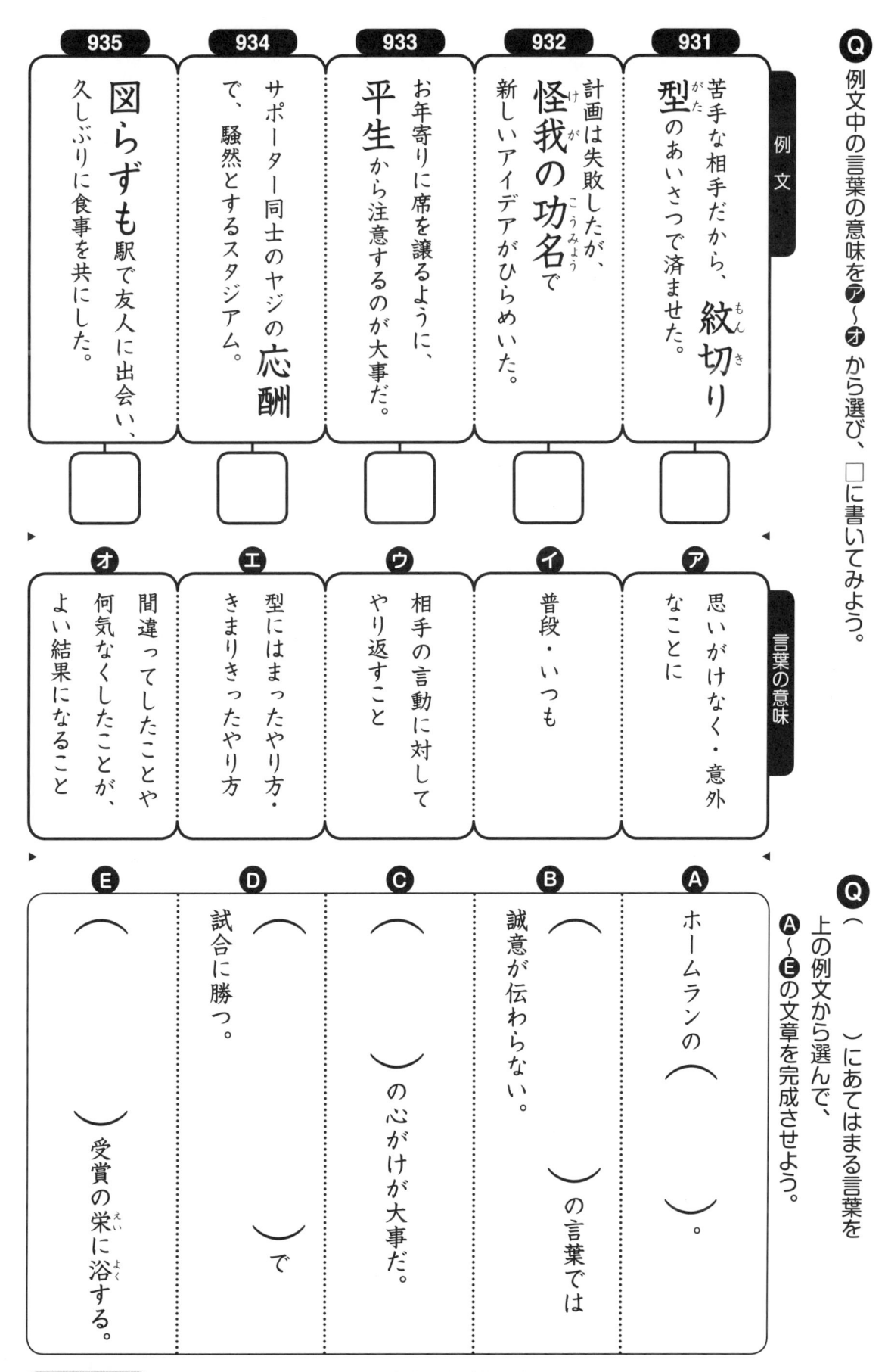

Q 例文中の言葉の意味をア〜オから選び、□に書いてみよう。

例文

931 苦手な相手だから、型のあいさつで済ませた。**紋切り型**

932 計画は失敗したが、新しいアイデアがひらめいた。**怪我の功名**

933 お年寄りに席を譲るように、平生から注意するのが大事だ。

934 サポーター同士のヤジの応酬で、騒然とするスタジアム。

935 図らずも駅で友人に出会い、久しぶりに食事を共にした。

言葉の意味

ア 思いがけなく・意外なことに

イ 普段・いつも

ウ 相手の言動に対してやり返すこと

エ 型にはまったやり方・きまりきったやり方

オ 間違ってしたことや何気なくしたことが、よい結果になること

Q （　）にあてはまる言葉を上の例文から選んで、A〜Eの文章を完成させよう。

A ホームランの（　　）。

B （　　）の言葉では誠意が伝わらない。

C （　　）の心がけが大事だ。

D （　　）で試合に勝つ。

E （　　）受賞の栄に浴する。

裏ページの答え　936—エ　937—ア　938—イ　939—オ　940—ウ
(A)配偶者　(B)マイナー　(C)後釜　(D)遊説　(E)コンスタント

Q 例文中の言葉の意味をア〜オから選び、□に書いてみよう。

例文
- 936 各政党の党首が、**遊説**の旅に出た。
- 937 **コンスタント**に視聴率を維持しているニュース番組。
- 938 彼の代わりにぼくが**後釜**に座ることになった。
- 939 ハンドボールはサッカーに比べれば**マイナー**だが、迫力があってとても面白いよ。
- 940 よい**配偶者**に恵まれたと、妻にはいつも感謝している。

言葉の意味
- ア 常に一定している様子。恒常的
- イ 前の人に代わって、その地位につく人
- ウ 結婚している相手
- エ 政治家などが各地を演説して回ること
- オ 小さい存在で、あまり重要ではない様子

Q （ ）にあてはまる言葉を上の例文から選んで、A〜Eの文章を完成させよう。

- A （　　　）の有無を記入する。
- B （　　　）リーグの投手。
- C （　　　）をねらう。
- D 全国を（　　　）して回る。
- E 3割を打つ（　　　）に

裏ページの答え　931—エ　932—オ　933—イ　934—ウ　935—ア
(A)応酬　(B)紋切り型　(C)平生　(D)怪我の功名　(E)図らずも

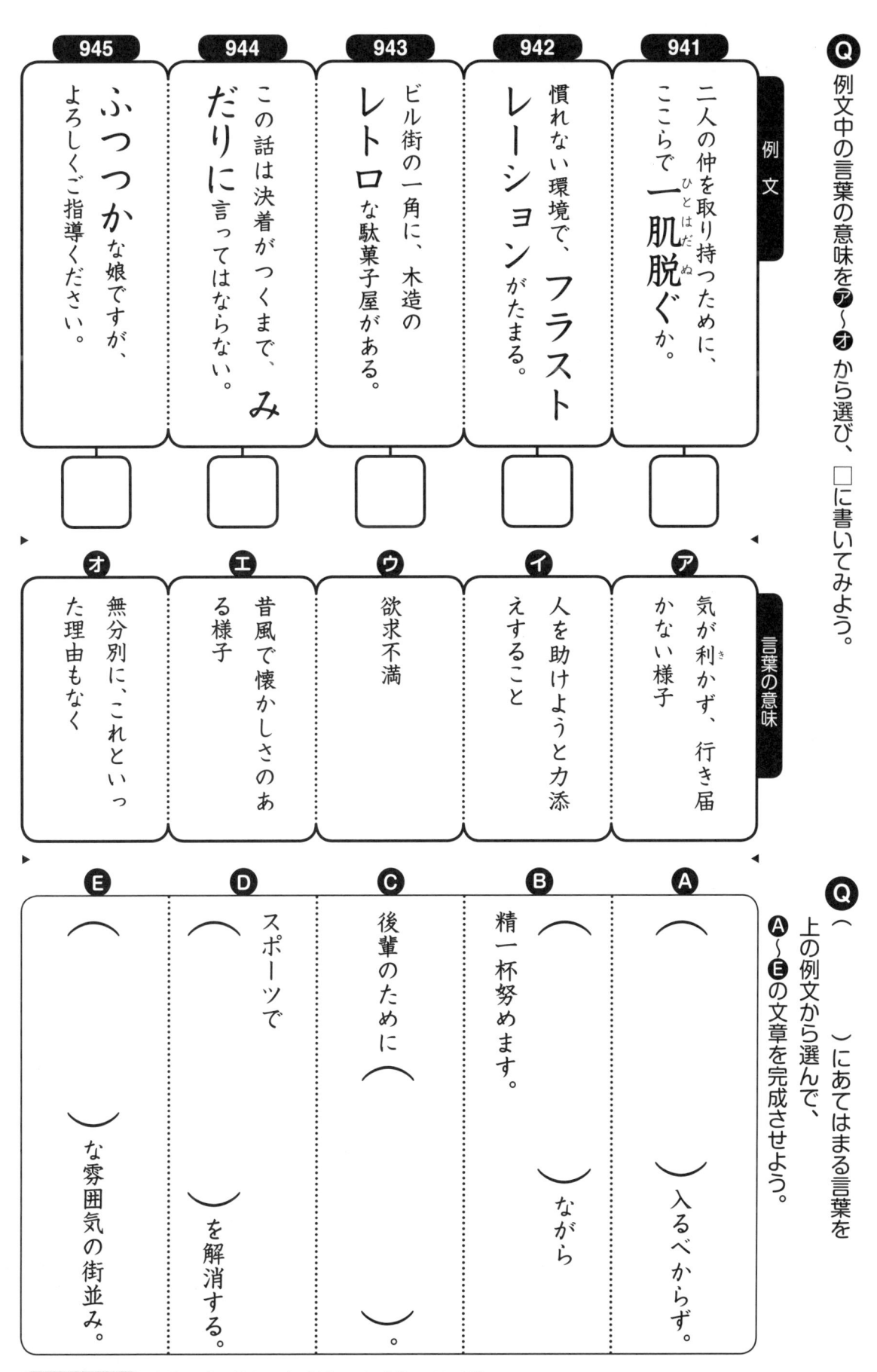

Q 例文中の言葉の意味をア～オから選び、□に書いてみよう。

例文

941　二人の仲を取り持つために、ここらで一肌（ひとはだ）脱ぐか。

942　慣れない環境で、フラストレーションがたまる。

943　ビル街の一角に、木造のレトロな駄菓子屋がある。

944　この話は決着がつくまで、みだりに言ってはならない。

945　ふつつかな娘ですが、よろしくご指導ください。

言葉の意味

ア　気が利かず、行き届かない様子

イ　人を助けようと力添えすること

ウ　欲求不満

エ　昔風で懐かしさのある様子

オ　無分別に、これといった理由もなく

Q （　）にあてはまる言葉を④～⑤の文章から選んで、④～⑤の文章を完成させよう。

Ⓐ　（　　）入るべからず。

Ⓑ　精一杯努めます。（　　）ながら

Ⓒ　後輩のために（　　）。

Ⓓ　スポーツで（　　）を解消する。

Ⓔ　（　　）な雰囲気の街並み。

裏ページの答え
946―ウ　947―オ　948―イ　949―ア　950―エ
(A)なかんずく　(B)円熟　(C)邪推　(D)粗野　(E)眉唾物

Q 例文中の言葉の意味をア〜オから選び、□に書いてみよう。

【例文】

946 粗野（そや）になる。
仲間内だと、ついつい言葉遣いが粗野になる。

947 ずくスポーツは苦手で、なかでも球技が最も不得手だ。

948 彼の芸は円熟の境地に達し、今や先代をしのぐ勢いだ。

949 ぼくたちの関係を、変に邪推（じゃすい）するのはやめてほしい。

950 彼の話は十中八九眉唾物（まゆつばもの）だから、いつも適当に聞き流す。

【言葉の意味】

ア 人の言動を、ひがんで悪い意味に取ること

イ 人柄や技術などが十分に発達して、豊かになること

ウ 荒っぽくて洗練されていない様子

エ 本当かどうか、信用できないもの

オ いろいろあるなかで特に・とりわけ

Q （ ）にあてはまる言葉を上の例文から選んで、Ⓐ〜Ⓔの文章を完成させよう。

Ⓐ （　　　　　）だけは留意するように。健康に

Ⓑ （　　　　　）した人柄。

Ⓒ 何かと（　　　　　）する人。

Ⓓ （　　　　　）で下品な男。

Ⓔ （　　　　　）のいいかげんな話。

裏ページの答え　941—イ　942—ウ　943—エ　944—オ　945—ア
(A)みだりに　(B)ふつつか　(C)一肌脱ぐ　(D)フラストレーション　(E)レトロ

Q 例文中の言葉の意味をア〜オから選び、□に書いてみよう。

例文

951 議事が**淀**(よど)**みなく**進行し、会議が予定より早く終了した。

952 **ガイドライン**に沿った法の整備が進められている。

953 志望校が決まったので、受験勉強に**本腰**を入れる。

954 シェークスピアの「ハムレット」は、**不朽**(ふきゅう)の名作だ。

955 彼らを野放しにすると、**由々**(ゆゆ)**しき**事態になる。

言葉の意味

ア 組織・団体の基本方針・指導目標

イ 物事に真剣に取り組む気持ち・態度

ウ 放っておくと大変なことになる様子

エ 物事がすらすらと進む様子

オ いつまでも朽(く)ちることなく、後世に残ること

Q A〜Eの文章を完成させよう。A〜Eの上の例文から選んで、（　）にあてはまる言葉を

Ⓐ これは（　　　）問題だ。

Ⓑ （　　　）の名著と絶賛される。

Ⓒ 研究一筋に（　　　）を据(す)える。

Ⓓ （　　　）答弁する。

Ⓔ （　　　）を見直す。

裏ページの答え　956—オ　957—ウ　958—エ　959—ア　960—イ
(A)取り沙汰　(B)老婆心　(C)狼狽　(D)非道　(E)ポリシー

Q 例文中の言葉の意味をア〜オから選び、□に書いてみよう。

例文

956 老婆心ながら、「もっと自分を大切に」とだけは伝えたい。

957 キャリアよりも実力優先をポリシーとする新監督。

958 不意の質問に狼狽して、あらぬことを口走ってしまった。

959 興味本位に、あれこれ取り沙汰されるのは不愉快だ。

960 独裁者の非道な仕打ちに抗議する民衆。

言葉の意味

ア 世間であれこれとうわさすること

イ 道理や人道に外れていること

ウ 方針・政策

エ 思いがけないことに出合って、あわてふためくこと

オ 必要以上に心配したり、世話を焼こうとする気持ち

Q （ ）にあてはまる言葉を上の例文から選んで、🅐〜🅔の文章を完成させよう。

🅐 あること、ないこと（　　）する。

🅑 こんな注意をするのも、私の（　　）からなのです。

🅒 （　　）の色を隠せない。

🅓 極悪（　　）な行い。

🅔 （　　）を確立する。

裏ページの答え　951—エ　952—ア　953—イ　954—オ　955—ウ
(A)由々しき　(B)不朽　(C)本腰　(D)淀みなく　(E)ガイドライン

Q 例文中の言葉の意味をア～オから選び、□に書いてみよう。

例文

- **961** 目星を付ける。　どのあたりで休憩するのか
- **962** そんな支離滅裂な説明では、かえって混乱を招く。
- **963** 多くのボランティアが駆けつけて尽力した。
- **964** こんな砂漠の国に、高層ビルが林立するなんて驚きだ。
- **965** 事件の発端(ほったん)は、ささいな近所同士のもめごとだったらしい。

言葉の意味

- **ア** ばらばらで筋道が通っていない様子
- **イ** 自分から進んで福祉事業などに奉仕する人
- **ウ** 物事の始まる糸口。始まり
- **エ** 大体の見当を付ける
- **オ** 林のように、細長いものが多く並んで立つこと

Q （　）にあてはまる言葉を上の例文から選んで、Ⓐ～Ⓔの文章を完成させよう。

- Ⓐ テーブルにビール瓶が（　　　）する。
- Ⓑ 話が（　　　）だ。
- Ⓒ 犯人の（　　　）。
- Ⓓ 戦争の（　　　）となった忌(い)まわしい事件。
- Ⓔ （　　　）活動。

裏ページの答え 966―ウ 967―エ 968―ア 969―オ 970―イ
(A)粗相　(B)猫の目のように　(C)駆け出し　(D)特筆　(E)歯に衣着せぬ

Q 例文中の言葉の意味をア～オから選び、□に書いてみよう。

例文

966 まだ駆け出しのくせに、言うことだけは一人前だ。

967 くれぐれも粗相のないよう、口を酸っぱくして注意する。

968 いい気になっていたら、辛辣な皮肉を言われた。

969 被災地の若者たちの活動は、特筆に値する心温まるニュースだった。

970 上層部がもめて、方針が猫の目のように変わる。

言葉の意味

ア 遠慮せずに、思ったことをずけずけ言う

イ 物事の変わりやすいことのたとえ

ウ その仕事を始めたばかりであること

エ 不注意による失敗

オ 特に取り上げて書くこと

Q （　）にあてはまる言葉を上の例文から選んで、A～Eの文章を完成させよう。

A とんだ（　　　）をいたしまして。

B 気持ちが（　　　）変わりやすい人。

C （　　　）の教師。

D 歴史上（　　　）すべき事件。

E 厳しい批評。（　　　）

裏ページの答え　961－エ　962－ア　963－イ　964－オ　965－ウ
(A)林立　(B)支離滅裂　(C)目星を付ける　(D)発端　(E)ボランティア

196

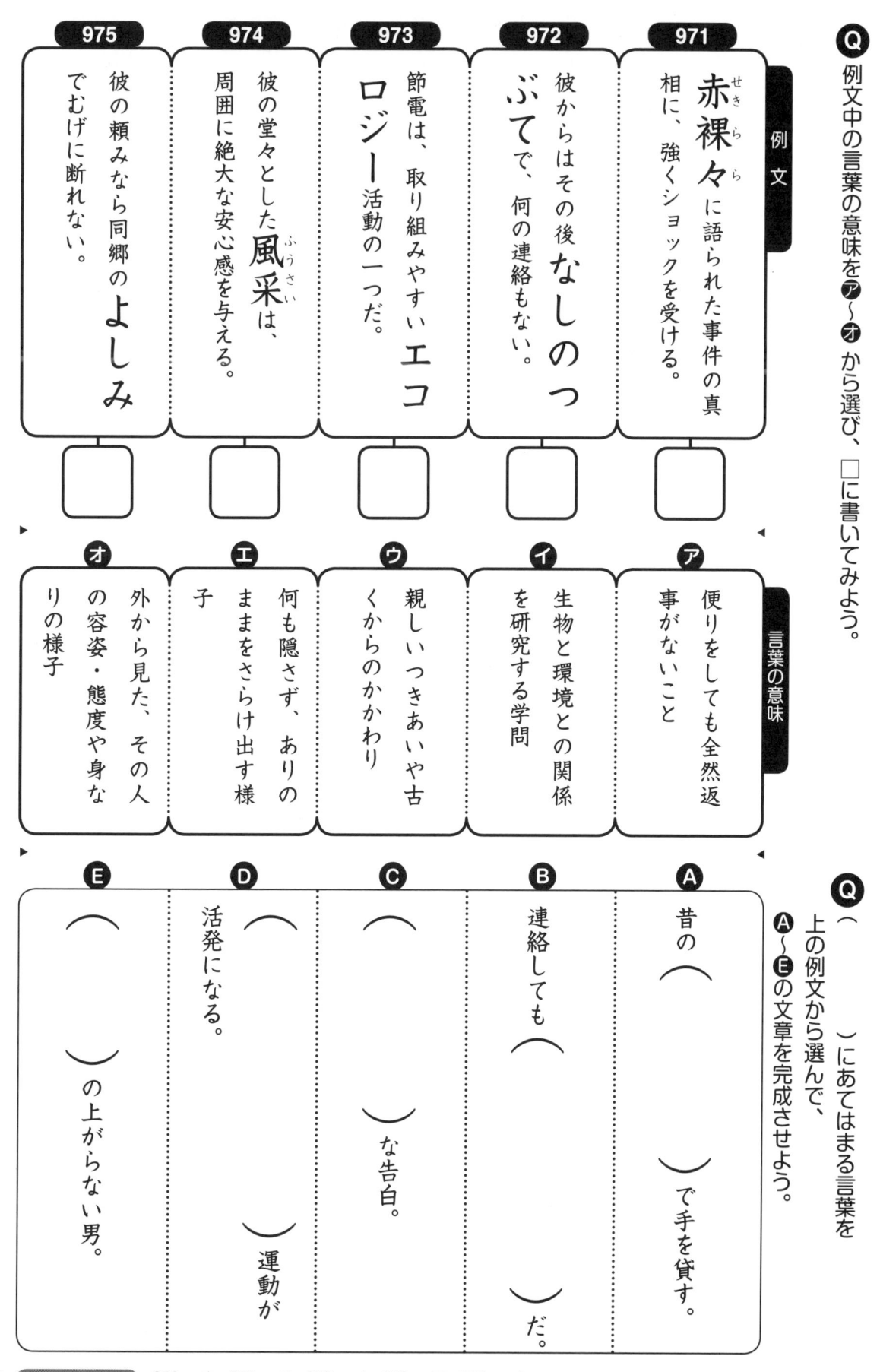

Q 例文中の言葉の意味を㋐〜㋔から選び、□に書いてみよう。

例文

971 赤裸々（せきらら）に語られた事件の真相に、強くショックを受ける。

972 彼からはその後なしのつぶてで、何の連絡もない。

973 節電は、取り組みやすいエコロジー活動の一つだ。

974 彼の堂々とした風采（ふうさい）は、周囲に絶大な安心感を与える。

975 彼の頼みなら同郷のよしみでむげに断れない。

言葉の意味

㋐ 便りをしても全然返事がないこと

㋑ 生物と環境との関係を研究する学問

㋒ 親しいつきあいや古くからのかかわり

㋓ 何も隠さず、ありのままをさらけ出す様子

㋔ 外から見た、その人の容姿・態度や身なりの様子

Q （　）にあてはまる言葉をⒶ〜Ⓔの例文から選んで、Ⓐ〜Ⓔの文章を完成させよう。

Ⓐ 昔の（　　　）で手を貸す。

Ⓑ 連絡しても（　　　）だ。

Ⓒ （　　　）な告白。

Ⓓ 活発になる（　　　）運動が。

Ⓔ （　　　）の上がらない男。

裏ページの答え　976—ウ　977—エ　978—オ　979—ア　980—イ
(A)おしなべて　(B)胸を抉る　(C)煮え切らない　(D)祭り上げる　(E)やにわに

Q 例文中の言葉の意味をア〜オから選び、□に書いてみよう。

例文
- 976 今も脳裏に残る、ような悲痛な叫び声。**胸を抉る**
- 977 ぼくの顔を見るなり、彼は**やにわに**目の色を変えた。
- 978 長雨が続いたせいか、今年の作物は**おしなべて**できが悪い。
- 979 彼を代表に**祭り上げる**のは、大変だった。
- 980 **煮え切らない**態度では、彼女に見捨てられてしまうぞ。

言葉の意味
- ア 人をおだてあげて、ある地位につける
- イ 態度がはっきりしない
- ウ 心に強い苦痛や衝撃を与える
- エ いきなり、すぐさま
- オ すべて同じように。一様に。総じて

Q （　）にあてはまる言葉を上の例文から選んで、Ⓐ〜Ⓔの文章を完成させよう。

- Ⓐ 彼らは（　　　）優秀だ。
- Ⓑ （　　　）悲しみ。
- Ⓒ （　　　）返事。
- Ⓓ ヒーローに（　　　）。
- Ⓔ （　　　）飛びかかる。

裏ページの答え　971—エ　972—ア　973—イ　974—オ　975—ウ
(A)よしみ　(B)なしのつぶて　(C)赤裸々　(D)エコロジー　(E)風采

Q 例文中の言葉の意味をア～オから選び、□に書いてみよう。

例文

981 墓穴を掘るはめになり、仕事を押し付けられた。

982 出る杭は打たれると言うだけあって優秀なのも大変だ。

983 気難しい祖父に、腫れ物に触るように気をつかっている。

984 話が佳境に入ったところで、続きは次回のお楽しみに。

985 今は遊びをやめて、専ら仕事に打ち込んでいる。

言葉の意味

ア 優れて目立った者や、分不相応に振る舞う者が攻撃されること

イ そのことだけに集中する様子

ウ 物語などで、最も興味深い場面

エ 機嫌を悪くさせないように気遣いながら接する様子

オ 自分で自分の失敗や破滅の原因を作る

Q （　）にあてはまる言葉をⒶ～Ⓔの例文から選んで、Ⓐ～Ⓔの文章を完成させよう。

Ⓐ ここからが物語の（　　）だ。

Ⓑ 彼は、新任なのに教えるのがうまいとのうわさだ。（　　）

Ⓒ （　　）ような扱い。

Ⓓ 不条理な世の中。（　　）

Ⓔ 自ら（　　）とは。

裏ページの答え　986―イ　987―エ　988―ウ　989―オ　990―ア
(A)無類　(B)善後策　(C)のべつまくなし　(D)馬脚をあらわす　(E)非の打ち所がない

Q 例文中の言葉の意味をア～オから選び、□に書いてみよう。

例文

986: 調子づいて話しはじめたから、そう時間はかからない。

987: 馬脚をあらわすのに

988: リーダーにふさわしい非の打ち所がない人物だ。

989: のべつまくなしに文句を言われては、やる気が失せる。

990: 大至急、善後策を講じなければ、会社の存続が危うくなる。

991(990): 祖父は無類の世話好きで、時々うっとうしく思えることがある。

言葉の意味

ア 他に比べるもの・並ぶものがない様子

イ 隠していた正体がばれる

ウ 休みなく、ひっきりなしに続く様子

エ 非難するところがまったくない

オ うまく後始末をつけるための方策

Q （　）にあてはまる言葉を上の例文から選んで、A～Eの文章を完成させよう。

A （　　　）のお人好し。

B （　　　）を協議する。

C （　　　）しゃべりまくる。

D 余計な一言で（　　　）。

E （　　　）見事な答弁。

裏ページの答え
981－オ　982－ア　983－エ　984－ウ　985－イ
(A)佳境　(B)専ら　(C)腫れ物に触る　(D)出る杭は打たれる　(E)墓穴を掘る

Q 例文中の言葉の意味をア〜オから選び、□に書いてみよう。

番号	例文
991	法案の**骨子**を説明する。
992	強がっても**張り子の虎**では、足手まといになるだけだ。
993	ムンクの「叫び」が、驚くほど**法外**な値（ね）で取り引きされた。
994	うちのチームに有利になりそうな、**耳寄り**な情報が入った。
995	みんな忘れかけているのに、**寝た子を起こす**ようなことは言わないでくれ。

言葉の意味
- ア 聞いて知る値打ちのあること
- イ 程度が並外れている様子
- ウ 中心となる事柄（ことがら）
- エ せっかく収まった問題を蒸し返すようなことをすること
- オ 強そうに見せているが、本当は弱い人

Q （　）にあてはまる言葉を上の例文から選んで、Ａ〜Ｅの文章を完成させよう。

- Ａ （　　　）ような物騒（ぶっそう）な発言。
- Ｂ （　　　）な話がある。
- Ｃ （　　　）な利子を取るのは違法だ。
- Ｄ 計画の（　　　）。
- Ｅ 偉そうにしているが、しょせん（　　　）だ。

201　裏ページの答え　996－イ　997－ア　998－エ　999－オ　1000－ウ
(A)リミット　(B)長い目で見る　(C)手筈　(D)言わずもがな　(E)腐心

Q 例文中の言葉の意味をア〜オから選び、□に書いてみよう。

例文

996　組織の立て直しに日夜**腐心**（ふしん）する幹部たち。

997　美味（お）しかったので、お腹のリミットぎりぎりまで食べた。

998　長い目で見るなら、ここは何もしないほうが得だ。

999　すべての**手筈**（てはず）を整えたら、あとは決行あるのみだ。

1000　今さら君には、こんな話は**言わずもがな**だったな。

言葉の意味

ア　限度・限界

イ　いろいろ心を悩まし、苦労すること

ウ　わざわざ言うまでもない様子

エ　今すぐ判断しないで、時間をかけてその成り行きを見守る

オ　物事を実行する際に、前もってしておく準備

Q （　）にあてはまる言葉を上の例文から選んで、Ⓐ〜Ⓔの文章を完成させよう。

Ⓐ　タイム（　　）。

Ⓑ　子どもの成長を（　　）。

Ⓒ　かねての（　　）どおりに行う。

Ⓓ　アドバイスをしてしまった。（　　）の

Ⓔ　（　　）の甲斐（かい）があった。

裏ページの答え
991－ウ　992－オ　993－イ　994－ア　995－エ
(A)寝た子を起こす　(B)耳寄り　(C)法外　(D)骨子　(E)張り子の虎

あ

- 愛着 … 119
- アイテム … 8
- アイデンティティー … 129
- 青筋を立てて … 61
- あがったり … 24
- あぐねる … 75
- 挙げ句の果て … 79
- 足がかり … 69
- 足固め … 75
- 行き違い … 24
- 味をしめる … 98
- 唖然とする … 190
- 頭打ち … 33
- 頭ごなし … 109
- 当たり年 … 82
- 圧巻 … 72
- あてがう … 73
- あてつけ … 143
- 後釜 … 56
- あどけない … 36
- あらかじめ … 16
- 抗う … 37
- アプローチ … 100
- アブノーマル … 188
- 亜流 … 78
- 安易 … 128
- 暗示 … 89
- 安堵 … 114
- 暗黙の了解 … 124

い

- 威圧感 … 18
- 言いしれぬ … 30
- 言い淀む … 37
- いきがかり … 4
- 言い違い … 19
- 否応ない … 13
- 否が応でも … 44
- いやしくも … 26
- 慣れる … 166
- 畏敬の念 … 93
- 依拠 … 86
- 因習 … 131
- 威厳 … 71
- 曰く付き … 40
- 言わずもがな … 95
- 違和感 … 43
- いやしくも … 150
- いささか … 113
- 詳しい … 56
- いきる … 68
- 因果関係 … 80
- インフレ … 140
- オアシス … 122

う

- 糸口 … 15
- えもいわれぬ … 29
- 襟を正す … 67
- 円滑 … 65
- 婉曲 … 64
- 円熟 … 41
- 縁故 … 192
- 織り込み済み … 14
- 思惑 … 121
- 趣 … 15
- おめおめ … 74
- 魚心あれば水心 … 7
- 浮き彫り … 28
- うつつを抜かす … 55
- うつろいやすい … 19
- 移しやすい … 103
- 鵜呑みにする … 19
- 疎ましい … 85
- 腕をこまねく … 46
- 馬の骨 … 10
- 有無 … 40
- 云々 … 160

え

- エアポケット … 9
- エキスパート … 197
- エゴイズム … 76
- エコロジー … 61
- エッセンス … 15

お

- 否 … 12
- 意に介さない … 15
- 否応ない … 76
- 否が応でも … 189
- おいそれと … 132
- 負い目 … 155
- 横行 … 6
- 横柄 … 133
- 横暴 … 184
- 鸚鵡返し … 81
- オーソドックス … 80
- お門違い … 79
- お床しい … 65
- おしなべて … 10
- 奥の手 … 90
- 奥ゆかしい … 19
- 驕る … 85
- おざなり … 46
- おぞましい … 92
- おそれ … 162
- お題目 … 198
- おもむろに … 82
- お目出度い … 118
- 億劫 … 83
- 音沙汰 … 31
- 自ずから … 119
- おびただしい … 68
- オブラートで包む … 17

か

- 飼い犬に手を噛まれる … 60
- 温床 … 137
- 恩恵 … 6
- 尾を引く … 74
- おろか … 155
- 過酷 … 126
- 過言 … 130
- 風上にも置けない … 3
- 化す … 67
- 俄然 … 127
- 過大評価 … 91
- 形無し … 154
- がんじがらめ … 37
- 換算 … 140
- 敢行 … 7
- 慣行 … 19
- 簡潔 … 36
- 喚起 … 155
- 感慨深い … 66
- 擬態語 … 59
- 帰属 … 168
- 機先を制す … 47
- 擬人法 … 179
- 机上の空論 … 39
- 基準 … 107
- 軋む … 133
- 帰結 … 116
- 希求 … 65
- 気が咎める … 105
- 気概に満ちた … 163
- 気概 … 25
- 気化 … 11
- 擬音語 … 180
- 気運 … 138
- 眼力 … 28
- 糧 … 43
- ガイドライン … 35
- 介入 … 148
- 概念 … 159
- 概して … 102
- 懐疑 … 118
- 観点 … 37
- 観念 … 140
- 頑として … 7
- 含蓄 … 19
- 却下 … 119
- 逆説的 … 36
- 欺瞞 … 155
- 忌避 … 83
- 規範 … 91
- 気迫 … 110
- 希薄 … 130
- 気の置けない … 48
- 軌道修正 … 35

き

- 看過 … 25
- 我を張る … 24
- カルチャーショック … 87
- 仮初め … 67
- カリスマ … 16
- 殻を破る … 12
- 柄にもなく … 45
- 可もなく不可もなく … 26
- かねがね … 135
- 過渡期 … 128
- 過度 … 152
- 稼働 … 11
- 過達 … 118
- 活性化 … 97
- 閣達 … 138
- 葛藤 … 92
- カテゴライズ … 127
- カテゴリー … 97
- 合点がいく … 165
- 価値観 … 45
- 割愛 … 146
- 肩身が狭い … 154
- 肩肘張る … 64
- 駆け出し … 196
- 覚醒 … 67
- 革新 … 64
- 核心 … 45
- 確執 … 60
- 画策 … 48
- 画一化 … 43
- 画向け … 199
- 佳境 … 164
- 顔向け … 118
- カオス … 18
- 蛙の子は蛙 … 59
- 皆目 … 133
- 垣間見える … 132
- 罵り … 44
- 翳り … 106
- 距離感 … 71
- 虚飾 … 154
- 虚栄心 … 136
- 享楽的 … 156
- 興味津々 … 46
- 強迫観念 … 149
- 凝縮 … 157
- 恐縮 … 183
- 凝視 … 152
- 享受 … 13
- 共感 … 184
- 寄与 … 68
- 糾弾 … 141
- 牛耳る … 139
- ギャップ … 169
- キャッチフレーズ … 29
- 客観視 … 21
- 客観的 … 69
- 踵を返す … 81
- きまりが悪い … 134
- 起伏 … 146
- 91
- 125

く
- きらいがある … 12
- 岐路に立つ … 41
- 気を揉む … 38
- 均衡 … 34
- 吟味 … 125
- 禁物 … 72
- 怪訝 … 189
- 怪我の功名 … 125
- 下衆の勘ぐり … 70
- 啓蒙 … 129
- 釘付け … 157
- 寓話 … 20
- 草分け … 49
- けなげ … 27
- 欠如 … 129
- 欠陥 … 20
- 駆使 … 188
- 駆逐 … 128
- 口惜しい … 56
- 口籠る … 160
- 口を酸っぱくする … 116
- 屈託のない … 31
- 工面 … 102
- 愚問 … 62
- 煙に巻く … 130
- 懸念 … 58
- 懸案 … 148
- 謙虚 … 105
- 顕示 … 151
- 顕在化 … 20
- 現実逃避 … 130
- 健常者 … 52
- 原初的 … 157
- 喧噪 … 23
- 忽然 … 145
- 骨子 … 201
- 誇張 … 181
- コスト … 173
- 腰を据えて … 187
- 合理性 … 154
- 傲慢 … 93
- 高騰 … 8
- 更迭 … 155
- 好敵手 … 20
- 拘泥 … 52
- 拘束 … 5
- 紅潮 … 4
- 巧拙 … 120
- 功を奏する … 147
- 五感 … 76
- 差し出がましい … 93

け
- 契機 … 38
- 経緯 … 113
- 群を抜く … 183
- 軍配が上がる … 107
- クローン … 98
- スタンダード … 106
- グローバル・スタンダード … 77
- グローバリズム … 99
- クローズアップ … 182
- クリエイティブ … 158
- 愚問 … 96

こ
- 高じて … (176)
- 高潔 … 150
- 恒久 … 110
- 厚顔無恥 … 4
- 甲乙 … 17
- 紅一点 … 39
- 語彙 … 170
- 剣幕 … 63
- 顕著 … 142
- 倦怠 … 51
- 固定観念 … 131
- 事なかれ主義 … 23
- コネ … 157
- ごまんとある … 52
- 鼓舞 … 130
- これ見よがし … 20
- コメンテーター … 151
- コミュニティー … 105
- コミュニケーション … 148
- 懇願 … 58
- 根源的 … 130
- コンセプト … 27
- コンスタント … 129
- コンテンツ … 157

さ
- 混沌 … 55
- コンテンツ … 5
- 猜疑心 … 120
- 細心 … 147
- 些細 … 76
- 搾取 … 93
- さしあたり … 92
- 差し障り … 104
- 先行き … 51
- 逆撫で … 100
- 采配を振る … 87
- 逆手に取る … 35
- 嫉妬 … 79
- 尻尾を出す … 42
- 尻尾をつかむ … 138
- 執拗 … 153
- 鎬を削る … 60
- シビア … 146
- したり顔 … 39
- 自堕落 … 22
- 至上主義 … 4
- 自縄自縛 … 104
- 自律 … 51
- 事象 … 100
- 仔細 … 87
- 示唆 … 35
- 自己顕示 … 173
- 自己実現 … 79
- 試行錯誤 … 42
- 嗜好 … 138
- 志向 … 153

し
- 次元 … 59
- シグナル … 165
- 試金石 … 9
- 敷居が高い … 131
- しがらみ … 20
- 歯牙にもかけない … 115
- 死活 … 49
- 自我 … 108
- 恣意的 … 151
- さながら … 179
- 猿芝居 … 96
- 燦然と … 39
- 刷新 … 146
- 里山 … 60
- 遵守 … 75
- 竣工 … 5
- 潤滑油 … 17
- 手腕 … 52
- 受動的 … 188
- 出自 … 115
- 趣向を凝らす … 50
- 熟知 … 117
- 主観 … 32
- 雌雄を決する … 120
- 収斂 … 119
- 集約 … 38
- 柔軟性 … 12
- 柔軟 … 142
- 重鎮 … 114
- 周知 … 100
- 充足 … 161
- 終生 … 104

す
- 重圧 … 71
- 醜悪 … 52
- ジャンル … 73
- 斜に構える … 27
- 推進 … 113
- シャットアウト … 145
- 遮断 … 192
- 邪推 … 38
- 癪に障る … 25
- 尺度 … 13
- 視野 … 87
- しめやか … 128
- 自明の理 … 62
- 地道 … 34
- 自暴自棄 … 75
- 諸悪の根源 … 5
- 昇華 … 17
- 常軌を逸した … 52
- 憧憬 … 188
- 焦点をあてる … 115
- 焦燥 … 50
- 情趣 … 117
- 詳細 … 32
- 小康を得る … 120
- 水泡に帰す … 119
- 随所 … 38
- 推察 … 12
- 遂行 … 142
- 親和性 … 114
- 尽力 … 100
- 浸透 … 161
- 心象風景 … 104

せ
- 所作 … 153
- 触発 … 93
- 食傷気味 … 76
- 衝動 … 27
- 焦点をあてる … 50
- 焦燥 … 129
- 情趣 … 44
- 詳細 … 122
- 小康を得る … 13
- 常軌を逸した … 34
- 昇華 … 86
- 諸悪の根源 … 6
- 自暴自棄 … 47
- 地道 … 51
- 自明の理 … 42
- しめやか … 151
- 視野 … 186
- 尺度 … 135
- 癪に障る … 70
- 邪推 … 159
- 遮断 … 28
- シャットアウト … 65
- 推進 … 132
- 斜に構える … 102
- ジャンル … 35
- 醜悪 … 41
- 重圧 … 66
- 周知 … 3
- 充足 … 59
- 終生 … 125
- 従順 … 99
- 所在なげ … 36
- 所産 … 167
- 抒情 … 143
- スパイス … 149
- ストイック … 152
- 捨て鉢 … 82
- 住めば都 … 101

スタンス … 180
廃れる … 105
杜撰 … 58
荒む … 169
少なからず … 33
スキーム … 26
数奇 … 11
随所 … 185
推察 … 8
遂行 … 136
親和性 … 10
尽力 … 97
浸透 … 108
心象風景 … 83
尋常でない … 33
真摯 … 84
ジンクス … 116
辛苦 … 133
熾烈 … 48
支離滅裂 … 57
自律 … 195
生態系 … 53
脆弱 … 168
生計を立てる … 135
生命倫理 … 167
正当化 … 143
成果 … 149
聖域 … 62
親族 … 36
すんでのところ … 101
住めば都 … 82
スパイス … 152
ストイック … 126
捨て鉢 … 141
術 … 113
折衝 … 187
折衷 … 49
絶対的 … 34
世知辛い … 166
世代間倫理 … 35
世間体 … 77
世間ずれ … 126
世相 … 147
世俗 … 144
寂寥 … 57
赤裸々 … 197
惜別 … 120
是が非でも … 167
親和性 … 114
世界観 … 112
セーフティネット … 95
セオリー … 32
心血を注ぐ … 55
制御 … 52
生態系 … 4
脆弱 … 45
生計を立てる … 113
生命倫理 … 21
正当化 … 54

そ

項目	ページ
戦慄	54
全貌	101
前提	7
前兆	100
詮索	47
センチメンタル	169
潜在的	27
繊細	126
善後策	200
粗相	77
背中を押す	17
切迫	44
誹り	187
蘇生	165
粗相	70
粗略	178
粗末	103
他界	58
俗っぽい	140
即座	6
殺ぐ	66
阻害	18
疎外	21
双璧	57
相対的	136
増殖	92
相乗効果	16
相好をくずす	117
造作ない	175
造詣の深い	55
遭遇	61
相関	31
総括	40
存在感	123
ぞんざい	122
空々しい	85
ぞっとしない	192
唆す	79
粗野	32
粗暴	162
素朴	144
束縛	196
側面	65
そぐわない	187
素行	173

た

項目	ページ
第一人者	9
大局観	83
体現	116
醍醐味	94
対峙	142
淡々と	167
ダイジェスト	145
対象	134
代償	163
対照的	114
対面	14
台頭	61
急情	96
体得	58
体面	178
殺己	103
他界	70
高が知れている	165
宝の持ち腐れ	173
多感な	—
焚きつける	—
卓越	—
たしなみ	54
佇む	111
長けた	22
太刀打ち	166
脱兎の如く	153
手綱を締める	132
脱帽	42
立役者	163
妥当	32
タブー	157
たゆまぬ	102
多様	107
多様化	103
嘆願	165
断言	109
断罪	124
端的	160
単刀直入	154
断念	89
堪能	135
短絡	63

ち

項目	ページ
緻密	133
血のにじむ	62
地球温暖化	159
稚拙	88
秩序	95
血が騒ぐ	49
知己	115
着目	149

つ

項目	ページ
追憶	63
追求	135
追随を許さない	89
月並み	154
付け焼き刃	160
拙い	124
培う	137
綱渡り	129
爪弾き	71
爪に火をともす	78
手垢のついた	156
手がける	3
定義	149
提示	105
テーマ	75
溺愛	83
敵に塩を送る	—

と

項目	ページ
伝播	85
顛末	79
典型	91
典型的	144
出る杭は打たれる	199
手前味噌	180
デフレ	182
手管	202
鉄面皮	131
哲学	106
手心	186
抽象的	105
とめどなく	140
チャリティー	56
テクノロジー	—
手ぐすねひいて	—
茶番	—
陳腐	14
直観	28
重宝	96
徴収	72
徴候	131
挑発	142
宙に浮く	134
踟蹰	117
中枢	73
同化	29
動機	139
頭角を現す	49
動揺	59
陶酔	45
踏襲	78
洞察	99
なかんずく	108
情けは人のためならず	153
なしのつぶて	123
なまじ	90
寝た子を起こす	156
猫の目のように	99
値が張る	108
ネガティブ	153
名折れ	123
長い目で見る	—

な

項目	ページ
途方に暮れる	139
とみに	136
煮え切らない	78
ニーズ	—
日常茶飯事	198
肉薄	36
担う	114
二の足を踏む	127
二の次	170
ニヒリズム	122
にべもなく	117
ニュアンス	153
媒体	149
背信	103
排斥	—
配偶者	—
パイオニア	—
把握	—
鈍化	27
吐露	99
取り沙汰	17
取り付く島もない	194
虎の子	119
獲らぬ狸の皮算用	125
トラウマ	175

な

項目	ページ
ナイーブ	3
ないまぜ	103
なぜ	149
萎える	152

に

項目	ページ
如実	—
柔和	—

ね

項目	ページ
年季の入った	11
白日の下に晒す	141
生半可	170
生兵法	171
倣う	197
鳴り物入り	88
鳴りを潜めて	90
成り行き	99
咎める	88
度外視	137
篤志家	157
特筆	148
突飛	115
どこ吹く風	132
怒涛	184
ドナー	196
拍手喝采	172
漠然	89
はぐらかす	116
はけ口	146
派生	72
果たして	169
裸一貫	117
傍目	30
破綻	77
脳死	110
能動的	88
脳裏	156
ノスタルジー	26
則って	48
のっぴきならない	175
のべつまくなし	200
バッシング	—
バックボーン	—
バックアップ	—
破竹の勢い	—
難渋	12
なれの果て	104
なれあい	115
根も葉もない	171
根絶やし	146

の

項目	ページ
根こそぎ	—

は

項目	ページ
ノンフィクション	175
バイブル	33
バイタリティー	121
馬脚をあらわす	74
はかない	111
図らずも	—
はき違え	189
落がつく	37
育む	200

ひ

語	頁
抜粋	176
抜本的	25
発露	142
罵倒	158
鼻持ちならない	18
歯に衣着せぬ	196
憚られる	127
はやる	171
パラドックス	146
腹の虫がおさまらない	13
孕む	143
腹を探る	103
バリエーション	174
張り子の虎	188
針の筵	201
腫れ物に触る	173
反映	199
反旗を翻す	162
番狂わせ	14
反骨	177
反芻	81
判然としない	112
万人	41
晩年	102
反面教師	43
美化	28
庇護	137
膝を交えて	18
ビジョン	31
	89

悲壮	110
肥大化	141
発露	
筆舌に尽くしがたい	19
必然	21
必然性	163
筆頭	168
必要不可欠	87
ひと泡吹かせる	13
非道	194
一筋縄ではいかない	55
一肌脱ぐ	15
人となり	191
一役買う	46
非の打ち所がない	200
日の目を見る	31
火蓋を切る	63
疲弊	160
紐解く	159
比喩	137
瓢簞から駒	23
氷山の一角	90
氷解	8
肥沃	165
日和見	62
翻って	81
怯む	61
敏捷	84
便乗	64
	179

ふ

フィードバック	36
フィクション	3
プロセス	176
プログラム	197
ブランク	7
文脈	176
分別	88
奮発	164
紛糾	48
吹聴	111
風采	161
風刺	
風貌	
風前の灯	180
フェミニスト	163
負荷	177
弊害	106
不可思議	89
不朽	193
福音	54
伏線	30
不承不承	138
無様	202
付随	184
腐心	72
不世出	151
不断	47
布石	168
物色	80
ふつか	185
腑に落ちない	191
負の遺産	171
普遍的	106
不明	143
扶養	150
プライバシー	187
フラストレーション	158
棒に振る	191

ほ

冒瀆	76
冒頭	32
呆然	159
傍観	73
包括	141
法外	57
萌芽	201
ボイコット	70
変容	178
変哲もない	160
辺鄙	22
偏見	53
へつらう	95
ベクトル	94
辟易	91
ベーシック	180
平生	176
平素	158
平衡	189
弊害	38
128	

へ

捕捉	10
保全	94
ホスピタリティー	151
ポスト	144
保証	108
ポジティブ	152
反故にする	168
墓穴を掘る	199
彷彿とさせる	51

ま

マイナー	190
マイナスイメージ	107
魔が差した	186
まぎれもない	84
まだしも	75
マスメディア	183
マクロ	185
モットー	74
黙認	186
目論む	167
翻弄	63
本腰	193
ポリシー	194
ボランティア	195
未曾有	60
みだりに	169
身にしみる	138
水をあける	50
火照る	98
ほとぼり	195
勃発	10
発端	94

み

満を持して	199
漫然	50
無類	164
胸を抉る	71
旨	73
胸算用	100
眉唾物	192
蔓延	164
満喫	109
まんじりともしない	50
無論	41
見かねて	174
見切り発車	179
目から鱗が落ちる	39
明晰	166
名状しがたい	9
名勝	

む

無鉄砲	82
無節操	63
無常観	11
無常	108
無垢	148
虫酸が走る	23
昔取った杵柄	22
矛盾	74

め

メジャー	172
メタ認知	129
メディア	87
愛でる	85
目につく	175
目星を付ける	195
面目ない	26
綿密	188
冥利に尽きる	80
脈絡	144
脈々と	66
耳寄り	201
耳打ち	186

も

盲従	29
黙殺	107
網羅	167
物言い	85
元の木阿弥	70
専ら	199
犬も	147
もっけの幸い	173
目論む	174
黙認	182

や

矢面	120
やおら	189
役者が一枚上	187
約束事	134
躍起になる	5
矢継ぎ早	124
藪から棒	164
藪蛇	111
やにわに	20
やましい	177
闇雲	198
やむにやまれぬ	171
やむを得ない	182
問題提起	189
紋切り型	187
門外漢	134
模倣	71
物腰	73
物心ついた	

ゆ

悠々自適	98
ユーモラス	64
雄弁	97
遊説	190
融通	185
有終の美を飾る	177
憂鬱	147
唯一無二	44
	150
172	
68	
167	

り

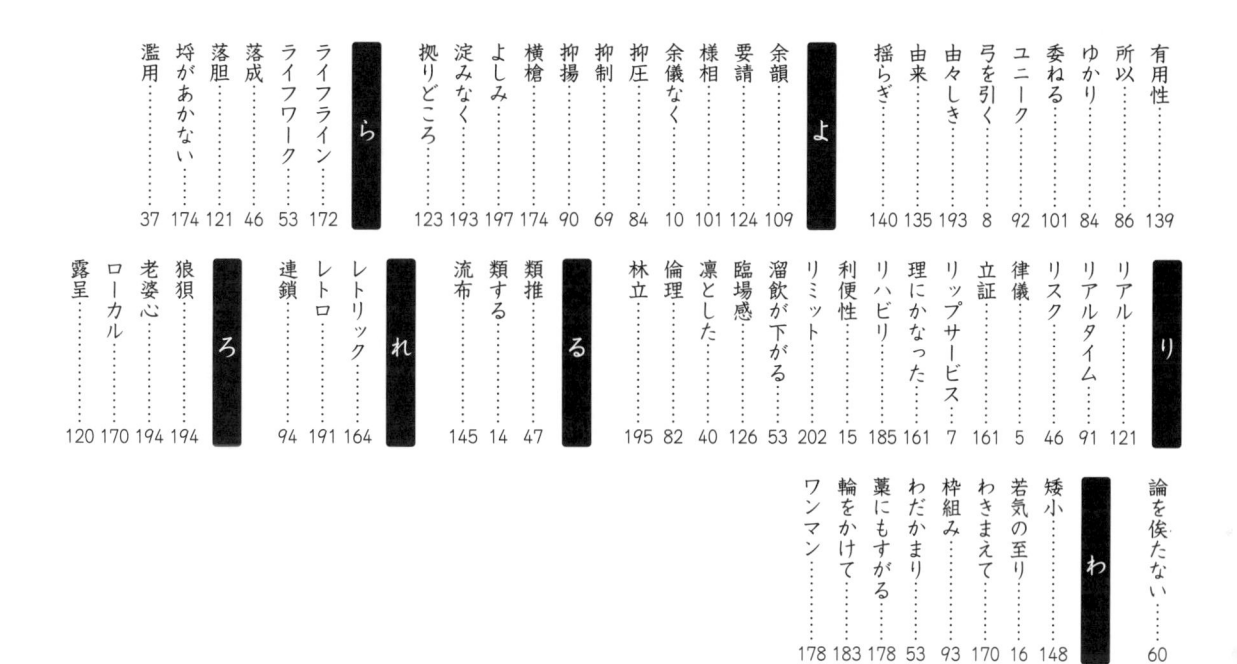

論を俟たない	60
有用性	139
所以	86
ゆかり	84
委ねる	101
ユニーク	92
弓を引く	8
由々しき	193
由来	135
揺らぎ	140
リアル	—
リアルタイム	121
リスク	91
律儀	46
立証	5
リップサービス	161
理にかなった	7
リハビリ	161
リミット	185
利便性	15
溜飲が下がる	202
臨場感	53
凛とした	126
倫理	40
林立	82
類する	195
類推	47
流布	14
淀みなく	145
余儀なく	193
様相	10
よしみ	101
横槍	124
抑揚	109

よ

余韻	90
要請	69
様相	84
よしみ	10
横槍	101
抑揚	124
抑制	109
抑圧	—

ら

拠りどころ	123
淀みなく	193
よしみ	197
横槍	174
抑揚	90
抑制	69
抑圧	84
余儀なく	10
様相	101
要請	124
余韻	109
落成	—
落胆	—
ライフライン	—
ライフワーク	—
濫用	37
埒があかない	174
落胆	121
落成	46
ライフワーク	53
ライフライン	172

わ

矮小	148
若気の至り	16
わきまえて	170
枠組み	93
わだかまり	53
藁にもすがる	178
輪をかけて	183
ワンマン	178

れ

レトリック	164
レトロ	191
連鎖	94

ろ

ローカル	170
老婆心	194
狼狽	194
露呈	120

【監修者】
内藤俊昭（ないとう・としあき）

1952年生まれ。慶応義塾大学卒。
大手進学塾を経て、1987年に独自の教育理論実践のため、国語専科教室「国語専科内藤ゼミ」を開設。「ことばを大切にすること　自分で考えて表現すること」をモットーに、子どもたちが楽しく学べるオリジナリティーあふれる授業を実践している。
著書には『カードで合格①国語・読解記述キーワード』『カードで合格②国語・言葉と漢字』『ナットク中学生の国語勉強術』（学研）、『語彙力アップ1300』シリーズ（すばる舎）などがある。

「国語専科内藤ゼミ」　　http://www.naitoh-zemi.jp/

本文デザイン&装丁	谷口純平想像力工房　http://sowzow.com/design/
編集協力	株式会社桂樹社グループ

中学生のための
語彙力アップ 厳選1000語

2012年　8月17日　第 1 刷発行
2025年　4月 6日　第11刷発行
監修者────内藤俊昭
発行者────徳留慶太郎
発行所────株式会社すばる舎
　　　　〒170-0013　東京都豊島区東池袋3-9-7 東池袋織本ビル
　　　　TEL　　03-3981-8651（代表）
　　　　　　　03-3981-0767（営業部直通）
　　　　振替　00140-7-116563
　　　　https://www.subarusya.jp/
印　刷────TOPPANクロレ株式会社

落丁・乱丁本はお取り替えいたします
©Toshiaki Naito　2012 Printed in Japan
ISBN978-4-7991-0159-9